VOZES DA MÃE DO SILÊNCIO

coleção de antropologia
movimentos religiosos do mundo contemporâneo

Tânia Mara Campos de Almeida

VOZES DA MÃE DO SILÊNCIO

A Aparição da Virgem Maria em Piedade dos Gerais (MG)

cnpq/pronex
attar editorial

coleção de antropologia
MOVIMENTOS RELIGIOSOS NO MUNDO CONTEMPORÂNEO

Apoio
MCT/CNPq
Departamento de Antropologia - Universidade de Brasília

Endereço
SCLN 406 - Bloco A - Sala 210
70847-510 - Brasília - DF
Tel/Fax: 61-272-9499

ATTAR EDITORIAL
rua Madre Mazzarello 336 05454-040 São Paulo - SP
fone/fax (11) 3021 2199 www.attar.com.br

Para meus filhos,
que têm agora me
falado sobre ser mãe.

Agradecimentos

Este livro é uma versão de minha tese de doutoramento, *Uma Maria Brasileira: um estudo sobre catolicismo popular*, defendida no Departamento de Antropologia da Universidade de Brasília, em 2001.

Agradeço, especialmente, a dois grandes mestres e amigos que muito me ensinaram ao longo de toda a pós-graduação, me acompanharam bem de perto na realização da tese e, agora, me auxiliaram na concretização deste livro: minha orientadora, Professora Rita Laura Segato e o Professor José Jorge de Carvalho.

Agradeço a meu marido Pedro e minha irmã Soraya, bem como a meus pais, Hélio e Selma, pelo apoio recebido na elaboração da tese.

Agradeço, também, à comunidade do Vale da Imaculada Conceição, que me recebeu com muito afeto e respeito pelo meu trabalho, permitindo-me compartilhar suas vivências em vários períodos desde 1990.

Sumário

APRESENTAÇÃO

Rita Laura Segato

Apresento aqui ao leitor uma obra de qualidades raras. A sua singularidade não se deve, tão somente, ao fato de que o fenômeno que descreve é francamente extraordinário: o testemunho, ao longo de quase vinte anos, por parte de um grupo de crianças – hoje jovens – do que afirmam ser uma aparição diária da Virgem Maria em Piedade dos Gerais, mas ao tratamento dado a este testemunho pela autora.

Se consideramos que as manifestações da aparição foram acompanhadas por milhares de peregrinos e seguidas de profundas transformações sociológicas no pequeno vilarejo que lhes serviu de cenário original, entenderemos que Tânia Mara Campos de Almeida se deparou, durante a pesquisa e a interpretação da mesma, com um dilema que, embora familiar a todos que, como nós, trabalham no campo da antropologia da religião, contudo costuma ser resolvido com um grau menor de refinamento e delicadeza que o alcançado aqui. O dilema em questão poderia ser formulado da seguinte forma: como dar a devida estatura milagrosa ao simbólico? Como evitar que a hermenêutica cultural e sociológica característica do trabalho do antropólogo, a identificação do conjunto de significados que o fenômeno tem para o grupo de seus seguidores, acabe por esvaziar o símbolo de seu papel de demiurgo, de seu poder criador de realidade, de sua capacidade de fazer viver e fazer morrer?

A autora encontrou e teve de dar conta de um fenômeno em que uma criança acanhada do interior mineiro, apenas letrada e nada viajada, começou a falar com um vocabulário refinado e convincente a multidões cada vez mais heterogêneas e, tão somente por meio do seu discurso, transformou a pequena fazenda do seu pai – anteriormente um patriarca autocrático e severo – numa terra coletiva que alberga uma comunidade plural de burgueses, operários, prostitutas e meninos de rua que aí chegaram em busca de refúgio material e orientação espiritual. Compreendeu então, e é isso que seu livro nos ensina, que não necessitamos ver e tocar a figura da Aparecida para termos evidência de um milagre, pois o maior milagre é esse mesmo: a palavra estruturada e transcendente na inesperada boca da criança camponesa, a transformação do "mundo" e a reforma da convivência humana em obediência estrita ao solicitado pela autoridade da palavra.

Conseguiu, assim, desenvolver sua análise ao longo do delicado limiar entre o respeito devido ao fenômeno endossado pela coletividade de peregrinos e assentados em Piedade dos Gerais, e o rigor da descrição etnográfica e da interpretação antropológica, que não se pode permitir ir além do que se ouve e do que se vê. Por este difícil caminho, seu experimento etnográfico realiza com segurança, afinal, a mais nobre e idiossincrática das tarefas de toda antropologia: revelar a face divina e potente do símbolo, deixar exposto seu veio sobrenatural.

Brasília, outubro 2003

INTRODUÇÃO

Raras são as vezes em que o pesquisador encontra um único fenômeno que se apresente como fonte frondosa e inesgotável para suas indagações. O mais comum é que um só tema seja vasculhado em várias situações e em diferentes eventos de modo a compor uma base empírica consistente para a sua reflexão. No entanto, tive a sorte de me deparar com um desses fenômenos, ao eleger a aparição de Nossa Senhora em Piedade dos Gerais (MG) como meu objeto de estudo há mais de dez anos atrás.

Afinal, trata-se de um verdadeiro fato social total, que envolve diversas dimensões da experiência humana em articulações novas e transformadoras, inseridas numa mensagem utópica de fé e esperança. Embora se trate de um acontecimento pertencente a uma antiga tradição, ele se revela atual ao conferir sentido e infundir emoções à vida de distintos grupos sociais que a ele se vinculam diferentemente. Este seu grande potencial inovador apresenta-se nos mínimos detalhes que o compõem, a começar pela capacidade de um discurso religioso, emitido inicialmente por crianças, fundar um experimento de sociabilidade, que revolucionou tanto tradicionais propostas comunitárias como clássicos conceitos antropológicos.

Além disto, sua boa nova também se revela na especialidade do encontro etnográfico, que resulta de uma combinação entre a minha afinidade sensitiva com aquilo que a aparição manifesta e o meu distanciamento analítico. Ou seja, procurei-me manter no lugar de fala do pesquisador que consegue trazer um fenômeno religioso à compreensão sem destruir sua numinosidade com o instrumental analítico.

Ainda que não seja um de seus adeptos no sentido corriqueiro da palavra – ou que minha parcela de devoção ao fenômeno não se manifeste conforme os moldes habituais e costumeiros – pude desfrutar, na intimidade, das conversas e dos afazeres cotidianos, das dúvidas e angústias em relação ao mistério divino, bem como das graças e triunfos alcançados por videntes e devotos. Assim, talvez tenha tido a oportunidade de realizar uma das poucas descrições, senão a primeira delas, dos bastidores de uma longa e ainda presente aparição de Nossa Senhora.[1]

Em uma etapa inicial, desenvolvi o estudo que se tornou minha dissertação de mestrado, intitulada *A gestação de um mito: a aparição da Virgem Maria em Piedade dos Gerais* e apresentada ao Departamento de Antropologia da Universidade de Brasília em 1994. Em linhas gerais, trata-se de um estudo com duas características básicas: ser o resultado de uma etnografia detalhada a respeito desse fenômeno do catolicismo popular, que vem ocorrendo no interior rural de Minas Gerais desde 1987, e ser a aplicação de um modelo semiótico como exercício de análise teórica do referido fenômeno. Embora o trabalho de campo tivesse o perfil iniciático para uma estudante naquele nível da pós-graduação, a riqueza dos dados colhidos já apontava, desde o início, para um conjunto de questões que precisaria ser deixado de lado, em decorrência do recorte teórico e do perfil sucinto de uma dissertação. Adiei, portanto, para uma segunda etapa o estudo a respeito dos aspectos políticos e sociológicos do fenômeno, dos diversos projetos sociais nele contidos, de suas representações sobre Maria, do diálogo que estabelece com vários tipos de catolicismo e com outras aparições marianas.

A argüição dos examinadores daquela dissertação reforçou a relevância de ampliar a análise ali começada. Pouco depois da defesa, então, vislumbrei o esboço da tese de doutorado. Evidentemente, ao evocar agora a aparição de Piedade dos Gerais, estou lançando mão de noções, conceitos e argumentos que se desenvolvem e se apóiam na dissertação, bem como estou, ao mesmo tempo, rediscutindo-os, transpondo seus limites e levando-os a se expandir em direções diversas daquela

1. Cabe ressaltar que, após a defesa desta tese de doutoramento em 2001, retornei a Piedade dos Gerais em janeiro de 2003, constatando que o fenômeno da aparição e a comunidade por ele gerada permaneciam nos mesmos moldes aqui abordados.

anterior. Já, nesta introdução, deixo bastante explícito o uso que faço do estudo inicial, enquanto substrato teórico do meu atual campo de indagações.

Numerosas reflexões que se seguem extrapolam as especificidades da própria manifestação de Piedade, podendo ser observadas também como parte de outras expressões do catolicismo popular no país. Contudo, uma dimensão singular da Maria em questão chama a atenção pela grande originalidade e ocorre exclusivamente em Piedade, além de vir encantando fiéis por ininterruptos e diários treze anos de aparição, sempre acompanhada de belas mensagens, qualificadas como se advindas diretamente do céu. Tal como acontece com seus devotos, é também a sua particularidade que me impressiona e que me leva, uma vez mais, a dedicar-me a seu estudo.

Por muitos momentos, quando procurei estabelecer minhas dúvidas e o distanciamento analítico obrigatórios em face da aparição de Piedade, não foi possível descartar que alguma dose do sobrenatural se encontrasse presente na extraordinária inteligência do fenômeno e da sua produção. Se, no primeiro momento, percebi o milagre da Virgem como o milagre da palavra, neste segundo momento vejo a sua substância milagrosa, objeto da análise que aqui se realiza, na sua força contundente para criar uma experiência e um valor de comunalidade entre sujeitos os mais díspares e em condições as mais difíceis. Palavra e comunidade constituem os milagres reais, cuja constatação procuro compartilhar, da Virgem de Piedade.

A Aparição

A aparição de Nossa Senhora de Piedade ocorre nos arredores da pequena e agrária Piedade dos Gerais (MG), distante cerca de 4 km do centro urbano, no santuário denominado Vale da Imaculada Conceição. Há seis anos aproximadamente, encontravam-se no local duas propriedades rurais pobres e de tamanho modesto, ambas pertencentes à família Xavier e administradas apenas por um de seus membros, Antônio, pelo fato de ser ele o dono de uma delas, o Sítio Barro Vermelho, em sociedade com um irmão morador de Belo Horizonte, e porque seu pai não possuía mais condições físicas e mentais para estar à frente da outra propriedade, a fazenda de mesmo nome – a ponto de Antônio haver-se mudado, com a esposa e os sete filhos, para junto do pai, por ocasião de sua viuvez em 1983.[2]

Foi na tarde de 19 de setembro de 1987 que Maria começou a aparecer naquele local para três meninas, Marilda, Íris e Juliana, com doze, dez e sete anos, respectivamente.[3] A mais velha e a mais nova eram filhas de Antônio e a outra era sua sobrinha. As primeiras mensagens eram escritas pela Senhora no céu e as meninas liam-nas em uníssono e voz alta para o público presente. Resumiam-se à boa nova do breve advento de um mundo melhor para os trabalhadores rurais da região e à convocação para viverem integralmente a preparação para este acontecimento. Seu tom era bastante revolucionário ao acolher os sofredores e os oprimidos, prometendo-lhes para aqueles próximos dias o paraíso na terra, no qual não haveria doença, propriedade privada, estudo nem trabalho. Neste lugar, todos seriam iguais e viveriam em felicidade plena.

Cerca de quarenta pessoas atenderam prontamente ao pedido da Virgem de entrega total ao plano de Deus e, em dezembro daquele ano, abandonaram por completo suas atividades anteriores para permanecerem unidas na antiga casa de Antônio, no Sítio Barro Vermelho. Ali, pensavam estar aguardando apenas a vinda do Reino de Deus para usufruí-lo, como num passe de mágica. Contudo, na verdade, já estavam eles mesmos edificando-o, ao seguir as orientações constantes e claras da Virgem, na execução dos simples trabalhos domésticos, na lida com o gado, nas plantações, nos momentos de oração, nas vigílias, enfim, em toda a organização econômico-social do dia-a-dia e também nas experiências espirituais. No fundo, a vida prática e material desse grupo de camponeses entrelaçava-se fortemente à sua vida religiosa, sendo uma parte da outra.

Nesse período, denominado hoje de formação do Grupo da Fraternidade, as mensagens sofreram uma mudança radical em sua feição e conteúdo por terem como objetivo a estruturação do próprio Grupo. Passaram a ocorrer mais de uma vez por dia, a estender-se por várias horas de duração e a dirigir-se à fundação do lugar como um santuário,[4] o Vale da Imaculada Conceição. Contudo, para os romeiros que co-

2. No entanto, com o falecimento desse patriarca em 1994, o santuário tornou-se dono do seu próprio chão.

3. Relato a história oficial do fenômeno adiante, como o seu "drama fundante".

meçavam a chegar nos fins de semana, oriundos das cidades vizinhas, as mensagens diferenciaram-se de maneira clara das do Grupo, isto é, adquiriram um tom mais genérico e subjetivo, continuando a falar da salvação e da construção de um mundo melhor, porém não mais apenas para aqueles em posição inferior na hierarquia local, mas para quem trouxesse consigo um coração sofredor.

Além disso, nos sábados e domingos de romaria, um ritual dentro do santuário foi-se fixando aos poucos e as aparições foram-se restringindo a somente dois lugares e dois momentos do dia, pela manhã no alto do morro das primeiras aparições e pela noite na capelinha do Vale. Esta capela foi construída por solicitação da Senhora ao Grupo, porém sem a aprovação da Igreja, que não aceitou institucionalmente o fenômeno, embora alguns religiosos se tenham tornado freqüentadores assíduos do santuário. Por sua parte, Maria sempre insistiu que o povo não abandonasse a Igreja e participasse diariamente das missas.

Quase um ano depois, a Virgem, reconhecidamente a líder do Grupo – exatamente como uma pessoa em interação com as demais – permitiu que os residentes do lugar se separassem, erguendo pequenas casas independentes dentro da parcela de terra que pertencia ao Sítio Barro Vermelho. A antiga casa do Sr. Antônio foi chamada de Casa Mãe, pois foi onde nasceu o Grupo e onde se iriam instalar as crianças que para ali viriam, como depois se confirmou com a chegada de crianças abandonadas e meninos de rua. Uma cozinha se manteve coletiva para que as refeições continuassem a ser realizadas em conjunto, com os mesmos alimentos para todos e sem restrição, independentemente de quem fosse. Ou melhor, quem ali os procurasse sempre teria comida e um lugar para se abrigar.[5]

Enquanto se mantivessem partilhando, Nossa Senhora lhes ensinaria, viveriam na fartura, ali não faltariam mantimentos e ninguém passaria fome. Dinheiro não

---

4. Esclareço que o sentido conferido à palavra "santuário" é o de *hierópolis*, desenvolvido por Mircea Eliade (1962).

5. Parte desses alimentos era resultado do trabalho coletivo daquela terra, enquanto outra parte bastante significativa provinha de doações dos romeiros. Estes doavam e ainda doam toda sorte de mantimentos, roupas, utensílios domésticos, móveis, ferramentas, brinquedos, materiais de limpeza, materiais de construção, animais para abate, remédios, entre outros inúmeros gêneros.

poderia circular entre eles, nada deveria ser cobrado ou pago. Do mesmo modo, nada poderia ser pedido pelos membros do Grupo aos visitantes, e tudo que estes lhes ofertassem seria aceito de muito bom grado. Agora, que já viviam o Reino de Deus na Terra, tinham como missão estendê-lo ao planeta, seja pelas orações, pela participação na Igreja, pelos bons exemplos a quem lhes observasse ou pelas atitudes com relação a quem viesse ao santuário.

Nesse período, alguns devotos de fora de Piedade já freqüentavam assiduamente o local até que, encantados com o fenômeno e sentindo-se incluídos na promessa de um mundo melhor, resolveram pedir à Senhora autorização para fazer parte da comunidade, o que lhes foi concedido. Tal decisão modificou o perfil do grupo de camponeses, pois quase todos que ali se fixaram na ocasião saíram de dentro da metrópole de Belo Horizonte, e não limitavam sua religiosidade ao tipo de catolicismo dominante no interior agrário do país.

Ingressaram, ali, grupos urbanos de classe média e média alta e outro formado por pobres. Juntamente com eles, ingressava a diversidade moderna da coexistência num único espaço físico de variadas etnias, moralidades e éticas, encarnadas nos negros, nas mães solteiras, nas ex-prostitutas e nas crianças de rua. Para os camponeses – que viviam num universo que se percebia e se reconhecia como uma totalidade fechada e homogênea – lidar com esta alteridade cotidiana, e intimamente, representou um imenso desafio e uma das maiores entregas aos desígnios de Deus.

Em maio de 1988, os videntes de Nossa Senhora eram cinco. Fabiana, uma outra sobrinha de Antônio, e seus dois filhos homens menores, Digão e Toninho, somaram-se às videntes iniciais, entre as quais não mais se incluía a menina Íris, que não continuou vendo a Virgem e cujos pais já tinham deixado de pertencer ao Grupo. Naquele mês de Maria, os videntes haviam sido convidados a irem à igreja do bairro Barro Preto em Belo Horizonte, saindo, pela primeira vez, da circunvizinhança de Piedade dos Gerais. Subitamente, Nossa Senhora se fez presente no altar, as crianças com olhares fixos num único ponto caíram de joelhos em êxtase. A partir de então, nesse estado alterado de consciência, passaram a emitir a mensagem como se fossem a própria Senhora falando.

Mais precisamente, Marilda tornou-se a mensageira do fenômeno desde tal ocasião, sendo a vidente escolhida por Deus para enunciar as suas palavras sagradas, as quais deixaram de ser lidas num texto escrito no céu para serem agora repetidas simultaneamente com o movimento dos lábios de Nossa Senhora. As demais crianças permaneceram vendo e ouvindo a Virgem ao mesmo tempo, porém por poucas vezes emitiram novamente as mensagens. Foi, também, após esse dia em Belo Horizonte que os videntes iniciaram uma série de viagens, tanto para locais afastados como próximos ao santuário. Em 1994, haviam visitado inúmeros municípios do sul e sudeste mineiro, do norte paulista, bem como as cidades de São Paulo, Rio de Janeiro, Brasília, Goiânia e Recife.

Tais viagens receberam o nome de caminhadas, realizando-se todas elas a convite de romeiros freqüentadores do santuário e por eles custeadas. Num movimento inverso ao das romarias, agora foi Nossa Senhora quem deixou a terra santa e iniciou suas peregrinações mundo afora. Até hoje, essas viagens têm o intuito de levar a palavra até aqueles que não podem deslocar-se e visitar Piedade, como também de atingir um público bem maior, que ainda desconhece o acontecimento e que potencialmente virá a tornar-se devoto e propagador, divulgando-o a outros, engrossando as caravanas de romaria ou aumentando o número de moradores da própria comunidade. Nas localidades por onde peregrina, a Senhora aparece onde os videntes estiverem reunidos em oração ou em louvor a Deus. Logo, manifesta-se em qualquer ambiente: residências, praças, ruas, clubes, escolas e, inclusive, igrejas, uma vez que ela afirma não haver abandonado a Igreja, ainda que por esta seja rejeitada em Piedade.

Apesar dessas mensagens das caminhadas não tratarem mais de um contexto sócio-político determinado, nem mesmo de uma utopia radical, como ocorria até o princípio de 1988, a sua tônica sempre se manteve. Ou seja, apesar do conteúdo das mensagens oraculares depender do público, do local e da época em que é emitido, Nossa Senhora insiste repetidamente em falar do amor e do agradecimento de Deus para com os homens, em aconselhar a conversão para que a humanidade inteira conheça a felicidade plena da salvação, em pedir participação na Igreja, assim como em preparar todos para a segunda vinda corpórea de Jesus, a qual se dará em meio a um mundo de paz e alegria. Chama a atenção, sempre, o caráter otimista e propício das mensagens.

Em suma, ao longo desses treze anos, muitos aspectos da aparição sofreram modificações. No entanto, as seguintes características da Virgem de Piedade ainda permanecem, marcando o seu perfil e a sua devoção: (i) as mensagens oraculares advêm diretamente do céu e são enunciadas em primeira pessoa, pois não se trata de interpretação, de discursos sobre elas; (ii) as mensagens são reveladas a um público em ritos diários, necessariamente por intermédio de videntes (em especial, da mensageira Marilda); (iii) as mensagens circulam por vários contextos sociais, extrapolando a cidadezinha mineira de origem; (iv) presença constante de um grupo totalmente leigo e aberto a novos adeptos no santuário, formado hoje por pessoas com distintos valores, conceitos, interesses, projetos sociais e tipos de catolicismo; (v) o acolhimento amoroso e bondoso de Maria; e (vi) o anúncio da boa nova: o Reino de Deus para todos.

A Proliferação da Mensagem

Se uma primeira abordagem da aparição foi efetuada mediante o estudo da mensagem divina, buscando-se analisar seu conteúdo e a maneira em que este está arranjado, esta segunda aproximação volta-se justamente para o público receptor de tal fala mariana. Isto é, no meu estudo prévio,[6] focalizei antes as próprias estruturas discursivas e declarações do que o esforço dos devotos pela apropriação das mesmas, apesar de inúmeras vezes haver indicado a existência e a importância desses movimentos interpretantes por parte dos fiéis. Agora, nesta segunda abordagem, centro-me na recuperação das várias intenções de sentido, produzidas exatamente na interseção entre a fala oracular e as suas representações, animadas e inscritas numa época e num lugar determinados.

Procuro, então, pelos diversos devotos que vão em busca desta Senhora e se sentem identificados com ela, acolhidos e tocados por suas palavras. Trata-se de dois públicos, um bastante fiel e dedicado, que nasceu no lugar ou que se fixou no Vale da Imaculada Conceição, elegendo o local e o perímetro urbano de Piedade dos Gerais para sua moradia. É este grupo que maneja, de modo prático e por tradição, esquemas de pensamento e de ação referentes ao sagrado, filiando o fenômeno ao catolicismo popular.[7] O outro público é bem maior e flutuante, formado

6. ALMEIDA, Tânia Mara C. *A gestação de um mito: a parição da Virgem Maria em Piedade dos Gerais*. Dissertação de Mestrado. Brasília: UnB, PPGAS, 1994.

por peregrinos que chegam nas caravanas de romaria, visitantes esporádicos, curiosos e pessoas que ouvem a Senhora apenas em suas próprias cidades. Contudo, quem constitui esses públicos? Quem são essas pessoas? A que estilos de catolicismo se vinculam? Por que encontram expressão no fenômeno? Enfim, quem se escuta "falado" nessa mensagem divina e com ela dialoga? Tais são as indagações que norteiam esta obra.

Para respondê-las, é mister reconstituir o passado e o presente histórico da pequena e agrária Piedade dos Gerais. Com base em levantamentos e dados sócio-econômicos e culturais, reunidos pela Prefeitura e por instituições voltadas ao desenvolvimento da região, no primeiro capítulo, procuro compor o cenário sociológico camponês em que surgiu e continua a ocorrer a aparição nos últimos treze anos. É possível perceber, ali, que a dimensão temporal une intimamente passado e presente e que a divisão bem marcada do tempo é recente nesse universo campesino. Agentes modernizadores, como os romeiros, além de prefeitos mais recentes e do atual pároco, vêm estimulando uma nova percepção da população sobre si mesma e a sua inserção no mundo globalizado.

Por outro lado, um dos eixos centrais da aparição é sua capacidade de se manter aquém das divisões humanas do tempo e espaço, pairando sobre um rico manancial simbólico, fonte antiga e inesgotável de sentido para os fiéis. Deste modo, no segundo capítulo, dedico-me a revelar a simbólica mariana através da história, articulando-a à aparição. Ou seja, busco evidenciar tradições antigas e recentes que compunham a religiosidade pré-existente no local em 1987, confluindo para a irrupção do fenômeno e sua posterior abertura à sociedade mais ampla.

Afinal, foi apoiada no entrelaçamento de imagens bíblicas, dogmas eclesiásticos, movimentos internos à Igreja e cultos de devoção popular, que a aparição da Senhora de Piedade legitimou-se e encontrou o seu lugar sua singularidade, bem como reelaborou todo esse substrato simbólico-ideológico. É por meio da recuperação dessas

7. Assim distingue Bourdieu (1987) os agentes do trabalho religioso e, a partir daí, pode-se reconhecer uma prática religiosa como popular ou oficial. No caso da categoria popular, notam-se seus diferentes significados: opõe-se ao que é próprio às classes dominantes, ao erudito e ao oficial, estando essas oposições num mesmo sistema – visto que o trabalho leigo e coletivo coexista com o especializado (Oliveira, 1997).

distintas vozes de fundo religioso, muitas vezes conflituosas e ambíguas, que o dinamismo característico do aparicionismo e a sua influência na mariologia tradicional vão sendo aqui construídos.

À procura, então, de conhecer melhor os traços particulares desta Senhora me dedico à sua mensagem propriamente dita no terceiro capítulo, recuperando as principais análises e digressões fornecidas pelo modelo semiótico de Roland Barthes. Parto da idéia surgida na primeira dissertação de que a aparição é uma simbólica plena de eficácia – a atualização de um manancial de significantes com grande capacidade polissêmica –, mas reafirmo que não a sigo abordando nos moldes de sua estrutura discursiva. Privilegio agora a fluidez do discurso, o seu estilo e a sua interlocução, o que me proporciona encontrar o lugar de fala do fenômeno nos primeiros períodos e a suas motivações da época.

Embora projete o Reino de Deus como uma comunidade campesina idealizada e tenha surgido no universo agrário brasileiro, cujo tipo de catolicismo popular dominante é o dito tradicional, de acordo com a classificação de Pedro de Oliveira (1985 e 1997), a aparição não se assemelha aos conhecidos movimentos milenaristas, deflagrados nesses contextos rurais. De modo curioso, trata-se muito mais de um acontecimento próximo às feições de uma comunidade eclesial de base, vinculada à Teologia da Libertação. Afinal, as concepções religiosas tradicionais, que constituem a referência fundamental para a leitura do cotidiano e dos eventos extraordinários naquele universo campesino, a princípio destoam da religiosidade moderna e racionalizadora, pregada pelo pensamento libertador.

Com base nessas argumentações, encerro o terceiro capítulo mostrando o eixo central do núcleo de sentido dessa aparição – a reconstrução do mundo – e a sua natural vocação dialógica. Se seu núcleo original apoiava-se numa comunidade localizada num contexto histórico-social específico, em momentos posteriores uma multidão de romeiros foi-se vinculando a esse núcleo de modo disperso, vibrante e flutuante, em especial adeptos da Renovação Carismática Católica. Assim, apoiada numa ampla abertura à inclusão do Outro, Nossa Senhora se revelou a grande mãe da esperança e da misericórdia em Piedade, favorecendo a agregação e a interlocução ali de diversos outros grupos sociais, bem como alterando o perfil da comunidade inicial em direção a uma organização carismática.

A eficácia da fala oracular não se encontra apenas em seus aspectos constitutivos e naquilo que os inúmeros devotos dela querem ouvir, projetando ali suas demandas e seus apelos. As pessoas não vão ao Vale da Imaculada Conceição exclusivamente para ouvir a mensagem, mas para elevarem-se da experiência do dia-a-dia e serem envolvidas pelo transcendente lá manifesto. Há, portanto, uma dimensão espetacular do fenômeno, que liga esses dois pólos de modo eficiente, tanto que o efeito produzido nos fiéis ao presenciar a enunciação da mensagem no santuário é totalmente distinto de lê-la numa folha de papel em outra cidade, por exemplo. Além disso, a dimensão espetacular nutre a polissemia do fenômeno, ao trazer à cena da aparição uma performance sincrética que mistura formas peculiares de se relacionar com o sagrado, ainda que todas católicas. Enfim, ainda no terceiro capítulo, procuro analisar a seqüência ritual, a paisagem que lhe serve de cenário, os sinais católicos nele presentes e o papel dramático dos principais atores sociais dessa performance, enquanto elementos poderosos para conduzir o devoto, de modo pleno, à experiência do transcendente, dentro dos moldes específicos em que se desenha, na aparição em Piedade dos Gerais.

No quarto capítulo, começo discutindo a minha própria inserção no fenômeno, enquanto também um ator social entre vários que transitam pelo santuário. Interessada e comprometida com um tipo de abordagem antropológica, crítica da episteme ocidental e da autoridade etnográfica, deixo claro o lugar político de onde eu falo. Para tanto, reviso os estudos tradicionais sobre religião, os quais, insensíveis à experiência humana do transcendente, acabam por limitá-la a mero reflexo das relações sociais, bem como ignoram o Outro enquanto um ser político, dentro dos dilemas da subalternidade. Logo, empenho-me em realizar o deslocamento do olhar da Antropologia clássica, que vê o Outro como uma alteridade em equilíbrio, sem demandas ou conflitos, para deixar transparecer o seu olhar e a sua voz marginal. Com este intuito, sirvo-me das noções de representação discutidas por Gayatri Spivak em *Can the subaltern speak?* (1994). A autora mostra que a impossibilidade de falar e subjetivar-se plenamente é inerente à condição de subalternidade. Ao transpor essas considerações para a Antropologia, vê-se que o etnógrafo é aquele que possui recursos teórico-metodológicos e pode assumir o compromisso de servir como uma espécie de procurador dos silenciados.

No caso da aparição de Piedade dos Gerais, a busca por representantes é bastante evidente, pois existe uma sucessão de intermediários legítimos e eficientes na própria constituição do fenômeno, como indicarei. É nesta cadeia de representantes, na qual também me incluo, que examino minha própria participação no fenômeno e me posiciono ao tentar retirar da condição de subalternidade aquela que quer ser ouvida e, por isto, fala incessantemente e fala por todos: Nossa Senhora. Haja vista que Maria foi condenada a ser a Mãe do Silêncio pela Igreja tradicional, uma vez que seus dogmas e suas crenças não constam de modo evidente no Evangelho, que ademais pouco se refere a ela.

Depois de expor o meu posicionamento frente ao fenômeno, recupero e analiso o discurso dos videntes, caracterizo-os sociologicamente e acompanho as transformações sofridas pela vidência, como uma metáfora das mudanças ocorridas no próprio ambiente camponês. Os videntes são, juntamente comigo em relação à academia, os primeiros a moldarem a fala oracular para o grande público. A facilidade das crianças de transitar livremente por diferentes níveis de consciência, leva a pensar que a irrupção deste tipo de fenômeno sobrenatural resulta da captação de valores, necessidades e anseios coletivos presentes na sua sociedade, traduzindo-os na forma de símbolos sagrados na linguagem religiosa dominante no local. Portanto, os videntes são aqueles que, ao apreenderem cristalizações discursivas em nível de baixa consciência, vêm possibilitando o contato direto dos fiéis com Maria e a elaboração de novas formas de sociabilidade, emitindo incessantemente imagens de uma utopia infantil.

Esclareço que não há aqui nenhuma intenção de abordar a infância como uma etapa moral ou cognitiva, dentro de um esquema evolucionista ou psicologizante, em que a religião seria um campo de alucinações. O sonho infantil de que falo coaduna com a idéia proposta por José Jorge de Carvalho (2001) da infância como uma categoria filosófica. Ao propor uma atualização teórica sobre a religião enquanto sistema simbólico, o autor traz à cena a dimensão da fantasia, do devaneio, da vertigem e da liberdade de criar, características dos jogos de criança. Seu intuito é indicar exatamente o que procuro realizar nesta tese, isto é, mostrar a pluralidade de identificações individuais ou grupais em relação a um mesmo símbolo. No entanto, em Piedade, a criança tem seu lugar privilegiado por vários sentidos, não apenas na condição de uma categoria filosófica. Ela é, literalmente, o centro da aparição, tanto pelo fato dos videntes serem pequenos quando o fenômeno começou, quanto pelos quase oitenta meninos pobres que hoje moram no Vale da Imaculada Conceição. Ou seja, o santuário é também e, especialmente, um abrigo para crianças abandonadas das cidades maiores e capitais. É tão significativa sua importância para o fenômeno que, em virtude da relação que cada devoto tem com elas, estabelece-se a sua missão no plano de salvação da humanidade e percebe-se a sua apropriação particular da mensagem mariana.

Para explicar mais detalhadamente este eixo central da aparição, que gira em torno da utopia infantil, focalizo a primeira parte do último capítulo na apresentação da atual feição da comunidade, que difere dos momentos anteriores. Hoje, a vivência comunitária dos moradores do santuário não mais se aproxima nem de uma comunidade eclesial de base nem de uma comunidade carismática. Tem-se, claramente, uma formação social única, que encontrou a sua própria síntese na bricolagem entre diferentes formas de catolicismo popular, denominada por Nossa Senhora de comunidade mariana.

Já, na segunda parte do último capítulo, elejo seis missões individuais cumpridas por fiéis que se identificaram com o acontecimento e encontraram nele o atual sentido de suas vidas. Trata-se de casos de conversões que, ao interpretarem as mesmas mensagens oraculares, elaboraram arranjos próprios da aparição e, por conseguinte, formularam visões de mundo católicas também singulares. Através deles, que representam o movimento realizado pelos demais adeptos do fenômeno, vê-se a fragmentação e a ressignificação incessante daquela simbólica mariana, abrindo-se sempre a uma nova perspectiva religiosa. Essa capacidade de integrar diferenças sob o mesmo manto se deve à Virgem, que, embora única, revela uma face plural. Ao trazer à tona e combinar de modo peculiar algumas expressões do catolicismo popular, a aparição revela uma grande originalidade. Espontaneamente, longe de qualquer projeto elaborado por elites eclesiais ou teológicas, tal evento surgiu em moldes capazes de agregar diversas místicas populares e propostas utópicas, tentando, cada uma, legitimar-se e colocar-se como a hegemônica, como espero deixar claro.

Depois de realizar todo esse percurso, espero ter oferecido reflexões ao leitor que respondam o que faz com que pessoas oriundas de variados contextos sócio-culturais e econômicos, com distintas idéias, motivações, visões de mundo e tipos de catolicismo sintam-se atraídas pelos mesmos fragmentos discursivos e pelos mesmos sinais identificadores da presença de Maria no lugar, desde 1987. Curiosamente, já completam dezesseis anos ininterruptos e diários de manifestação da Virgem em Piedade, o que é uma duração bastante longa para um evento desta natureza, se comparado às aparições reconhecidas pela Igreja, trazendo-lhe fortes implicações.

Assim, nas notas conclusivas, forneço outros argumentos que descolam a aparição do seu caso específico e o amplio na direção da revisão da mariologia tradicional, da interpenetração de textos bíblicos, populares e eclesiais, bem como na imbricação de todos no texto oracular. Ou seja, a mensagem de esperança e de construção de um mundo melhor, distinta da visão de mundo apocalíptica disseminada pelas aparições européias, lentamente vai sendo incorporada pela sociedade mais ampla e pela instituição católica, influenciando o pensamento religioso tradicional, quer através da visita freqüente de leigos e sacerdotes ao Vale da Imaculada Conceição, quer por meio da crescente manifestação da Virgem piedadense no interior de igrejas, em lugares públicos e particulares.

Procedimentos Metodológicos

Ao término de minha dissertação de mestrado, uma série de mensagens, conversas com informantes e observações de campo, reunidas entre março de 1992 e agosto de 1994 e que não haviam sido utilizadas, iniciaram a formação do material etnográfico para subsidiar uma nova pesquisa. No período compreendido entre 1995 e 2000, foram feitas viagens ao Vale da Imaculada Conceição e arredores, entrevistas no próprio santuário e em outras localidades, assim como mantidas correspondências com romeiros. Acompanhei os videntes em algumas viagens pela própria região e pelos arredores de Goiânia (GO). Participei também de uma romaria à "terra santa", a qual foi organizada por devotos de Brasília (DF) na data do oitavo aniversário da aparição.

Nessas ocasiões, escrevi detalhadamente os acontecimentos rotineiros em diários, documentei momentos importantes em fotografias e estive presente em reuniões informais com atores sociais distintamente posicionados em relação ao fenômeno. Estes procedimentos foram seguidos da observação dos comportamentos, das práticas e das formas pelas quais as pessoas se movimentavam e reagiam perante determinadas situações. Nas conversas, procurei conhecer as motivações individuais para estarem ali e penetrar no sentido que para eles tinha a aparição. Como parte dessa observação, mostrou-se reveladora a maneira como os devotos se relacionavam entre si. Por esta razão, na convivência cotidiana, dediquei especial atenção às construções simbólico-ideológicas relativas a Maria, que norteiam a experiência social. Busquei também discernir as situações que geravam tensões e estabeleciam hierarquias entre as pessoas de modo geral.

Ademais, observei de perto diversos ritos da aparição da Virgem de Piedade e cultos a outras devoções marianas, como a da Rainha da Paz, a Nossa Senhora de Medjugorje. Adquiri, ainda, registros do fenômeno realizados pelos próprios fiéis desde as primeiras aparições em Piedade. Basicamente, tais registros são constituídos de anotações, cujo conteúdo são transcrições literais das falas oraculares e comentários a seu respeito, de fitas de vídeo e fitas cassetes.

Na apreensão e no tratamento desse conjunto de dados, dediquei especial cuidado às transformações do fenômeno e aos acontecimentos, às fases e aos grupos de fiéis que a ele se agregaram depois de sua fundação e fixação, momentos que abordei na dissertação de mestrado. De certo modo, procurei continuar construindo uma história da aparição de Piedade, dando seqüência ao meu trabalho anterior. Deste, recupero a seguir, de forma resumida, o que denominei de drama fundante da aparição, com o intuito de apresentar ao leitor o começo da aparição de Nossa Senhora de Piedade, além de convidá-lo a aceder a esse rico imaginário ali presente.

Esclareço que este pequeno conto a respeito dos primeiros acontecimentos sobrenaturais estabeleceu-se como uma espécie de história oficial mínima da aparição, mantendo-se bastante resguardado de modificações. A importância de expô-lo se deve ao fato de as primeiras visões de Maria marcarem a gênese, trazerem à tona o núcleo de sentido e fixarem as características mais relevantes do fenômeno. Narro-o até o momento exato em que uma mensagem, escrita no céu por Nossa Senhora e, simultaneamente, lida pelas videntes da época, passou a ser divulgada ao público presente.

Afinal, por um lado, é a própria fala da Virgem a principal realidade da divindade ali perceptível, e, por outro, assim que começam as mensagens, as leituras sobre a aparição multiplicam-se, desdobrando o fenômeno numa variedade de experiências discursivas de acordo com o posicionamento dos receptores, como tentarei mostrar. Portanto, essa fala inicial é o que os fiéis fixam e repetem como pedra angular da aparição de Piedade.

O Drama Fundante

Nas versões que recolhi, duas irmãs, Marilda e Juliana, com doze e sete anos respectivamente, e uma prima, Íris, de dez anos, brincavam entre as árvores no alto de um dos morros do vale. De repente, o lugar escureceu, um vento soprou forte e escutaram um batido, semelhante ao badalar de um sino. Acharam que era chuva grossa chegando e saíram dali. De fora da pequena mata, perceberam que o sol estava forte e que não se tratava de chuva. Pensaram em algum animal, o que as fez pegar um pau no chão para retornar. No caminho de volta, avistaram uma mulher, mas sentiram medo e correram para a casa.

Como eram aproximadamente duas horas da tarde, Antônio, pai de Marilda e Juliana, tomava café na cozinha, em companhia de sua esposa e de uma irmã. As meninas entraram em disparada, falando em estado de grande agitação. Elas queriam que ele fosse até o local em que se encontrava a mulher. Respondeu que estava muito ocupado. Contudo, insistiram e ele concordou, pegando uma foice para ir lá. Afinal, poderia ser algum marginal, uma andarilha ou um ladrão e eles estariam em perigo.

Quando voltou, Antônio disse que não tinha ninguém no lugar. Ralhou com as meninas, supondo que mentissem ou que quisessem fazer medo uma a outra. Só que a menor delas, cabisbaixa e encostada na parede, começou a chorar. Os adultos acharam que temia apanhar, mas chorava porque não acreditavam nelas. Resolveram, então, perguntar-lhes sobre a roupa daquela mulher, esperando respostas como suja, encardida e maltrapilha. Contrariamente, Íris respondeu que seu vestido era branquinho. Era vestido de noiva. Dirigiram-se a Marilda em busca da confirmação, mas esta comentou que não dava fé do vestido, pois ficou muito atenta aos pés. Ela não pisava no chão, caminhava no ar e, mesmo assim, as folhas embaixo se mexiam. Por fim, Juliana falou que era da cabeça branca e que não seria nenhuma andarilha, porque andarilha não voava.

Nesse momento, os olhares dos adultos se entrecruzaram, como se comunicassem por telepatia: vestido de noiva, não pisa no chão, tem a cabeça branca... Coisa deste mundo não era, tinha jeito de sobrenatural. Nesse instante, o medo também tomou conta de Antônio e ele disse que não tinha tempo a perder com isto. Mandou que voltassem lá e rezassem, porque, se fosse coisa ruim, iria embora e, se fosse coisa de Deus, falaria o que queria. Só que, sem ele, as crianças não voltariam. Foi Nizinha, a filha acima de Marilda, que teve mais coragem que os adultos: pegou um terço e as acompanhou.

No local, fizeram o sinal da cruz e começaram a rezar. Na mesma hora, reapareceu a mesma mulher. Ao reverem-na, gritaram, apontaram para ela e, ansiosamente, descreviam-na, no desejo que outros também testemunhassem a sua presença. A partir dessa cena, os adultos passaram a acreditar que elas realmente viam algo, correndo ao seu encontro. As meninas estavam coradas e com os olhos fixos. Antônio se aproximou e pegou no colo Juliana em lágrimas, dizendo que ele estava ali e que não precisava ter medo. A pequena novamente respondeu-lhe que não chorava por medo, mas pela boniteza daquela Senhora. Ela não conseguia vê-la sem chorar.

Começaram, então, a indagar as crianças sobre as mulheres bonitas conhecidas, buscando uma comparação. Porém, não havia fulana nem beltrana que se parecesse com ela. Sua beleza era inexplicável e incomparável. De cima de uma nuvem feito algodão doce, envolta num azul brilhante e no seu vestido branquinho, ela nada falava. Aquela mulher apenas sorria com ternura e os olhava com o mesmo encantamento de mãe diante de seu pequenino filho.

Antônio chamou-as e falou que Nossa Senhora precisava dizer o que queria ali, entre eles, pois temia que lhes viesse fazer alguma cobrança: Será que ser ministro da eucaristia não é da vontade de Deus? Será que não sou digno? Assim, achava que se as meninas chegassem bem perto, a Senhora deixaria seu recado. No entanto, à medida que davam um passo, a mulher se afastava. Concluíram que Juliana, a menor e a que a via nitidamente, era quem deveria aproximar-se. Antônio, com ela nos braços, movimentou-se, mas a Senhora continuava a guardar distância e, de repente, começou a sumir e o local a colorir-se de azul.

No dia seguinte, Antônio foi conversar com o padre, que lhe explicou que Nossa Senhora mostra-se, de preferência, nas árvores e para crianças, mas pode aparecer em vários lugares. Aconselhou-o que se mantivessem em oração, rezassem o terço em família diariamente, não proibissem as crianças de falar do assunto, nem de ir ao local das visões. Alertou-o também que o Mal sempre aparece onde Deus está, nunca se separa.

Durante a semana, a Senhora apareceu algumas vezes, mas o sábado seguinte foi especial. Pela manhã, toda a família, mais algumas outras pessoas aparentadas reuniram-se e recitaram o terço no primeiro lugar em que ela foi vista. No meio das orações, ela surgiu e, nas Ave-Marias, olhava-os sorrindo, já nos Pai-Nossos e Glórias ao Pai, virava seu rosto levemente para o alto com as mãos postas. Depois, as videntes, resolvidas a perguntar quem era ela e o que queria, deram as mãos e caminharam em frente.

De repente, Antônio não conteve sua curiosidade e indagou sobre a cor do cabelo dela. Responderam que era castanho, e que tinham achado que era branco e que era uma mulher velha porque ela tinha um véu. Seguiram e disseram em coro: "Quem é a senhora?" Logo depois, elas ouviram uma voz interna, igual a um sinal de telefone, dizer-lhes: "A mãe suas". Voltaram correndo e dirigiram-se espantadas às suas mães, querendo saber porque ela assim se identificava.

Os adultos, já iniciados no catolicismo, entenderam que era Maria, a mãe de Jesus, a mãe da humanidade. De súbito, as videntes perceberam que não haviam perguntado corretamente, decidindo saber o seu nome. Passados alguns segundos, as meninas se viraram e gritaram que ela havia começado a escrever. Isto é, aquela mulher, segurando uma varinha, batia na nuvem branca sob seus pés, de onde surgiam então letras grandes e douradas, escrevendo "Nossa Senhora". Em seguida, ela mostrou-lhes uma criancinha que sorria e pulava em seus braços. Antes de desaparecer, falou-lhes baixinho: "Eu preciso de vocês aqui no próximo sábado às quatro horas, às quatro horas, às quatro horas".

CAPÍTULO 1

O Ambiente da Aparição

Fenômenos de efervescência coletiva, como a aparição de Nossa Senhora, não resultam do mero acaso, nem ocorrem inesperadamente. Tais fenômenos recusam-se a ser reduzidos a uma única motivação. Inúmeros são os fatores vitais e de importância decisiva que, inter-relacionados, dele participam. Logo, nesta seção introdutória, apresento o cenário inicial do fenômeno em Piedade dos Gerais. Apesar de não ter a intenção de elidir o seu caráter sagrado, indico aqui motivações históricas, sócio-culturais e econômicas que confluíram num mesmo sentido. Ou seja, criaram um ambiente propício à sua irrupção no local, uma vez que, em fases posteriores, a aparição transcendeu este contexto específico, alcançando outros ambientes.

O Passado Histórico

Não se sabe ao certo o ano da fundação de Piedade dos Gerais (MG), ou melhor, do povoado de Nossa Senhora da Piedade dos Campos Geraes. Diz-se que, em tempos imemoriais, um português de nome Sobreira andava às margens do Rio Paraopeba à procura de ouro. Em decorrência da abundância do metal precioso na região, decidiu fixar residência em Santana do Paraopeba, hoje, município de Belo Vale. De grande sentimento religioso, mandou edificar capelas nos arredores do povoado, para as quais trouxe de Portugal três imagens, duas de Nossa Senhora e uma do Senhor do Bonfim. A partir de então, professando a fé de que a presença de tais imagens não era apenas simbólica, mas viva, comunidades foram sendo formadas a seus pés. E, assim, Nossa Senhora fundou Piedade dos Gerais...

Na verdade, inúmeros povoados do Brasil Colônia foram constituídos desse modo, pois o catolicismo participou diretamente da formação inicial da cultura brasileira, sendo um elemento essencial do empreendimento colonial português e a única religião oficialmente admitida até a Proclamação da República. Aliás, os dois documentos históricos mais antigos sobre as origens de Piedade encontram-se em poder da Arquidiocese de Mariana (MG).[1] Um deles data do ano de 1754 e faz referência à existência de um templo anterior ao que se pretendia erigir à época, do qual ainda permanecia intacta a capela-mor – provavelmente, a capela deixada por Sobreira. O outro, um documento do século XIX, descreve o mapa estatístico do bispado de Mariana (MG), e afirma que o povoado passou a ser considerado um arraial ao receber licença ordinária em 1754. Logo, presume-se que a atual cidade de Piedade seja originária do final do século XVII.

O povoamento dessa região foi conduzido inicialmente por expedições armadas, as bandeiras, as quais vieram a desbravá-la em busca de riquezas minerais no decorrer da segunda metade do século XVII. A bandeira de Fernão Dias Paes Leme percorreu um extenso território que compreendia os vales dos rios Pará e Paraopeba, e se estendia até o Rio São Francisco.[2] Entretanto, o processo de ocupação e colonização efetiva das terras onde se localiza Piedade dos Gerais deu-se apenas no século XVIII, período marcado pela mineração, uma vez que o açúcar nordestino havia declinado no mercado mundial no final do século anterior.

Segundo Pedro de Oliveira (1985), a imigração de portugueses e brasileiros para as zonas mineradoras foi favorecida pela metrópole, que concedia um lote de terra a quem se dispusesse a explorá-la. Como tal concessão dependia dos recursos dos

1. Ambos pertencem ao *Livro de Registro de provisões, sentenças, portarias e termos* do Arquivo da Arquidiocese de Mariana (MG), conforme nos indica o *Dossiê Histórico – Município de Piedade dos Gerais* (2000).

2. Haja vista que ainda hoje a mancha urbana da sede do município é alongada, localizando-se principalmente no topo de um espigão estreito, próximo ao Rio Macaúbas, o que ilustra o tipo de ocupação decorrente das primeiras expedições dos bandeirantes.

beneficiários, eram os grandes proprietários que recebiam as maiores áreas e que concentravam a maior parte da produção. Logo, as unidades de produção de mineração tomaram a mesma forma das fazendas canavieiras: grande extensão territorial, emprego de mão-de-obra escrava e monocultura destinada ao mercado, combinada com uma produção de subsistência. Mas, desta forma, também se moldaram conforme às exigências do sistema econômico mundial europeu, de base capitalista, do qual as unidades de produção brasileiras faziam parte como área periférica.

É verdade que existiam diversas formas de organização da produção e de relações sociais de produção no interior de cada "grande lavoura", as quais dependiam da sua destinação. Tal diversidade chegava a interferir diretamente na sociedade colonial enquanto um todo. Por exemplo, a mineração trouxe consigo traços peculiares: introdução de novos grupos sociais, formação de cidades, desenvolvimento do aparelho administrativo e tributário, elevada proporção de homens livres e maior possibilidade de escravos comprarem sua alforria. Contudo, novamente, tal diversidade era determinada pela necessidade de se produzir mercadorias voltadas para o comércio externo, ou seja, de gerar excedentes econômicos para o capital comercial.

Sem dúvida, os vínculos mantidos entre a burguesia comercial portuguesa e a classe senhorial da Colônia perfaziam as relações sociais de produção dominantes, como bem mostra Oliveira (*op.cit.*). Por conseguinte, deve-se considerar o modo de produção capitalista como o regente dessas relações, embora na esfera da produção predominassem relações sociais de produção pré-capitalistas, as quais se acoplavam perfeitamente ao sistema vigente. Em suas próprias palavras:

> O fato de ser a economia brasileira parte do sistema econômico mundial europeu não implica que ela devesse reproduzir em seu interior todos os traços característicos desse sistema. Ao contrário, a diversificação das formas de organização do processo de trabalho no interior do sistema econômico mundial, conforme as condições particulares de produção de cada parte desse sistema, era a maneira de funcionamento desse sistema; maneira que lhe permitia gerar na periferia uma classe dominante que lhe seria sempre subordinada. (Oliveira, idem: 57 e 58)

No ano de 1709, em face do confronto entre paulistas e portugueses pelas lavras de ouro e pelos veios de diamante e pedras preciosas aí encontrados, o Governo Metropolitano criou a Capitania Real de São Paulo e Minas do Ouro. Elevou alguns arraiais à condição de vilas, como Vila Rica e Sabará, que passaram a ter suas respectivas Câmaras Municipais, e começou a conceder sesmarias a fim de controlar os conflitos. Um ano depois, o bandeirante Manuel Borba Gato (ex-integrante da expedição de Fernão Dias) recebeu a sesmaria, na qual estaria inserida a região de Piedade.

Em 1720, pelo fato da região de Minas do Ouro haver-se transformado no novo centro econômico da colônia e apresentar grande prosperidade, Portugal desmembrou-a de São Paulo e criou a Capitania Geral de Minas Gerais. Vila Rica foi elevada à sua sede e Dom Lourenço de Almeida foi nomeado seu primeiro governador e empossado em 1721.

Também em 1754, ano da concessão de provisão para a ereção de seu novo templo e da obtenção de sua licença ordinária, o arraial de Piedade se tornou capela filial da Freguesia de Nossa Senhora da Conceição das Congonhas do Campo. Por ocasião de uma visita pastoral em 1825, que percorreu toda Freguesia, foram feitas as seguintes observações sobre a capela e o seu povo: "A capela distante da matriz 11 léguas, com 4.000 almas, foi visitada por comissão e crismaram-se 1.904. Essa capela tem seu adro murado e dentro três altares de meia talha pintada e dourada, forrada e campada, mas este destruído. Tem pia batismal de pedra e na sacristia ornamentos decentes. Esta população está como sem pastor, porque tendo um velho que cura há 50 anos, parece que pouco se empregou mobilização por muito apoucado e condescendente." (Dossiê Histórico, 2000: 08).

Curioso como este trecho aponta para uma história mais abrangente que a de Piedade, na qual esta se insere. Aponta, direta e indiretamente, para um período da história do catolicismo no país. Ou seja, sabe-se que o cristianismo foi introduzido oficialmente no Brasil pela coroa portuguesa a serviço do seu projeto colonial, já nos seus primeiros empreendimentos. A presença constante da Igreja Católica no seio do povo foi-lhe deixando marcas profundas, conforme a indicação explícita do que ocorria naquele interior.

No entanto, detalhes surgem nesse quadro quando se consideram especificidades dos diversos contextos em que o catolicismo foi propagado. Por um lado, nota-se que muitos povoados permaneciam sem pároco por longas datas, uma vez que, diante da totalidade da população, havia uma escassez relativa de padres. Por outro lado, o regime do Padroado, que vigorou até a Proclamação da República, operou uma certa descentralização no aparelho eclesiástico, visto que a jurisdição do rei ou do imperador se interpunha entre a jurisdição papal e a episcopal e, por conseguinte, era comum ver representantes da "aristocracia proprietária" colocarem os padres a seu serviço. Além disso, a ação cotidiana das irmandades e dos colonos na ocupação do território brasileiro disseminou o catolicismo popular português, principalmente entre as camadas pobres e rurais (Oliveira, 1997).

Assim, todos esses aspectos juntos favoreceram a reinterpretação do catolicismo oficial, fazendo surgir aqui uma religião com características próprias, cujo caráter era eminentemente social e popular. Isto é, a partir das condições materiais de existência, das necessidades e das representações dos diversos grupos sociais brasileiros, práticas religiosas particulares foram-se conformando em paralelo aos ritos oficiais da Igreja, ainda que dentro do próprio catolicismo. Tais práticas simbólico-religiosas foram-se centrando nos santos, expressando-se em romarias,[3] promessas e ex-votos, procissões e festas dedicadas a estes santos, além de proliferarem crenças em curandeiros, beatos e rezadores, leigos que reproduziam essas práticas religiosas, como o caso de um velho que curava há cinqüenta anos em Piedade dos Gerais.

Na verdade, houve uma enorme transformação no catolicismo oriundo da Europa, levando ao surgimento de diversos nichos católicos, à dificuldade de se estabelecer um certo purismo teológico ambicionado pelas autoridades eclesiais e, ainda, a formas de culto que freqüentemente incorporavam aspectos de outras religiões. Ao mesmo tempo em que se afirmava o catolicismo como religião dominante, difundindo-se valores e ensinamentos cristãos, santos do panteão católico e até um substrato religioso para as relações de trabalho que se consolidavam (cf. Novaes, 1997), deuses e crenças indígenas e africanas continuavam a existir.

---

3. As romarias no Brasil datam do século XVI, sendo de origem portuguesa. Pierre Sanchis chama a atenção para o fato de que "as romarias portuguesas se constituíram, desde o começo e ao longo de toda a sua história, como uma estrutura de encontro – conflito e compatibilização – entre uma religião popular e a instituição oficial de regulação autoritária – ortodoxia e ortopráxis – da religião católica" (1979:05).

Como aponta Pierre Sanchis (1997), sempre houve uma grande afinidade entre o caráter sincrético do catolicismo e o estilo sincrético da cultura nacional. Afinal, o Brasil traz na sua sociogênese a pluralidade sistemática, tendo sido um espaço aberto para o encontro (estruturalmente desigual) de povos desenraizados e com tradições já sincretizadas. Estas, aqui, foram abarcadas pelo catolicismo, uma matriz viva, historicamente ativa e processadora das diferenças.

> Enfim, o catolicismo, com suas duas faces – de legitimação da ordem estabelecida e como via de expressão da experiência coletiva vivida – se tornou religião hegemônica no Brasil (Novaes, 1997:13).

Em 1832, a Capela Curada do Senhor do Bonfim, filial da Matriz de Congonhas, foi elevada à condição de Freguesia Colada, sendo a ela incorporadas cinco capelas, dentre as quais, a de Nossa Senhora da Piedade dos Gerais. Oito anos mais tarde, em 1840, o povoado passou à condição de Freguesia do município de Bonfim, tendo o seu primeiro vigário colado, Pe. Francisco de Paula Gonçalves. Em 1843, foi instalada a Câmara Municipal da Vila do Senhor do Bonfim, da qual o arraial passou a fazer parte.

Piedade dos Gerais conheceu seu esplendor nesse período. Como ponto de mineração e de escoamento do ouro para o litoral, integrou o centro econômico do Brasil Colônia. Já nas primeiras décadas do século XIX, contava com um expressivo número de habitantes (aproximadamente 4.000 pessoas, entre homens livres e cativos), dois cirurgiões, um botica e a determinação oficial para a construção de uma escola, além da presença da família dos atuais videntes de Nossa Senhora. Tais informações, fornecidas pelo Dossiê Histórico (2000), indicam que o arraial possuía expressividade em comparação a muitas outras localidades no país, apresentando até mesmo certo destaque como um nascente pólo urbano.

Contudo, relatos dirigidos ao presidente da Província também mostram suas mazelas na época, como os constantes conflitos de terra e o abuso de poder, envolvendo camadas pobres da população e autoridades, além de representantes da Justiça e da Igreja local. Mostram também a atuação da Igreja na constituição de identidades, na mediação dos conflitos e na centralização das soluções.

> As transcrições dos registros legados daqueles oitocentos retratam o universo de uma povoação, sobre o prisma de uma questão polêmica que tem atravessado os tempos, isto é, a discussão em torno da propriedade privada e seu contraponto, as áreas de domínio público, a luta entre os poderosos e os excluídos da terra e de mínimas condições de sobrevivência; o papel da Justiça e a ação do Estado, traduzindo facetas diversificadas da formação da sociedade brasileira. Aqueles testemunhos vêm, portanto, enriquecer e ilustrar os confrontos e conflitos econômicos e políticos que permeavam o cotidiano dos habitantes de Piedade dos Gerais. (Dossiê Histórico, 2000:12).

Resultado da disputa pelo domínio e uso de um terreno nas proximidades do arraial em 1832, o relato dirigido ao Presidente da Câmara Municipal, redigido pelo juiz de paz, que também era padre, mostra que este assumia funções civis e religiosas. Dele, esperava-se mais que os sacramentos, esperavam-se ações judiciais; embora não fique claro nos documentos que, além de juiz, fosse também o pároco de Piedade dos Gerais. Sua autoridade destacou-se por desempenhar diversos papéis institucionais, sendo não apenas líder do culto católico, símbolo e poder da Igreja, mas também agente burocrático, intermediário e ideólogo. Em sua atuação, ele classificou as partes envolvidas, partiu em defesa dos pobres e sem terra, além de ter definido o espaço público e o papel da Justiça. Por meio do seu discurso, enfim, revelam-se relações de poder daquela época e um complexo processo de interação social entre grupos, já estabelecidos por oposição entre si.

Afinal, a própria origem da pequena lavoura, da pequena propriedade ou da posse de pequena extensão[4] de terra deu-se, em boa parte, por modo conflituoso e via extralegal, segundo Oliveira (1985). Ou seja, devido à impossibilidade de acesso às terras do Estado por via burocrática e legal, colonos pobres, mestiços, índios aculturados e antigos escravos instalavam-se em trechos desocupados no interior ou entre as sesmarias. Essa prática tornou-se corrente no século XVIII, sobretudo em conseqüência da sociedade mineradora e da vinda da corte portuguesa para o

4. Cabe lembrar que a pequena lavoura se distingue dos outros tipos de ocupação da terra. Tratarei especificamente dela mais adiante.

Brasil, fatores que incrementaram o incipiente mercado urbano e criaram demandas por produtos agrícolas.

Depois desse período colonial, os problemas se acirraram e o quadro anterior de prosperidade se modificou rapidamente. O Império brasileiro, no limiar dos anos 40 do século XIX, passou a ter sua estabilidade política e econômica baseada na lavoura cafeeira, deslocando seu eixo de gravidade em direção à Província de São Paulo. Inaugurou-se, portanto, uma fase de dificuldades na região, como aponta um "extrato", uma fala de 1846 dirigida à Assembléia Legislativa Provincial de Minas Gerais, a partir de informações repassadas pelas diversas Câmaras Municipais da Província. No caso do município de Bonfim, o qual Piedade integrava à época, tem-se a seguir alguns trechos:

> Empregam-se especialmente os seus habitantes na agricultura, plantando milho, feijão, arroz, mamona, algodão, e alguma canna de assucar. O producto destes gêneros forma a sua principal renda, e julga a Câmara que o meio mais adequado para lhe dar desenvolvimento é o augmento de braços, e a abertura de boas estradas para esta capital, e lugares circunvizinhos, a fim de facilitar os transportes. [...] As enfermidades, que mais grassão são as febres e hydropesias, e nem um médico há para socorrer a humanidade. Não é lisongeiro o estado da instrucção pública, não só pela falta de alguns professores, como pelo pouco progresso que se vê nas escolas providas: o mesmo acontece a respeito da moral religiosa, por que muitos curatos estão vagos, estando alem disto os Templos em máo estado... (Minas Gerais. Província, 1846:28-30).

Outro documento ilustrativo da precariedade vivida em Piedade dos Gerais e da transformação de um ambiente de mineração para um de lavoura é a correspondência do topógrafo Frederico Wagner ao Presidente da Província em 1850, na qual se refere ao levantamento da carta topográfica do município de Bonfim (in *Revista*, 1913:305). Na sua parte final, menciona o aspecto débil da infra-estrutura dos seus distritos e a importância da reconstrução da única ponte que ligava Piedade dos Gerais à capital da Província, à época destruída. Tal ponte era de suma importância para a sua população e para a economia local, pois, por ela, escoava-se a pequena produção agrícola local para o mercado consumidor de Ouro Preto.

Uma outra correspondência, a da Câmara do Senhor do Bonfim à Presidência da Província em 1849,[5] nos explicita ainda mais o quadro de então. Ou seja, na verdade, nenhuma obra pública estava em andamento ali há tempos e as poucas que existiam eram refeitas ou concertadas apenas pelos proprietários das terras em que se encontravam, mediante as suas necessidades e seus próprios recursos.

Passados alguns anos, novas observações sobre a economia registravam a continuidade de uma estrutura comercial rudimentar e de um isolamento progressivo da localidade. Nenhum fator de dinamização econômica foi observado, tais como empresas anônimas e casas bancárias. Nos anos de 1869, 1872 e 1874 o *Almanak Administrativo, Civil e Industrial da Província de Minas Geraes* (*in* Dossiê Histórico, 2000) publicou informações sobre a Freguesia e o Distrito de Piedade, as quais reafirmaram que não havia mais a atividade de mineração, prevalecendo o exercício dos trabalhos rurais. Assim, sua vocação urbana inicial tinha cedido lugar a uma paisagem tipicamente agrária.

As diversas mudanças ocorridas no final do século XIX configuraram o processo de transição da Monarquia para a República, estabelecendo um novo cenário sócio-econômico e político no país. No entanto, Piedade dos Gerais e arredores parecem haver-se mantido à margem do desenvolvimento capitalista, das relações de mercado e dos surtos de inovação tecnológica, trazidos no bojo do espírito republicano. Os conflitos de terra, a falta de estradas e de pontes, bem como um número elevado de habitantes,[6] mantinham Piedade dos Gerais encerrada em si mesma e em posição ainda mais desfavorável que a das demais localidades da região.

Boa parte da sua população era composta por famílias bem pobres e sem terras, oriundas da antiga atividade mineradora. Haja vista que, sensibilizado com essa situação miserável e dizendo-se movido exclusivamente por sentimento religioso, o casal José Ribeiro Diniz e Francisca Custódia de Oliveira doou um grande terreno à Igreja local, a fim de que os menos favorecidos pudessem ali construir suas

5. *Arquivo Público...* Seção Provincial; documentação não encadernada da Presidência da Província.

6. No primeiro recenseamento realizado no regime republicano, em fins de 1890, o Distrito apresentava uma população de 8.381 pessoas, a maior da região, superando inclusive a de Bonfim (Dossiê Histórico, 2000).

choupanas. Deixaram também claro no termo de doação que, não sendo para eventual benefício da Igreja, era proibido o fechamento do terreno para uso privado, pois persistiam os atos abusivos em que os ricos usurpavam as posses dos pequenos.

Data de 1923 a lei municipal que assinala os aspectos da estrutura administrativa de Bonfim. Seus distritos eram formados por povoações, fazendas e propriedades agrícolas, caracterizando a região como uma área rural. Está incluída nessa lei a simplificação da denominação oficial do distrito Nossa Senhora da Piedade dos Gerais para Piedade dos Gerais. Já a definição de suas atuais dimensões territoriais (área de 261,08 km^2) ocorreu apenas em 30 de julho de 1938.

O relato de moradores mais antigos sobre os anos 20 e 30 revela que o dia-a-dia piedadense acontecia em meio a uma paisagem agrícola e marcadamente católica: trabalho na roça, carros de boi, feixes de lenha em lombos de burros, aves nos quintais, orações, folias, ensinamentos religiosos, entre outros. A vida social e cultural não era intensa, restringindo-se às grandiosas festas religiosas e bailes esporádicos organizados pela comunidade. Em tais comemorações religiosas parecia reviver-se o esplendor do passado colonial, pois havia abundância em vários de seus aspectos: devoção, beleza, grande poder sobrenatural, farta comida e bebida, tudo isto entre reis e rainhas dos grupos tradicionais.

No testemunho dos povoadores, a grande mãe e rainha, tanto dessas festas como do próprio lugar, seguia sendo Nossa Senhora, que sempre olhava a todos do alto da igreja matriz. Embora sua designação tenha sido retirada do nome oficial do distrito ao sofrer a simplificação, ela permanecia ali presente. Talvez por ser sua presença sentida tão forte e tão obviamente fosse desnecessário manter esse título para Piedade dos Gerais. Como nos narram as lembranças do ex-mestre de obras, José Gabriel de Assis, e nos mostram as fotos divulgadas em suas *Memórias* (1999), publicação de sua autoria, a Senhora era a principal homenageada nas festas e uma das mais importantes personagens do cenário religioso daquele período:

> As antigas festas religiosas: São Sebastião (20 de janeiro – atividades: na véspera, havia o encerramento de novenas com ladainhas, banda de música, leilões, fogueiras e fogos de artifício), Nossa Senhora da Piedade (15 de agosto – atividades: repetia-se as da festa anterior), Nossa Senhora do Rosário (11, 12 e 13 de maio – atividades: apresentação dos grupos de Congado

e Moçambique), Reisado ou Reinado (5, 6 e 7 de outubro – repetia-se a festa do mês de maio, só que em honra a Nossa Senhora. Os grupos de Congado e Moçambique dançavam e tocavam seus instrumentos em volta da capela; cantavam hinos de louvor a Nossa Senhora e outros cantos de origem africana. Nestas festas existiam os reis perpétuos e os reis de cada festa). Havia também muitos comes e bebes.

Tudo era muito bonito!

Vinha gente de toda parte. As casas que estavam fechadas ficavam lotadas de gente, os moradores de Piedade abrigavam muitas pessoas que queriam participar da festa, até cobertas serviam como abrigo.

Conta-se que em uma das festas do mês de outubro, um senhor de 75 a 80 anos, que era rei perpétuo, muito devoto de Nossa Senhora do Rosário, chamado Joaquim Penacho, atravessou em seu cavalo o Rio Macaúbas sem que ele desse passagem para travessia.

Dizem que ele chegou em frente ao rio e falou: "Nossa Senhora do Rosário, me atravesse!"

Ele tocou o cavalo e chegou do outro lado do rio são e salvo.

Todos ficaram surpreendidos com o acontecimento. Quando as águas abaixaram não existia mais a ponte. A enchente havia levado tudo.

Sr. Joaquim era um homem alto, magrinho e negro que andava em um cavalo russo pequeno. Seus pés andavam bem perto do chão...

Me lembro dele como se fosse hoje!

Minha mãe era muito católica, tinha uma formação religiosa convicta, a noite ensinava a mim e aos meus irmãos a rezar e nos entregar a Nossa Senhora e ao Santo Anjo da Guarda. Deu-me uma medalha de Nossa Senhora das Graças: "Este é um símbolo da mãe de Deus que te guardará por toda a sua vida". Minha mãe me ensinou a ser um verdadeiro devoto de Nossa Senhora, de São José e do Santo Anjo da Guarda.

A chegada do bispo era sempre uma festa, tinha banda de música esperando e muitos fogos de artifício explodindo no céu. Todo mundo saía a cavalo atrás do bispo, dos padres e das estampas de Nossa Senhora.

A religiosidade dos piedadenses era tão intensa que, nos anos 50, os padres José de Queirós e Mário Batista Jota elaboraram um projeto para a edificação de um enorme santuário, a nova matriz de Nossa Senhora de Piedade. Suas dimensões eram tão exageradas que não cabiam no terreno, como recorda o seu mestre de obras, José Gabriel de Assis (*op.cit.*). Seu tamanho era surpreendente para uma população decrescente de quatro mil habitantes, bem como surpreendente a profecia que envolveu a sua construção. Segundo contam, foi revelado aos padres que ali chegariam milhares de pessoas ávidas por Deus, de todos os lugares no futuro, e que deviam erguer esse templo para abrigá-los.

Assim, com uma forma local própria, por meio de tal imagem religiosa, Piedade foi lançada pelos moradores no seu devir histórico, pois, inacabada por várias décadas, a obra da matriz só se concluiu justamente com os donativos oriundos das freqüentes romarias originadas pela aparição de Nossa Senhora em seu meio, a partir de 1987.

A Atualidade

A década de 60 marcou o início da fase mais recente da história de Piedade dos Gerais. No dia 30 de dezembro de 1962, o antigo distrito foi elevado à condição de município, desvinculando-se administrativamente de Bonfim e adquirindo sua emancipação política. Essa autonomia sempre foi ansiada pela população e foi também motivo de vários desentendimentos políticos, tanto que, nos anos seguintes, o poder executivo empreendeu uma série de medidas que visavam dar à recém-surgida cidade maior independência da sua própria região.

Contudo, tal postura independente levou Piedade a um certo isolamento e a ficar inerte diante do desenvolvimento de outros municípios do Estado e, mesmo, em relação à sua microrregião. Ações políticas que poderiam ser tomadas em conjunto foram realizadas em separado e não obtiveram êxito. Nas ocasiões em que municípios da região reivindicaram melhorias aos governos federal e estadual, Piedade não participou do grupo. Logo, deixou de se beneficiar, por exemplo, com a pavimentação das estradas que a interligam aos municípios vizinhos. E, até o início de 2001, era a única cidade da região que não possuía sequer uma via de acesso asfaltada.[7]

Segundo o Instituto de Geociências Aplicadas – IGA (1998), além de uma infra-estrutura viária inadequada, um outro fator vem contribuindo para a falta de integração regional: a posição geográfica de Piedade. Isto é, apesar da cidade localizar-se na Região Metalúrgica do Estado de Minas Gerais, onde tem havido um considerável desenvolvimento industrial, situa-se na periferia de centros polarizadores, como a Região Metropolitana de Belo Horizonte, Divinópolis, São João Del-Rei e Conselheiro Lafaiete. Assim, tem permanecido à margem no que diz respeito a investimentos e distribuição de recursos, levando o progresso a tomar outros rumos.

Foi também nos anos 60 que chegou em Piedade dos Gerais o frei franciscano holandês, Joaquim Kesteren. Avesso à onda modernizadora que na época assolava o país, ele incentivou ainda mais o fechamento dos seus paroquianos sobre si mesmos, afastando-os das idéias e costumes inovadores que emergiam nos centros urbanos. Obviamente, ele próprio se comunicava com grupos e movimentos dentro da Igreja, da sociedade mais ampla e, até mesmo, do exterior. No entanto, ele se esforçava no sentido de manter seus paroquianos, enquanto uma totalidade hierarquizada, sob seu controle. Na sua cosmologia, cada um tinha o seu lugar determinado e todos se ajudavam mutuamente, numa estrutura de reciprocidade. No entanto, acima dele somente os santos, Nossa Senhora e a Santísssima Trindade, a ponto de, quando mais jovem, mostrar-se disposto a envolver-se em brigas corporais com qualquer pessoa que o afrontasse. Seus valores expressavam-se numa moral extremamente rígida. Não aceitava que a mulher trabalhasse fora de casa, que o casal usasse métodos contraceptivos, que homem e mulher se sentassem lado a lado na hora da missa, que as mulheres e as meninas recebessem a comunhão antes dos homens e dos meninos, que os namorados tivessem intimidade sexual, que alguém não se vestisse adequadamente para entrar na igreja ou que não lhe pedissem a bênção na rua. Enfim, ele abominava todo comportamento que aludisse às relações típicas de uma sociedade individualista moderna e os meios que as propagavam,

7. Haja vista que, ainda em 1998, um levantamento da situação do município recomendava que houvesse aproximação com os municípios vizinhos, pois ações e reivindicações de interesse regional tomadas em conjunto teriam mais chance de sucesso (in *Monografia do Município de Piedade dos Gerais – MG*, 1998, Instituto de Geociências Aplicadas, Secretaria de Estado de Ciência e Tecnologia, Estado de Minas Gerais).

como a televisão, o rádio e os passeios à capital. Conta-se que, nos anos próximos à eclosão do fenômeno, ele se havia tornado o pivô central de desavenças entre os piedadenses. Afinal, achava-se no direito e no dever de tomar conta da vida de todos, mencionando-os e julgando-os explicitamente nos sermões. Além disto, acusava os vereadores e prefeito de corruptos e avarentos, por não contribuírem com suas obras assistenciais, nem com o término do santuário. Paralelamente, corria o boato que mais profanou sua figura: teria adquirido bens com o dinheiro do povo e uma casa para sua cozinheira. Assim, somente a obrigatória missa dominical encontrava-se repleta de fiéis, deixando ele de congregar seu rebanho e sequer resolver seus problemas corriqueiros.

Peça fundamental na aparição de Nossa Senhora, o perfil deste padre será composto mais detalhadamente em outras seções desta tese, quando será também comparado a outras posturas internas à Igreja. Por ora, é suficiente marcar sua posição conservadora, de resistência à modernidade durante os trinta anos aproximadamente em que esteve à frente da população, maciçamente católica, enquanto vigário e autoridade religiosa legítima da comunidade. Este conservadorismo expressava-se também na grande importância e apoio que dava às antigas festas religiosas, mantendo-as como no passado: comunitárias, cheias de pompas, ritos, músicas, barracas de comida e bebida. Perpetuava, por meio delas, a fervorosa devoção à Virgem Maria, a qual partilhava com o povo do lugar, rendendo-lhe constantes homenagens.

Em contraposição radical ao referido padre e ao quadro de um certo isolamento que se prolongou até o final dos anos 80, quando teve início o fenômeno mariano, o atual pároco representa o ideário de uma Igreja moderna. Trata-se de um representante da modernidade não apenas dentro de Piedade, mas no jogo de tendências da própria instituição eclesiástica. Este substituiu o frei, após seu falecimento aos 88 anos de idade em 1996, mas já exercia a função de administrador da paróquia desde 1994, por determinação do bispo de Belo Horizonte. Diocesano, Padre Jésus Maria José ordenou-se religioso após enviuvar e já sendo pai e advogado. Membro do Tribunal Eclesiástico na capital, é um dos responsáveis por analisar e decidir sobre os pedidos de anulação de casamento. Diz-se que ele tem sido bastante favorável a essas solicitações, mais que o habitual na Igreja, mostrando também aí sua tendência modernizadora dentro desta. Em decorrência da referida atividade ao longo da semana em Belo Horizonte, o contato do Pe. Jésus com os paroquianos não é intensa, pois sua permanência em Piedade ocorre apenas nos sábados e domingos. Em uma linha racionalizadora da fé, sua reprovação é clara e explícita no que diz respeito às expressões do catolicismo popular, às festas e folias tradicionais, tanto que algumas até mesmo já deixaram de existir após sua chegada. Além disso, recrimina o culto e os seguidores da aparição de Nossa Senhora e declara publicamente que os membros do Vale da Imaculada Conceição não são seus paroquianos. Embora não possua o carisma do pároco anterior, ele vem-se constituindo num dos pivôs de ruptura do isolamento local, introduzindo, pessoalmente, as novidades de um mundo até então considerado "de fora".

Outro agente modernizador que se tem mostrado bastante eficiente nesse processo de integração de Piedade na própria região e em outras mais distantes, são as romarias, que circulam em Piedade desde o começo da manifestação mariana em 1987. Em seu bojo, vieram os mais distintos grupos, multidões de indivíduos, totalmente estranhos àquela visão de mundo e àquele *ethos* camponês. Com valores, noções, interesses e padrões sócio-econômicos diversos, os peregrinos ampliaram as fronteiras locais e a dificuldade inicial de absorvê-los foi aos poucos cedendo lugar para a sua inclusão no dia-a-dia. No seio das peregrinações, deu-se um outro movimento complementar a esse: vários peregrinos começaram a convidar os videntes de Nossa Senhora e demais componentes da comunidade para visitar suas cidades, retirando-os constantemente dali para levá-los a revelar a mensagem ao mundo.[8] Além disso, pessoas desta mesma comunidade e da cidade começaram a ser levadas pelos "de fora" para outras localidades por vários motivos: amizade, namoro, trabalho, estudo ou companhia.

Nota-se aqui uma espécie de paradoxo. Isto é, foi justamente o isolamento construído em Piedade que propiciou o surgimento do fenômeno mariano, o qual, por sua vez, significou o fim deste isolamento ao atrair para lá o mundo externo. Quem teria mudado mais, os romeiros ou o lugar e seus habitantes? Quem transformou mais a quem?

Pouco antes do surgimento dos romeiros, por volta de 1985, chegou a energia elétrica em Piedade. Juntamente com a eletricidade abriu-se mais uma janela para o

8. Este movimento de peregrinação ao inverso, que leva o santo ao fiel, recebeu o nome de "caminhada", dado pela própria Nossa Senhora, como relatarei adiante no terceiro capítulo.

mundo: a televisão, a qual trouxe uma série de idéias, representações e conceitos novos. Aos poucos, os aparelhos de TV foram-se disseminando até tomarem conta dos lugares mais distantes da zona urbana. No Vale da Imaculada Conceição, por exemplo, nos primeiros anos da aparição, não existia sequer um televisor. Diziam que a Senhora não lhes permitia, porque retirava as pessoas da vida comunitária e da oração, além de influenciar as crianças de modo negativo. Contudo, com o passar do tempo a introdução da TV foi inevitável. Os videntes estavam entre os primeiros a possuir um aparelho, pois o ganharam em 1992 e adoravam assistir aos programas. Recentemente, introduziram-se as antenas parabólicas em muitas casas e houve a promessa, efetuada por um devoto, de levar para lá um computador em 2001. Embora a comunidade já possua *site* e *e-mail* na internet, sediados na casa de um devoto em Conselheiro Lafaiete (MG) – www.aparicoes.com.br e mensagens@aparicoes.com.br, respectivamente, vai afinal poder conectar-se diretamente do local com o mundo.

Na composição desse recente quadro moderno, há ainda um último ator social relevante: o prefeito, Daniel Maurício Reis, que despontou simultaneamente aos demais, ao atual pároco e aos romeiros. Ciente de que o município vivia numa redoma e disposto a rompê-la, sempre declarou desejar inserir a cidade no contexto político dominante do Estado de Minas Gerais. Para tanto, iniciou seu mandato solicitando estudos[9] que lhe fornecessem um perfil geral da situação da comunidade e lhe sugerissem alternativas de desenvolvimento. Pela primeira vez, foi realizado um levantamento dos seus aspectos sócio-culturais, político-econômicos e históricos. Tal iniciativa organizou e registrou informações e dados relevantes, que têm servido de subsídios para a definição de ações públicas, além de subsídios para a presente tese.

Curiosamente, a eleição do referido prefeito em 1996 e sua reeleição em 2000 significaram a quebra de um isolamento político que mantinha o mesmo grupo no

9. *Monografia do Município de Piedade dos Gerais – MG*, 1998, Instituto de Geociências Aplicadas (IGA), Secretaria de Estado de Ciência e Tecnologia, Estado de Minas Gerais. *Inventário de Proteção do Acervo Cultural de Piedade dos Gerais*, 2000, realizado pela arquiteta Aurora Pederzoli e pela historiadora Cristina Pereira Nunes, em colaboração do historiador Cláudio Rocha Moreira e com revisão da arquiteta Alexia Lage de Faria. *Dossiê Histórico – Município de Piedade dos Gerais*, 2001, coordenado pela historiadora Cristina Pereira Nunes, com a participação do historiador Cláudio Rocha Moreira e o apoio da Secretaria Municipal de Educação de Piedade dos Gerais.

poder há décadas.[10] Oriundo de Sete Lagoas (MG), Daniel não morava em Piedade. Ali, prestava serviço como funcionário de banco, no único posto bancário existente. Quando o prefeito anterior percebeu sua intenção de lançar-se candidato, fechou o posto. No entanto, dizem que Daniel conseguiu reverter a situação passando a fazer os pagamentos dos aposentados, pensionistas e demais beneficiários em suas próprias casas. Ele teria conseguido autorização para assim proceder ao alegar risco de fraudes no recebimento, diante da grande dificuldade de deslocamento para a agência bancária situada na cidade de Brumadinho (MG). A primeira administração de Daniel promoveu o surgimento de um espírito modernizador em Piedade dos Gerais, o qual nunca se havia visto antes. Em seu bojo chegaram órgãos de assistência técnica ao trabalhador rural (a EMATER, por exemplo), foram oferecidos cursos de capacitação e reciclagem de professores e demais funcionários municipais, realizou-se a expansão do ensino com a oferta do segundo grau, foi dado incentivo para a realização do terceiro grau em faculdades de cidades próximas, assim como foi feita a ampliação, a melhoria das equipes e dos equipamentos dos postos de saúde. Depois de voltar-se para problemas básicos, conforme afirma, sua meta na segunda administração vem sendo integrar Piedade ao circuito desenvolvimentista do Estado, conseguindo inicialmente uma infra-estrutura viária adequada para que seja possível aumentar, diversificar e comercializar a produção agrícola, além de atrair mais romarias à cidade e, ainda, incluí-la dentro de um roteiro turístico que interligue várias cidades coloniais da região.

É verdade que, no final da década de 70, comentava-se que a região era rica em urano e que algumas multinacionais estavam interessadas em explorar o minério. A expectativa de retorno a um passado esplendoroso, como o da época da mineração do Brasil Colônia, assumiu grandes proporções. Porém, o sonho não se concretizou e, agora, no século XXI, todos sabem que o principal atrativo de Piedade dos Gerais é o assim chamado "turismo religioso", sendo isto confirmado até mesmo pelo diagnóstico do Instituto de Geociências Aplicadas (IGA):

---

10. Tamanho foi o impacto causado por Daniel Maurício Reis que seu antecessor não conseguiu sequer se eleger vereador nas eleições de 2000.

> O Vale da Imaculada Conceição, onde hoje são acolhidos fiéis e visitantes em busca de um local de orações, conselhos, milagres ou mesmo paz de espírito, embora sem a mínima infra-estrutura de hospedagem, é um exemplo de devoção mas também de organização social. Menores abandonados, dependentes químicos e os que fogem da vida agitada das grandes cidades instalam-se aí e recebem todo o apoio da comunidade do Vale. É interessante ressaltar que na comunidade não existem líderes. Todos têm conhecimento intrínseco de suas funções e vivem dentro de uma extraordinária harmonia, em obediência aos preceitos de Deus. A visita ao local vale não só pelo aspecto religioso, mas também para experienciar uma nova organização social. (*in* Inventário de Proteção do Acervo Cultural de Piedade dos Gerais, 2000: 05 e 06)

Desse modo, seguindo o caminho religioso, pode-se pensar que o prefeito também consiga derrubar o projeto da construção de uma usina hidrelétrica que inundará parte do território de Piedade e que tramita há anos na Câmara Legislativa do Estado. Vez por outra, ressurge esta ameaça do deslocamento compulsório de várias famílias nativas, como ocorreu nos idos de 1980. Tal década foi marcada por uma forte crise no município, tornando-o inexpressivo no cenário político e econômico mineiro, a ponto de poder literalmente desaparecer do mapa. Ao mesmo tempo, foi justamente no final dessa década que a Virgem começou a aparecer ali.

O perfil socioeconômico atual

Hoje, as principais rodovias que ligam as vias secundárias de Piedade dos Gerais a Belo Horizonte são a BR-381 (Belo Horizonte – São Paulo) e a BR-040 (Rio – Brasília), encontrando-se distante cerca de 125 km uma cidade da outra. Apesar dessa proximidade, as linhas de ônibus intermunicipais são restritas e os longos trechos sem pavimentação tornam maiores as distâncias relativas e dificultam os percursos, principalmente no período de chuvas, quando as estradas de acesso chegam a ficar interditadas.

A população local está estimada em 4.303 habitantes, concentrando-se em 13 povoados. Nestes últimos quarenta anos, o município não apresentou constância em sua dinâmica demográfica. A maioria da população vive no campo e tem sofrido uma lenta redução nas últimas décadas. Porém, nos anos 70, os fluxos migratórios não pouparam sequer a população urbana, fazendo-a decrescer em números absolutos. Atualmente, este grupo representa mais de 30% do total de habitantes. Com isso, as atividades terciárias tendem a crescer na cidade, que é considerada uma das menores do Estado. Embora a parcela urbana aumente gradativamente, é provável que seja um dos raros municípios mineiros a possuir população rural superior à urbana na virada do milênio. Desde a década de 80, o município está passando por intensas mudanças no perfil de sua pirâmide etária. Àquela época, a pirâmide possuía uma base muito desenvolvida, resultado de uma população jovem numerosa: 37,2% tinham até 14 anos de idade, apresentando um forte desnível nas faixas etárias entre 20 e 25 anos. Este dado revela que uma parcela considerável de tais adultos deixou o município e buscou outras localidades, enquanto as faixas superiores mostram que não houve, de forma significativa, saída ou chegada de pessoas entre 25 e 50 anos no período. (Monografia do Município de Piedade dos Gerais – MG, 2000).

Esse dado revela que, no início da aparição em 1987, a população era majoritariamente composta por crianças, velhos e pessoas que se encontravam reproduzindo o modo de vida e a visão de mundo tradicional. Afinal, os piedadenses com mais de 25 anos de idade, já se casaram e são pais de família. A faixa etária tida como transgressora, no sentido de possuir as melhores condições para romper com os antigos laços de parentesco e com os valores e representações locais, era aquela formada por jovens solteiros em torno de 20 anos e que se vinculavam por grupos de sexo e de idade, conforme mostrarei em capítulos seguintes ao caracterizar a sociedade campesina. Obviamente, os que migraram foram esses últimos em busca de outra situação. Com certeza, saíram em bandos de amigos para exercer atividades semelhantes nos mesmos lugares, uma vez que o vínculo afetivo entre eles é bastante forte, concorrendo com o da própria família. Saíram, também, como mão-de-obra não qualificada rumo às cidades médias e capitais, pois até a primeira administração do atual prefeito, a formação escolar limitava-se às quatro séries iniciais do primeiro grau e era intensa a evasão escolar. Assim, tornaram-se parte integrante das camadas pobres urbanas.

Até então, os únicos piedadenses que tiveram a oportunidade de estudar, fazer curso universitário e se profissionalizar foram os filhos dos fazendeiros mais abastados, os quais sabem apenas ler e escrever. Tais pessoas, pertencentes à elite local, deixam Piedade no início da adolescência e nunca mais voltam para morar.

Este fato se expressa na ausência de uma Academia de Letras, tão comum no interior do país, onde se reúnem os intelectuais e os ilustres da cidade – normalmente, advogados, profissionais liberais, poetas, enfim, letrados que escrevem sobre a sua gente e a sua terra. A única publicação literária sobre Piedade são as *Memórias* (1999), do ex-mestre de obras José Gabriel de Assis.[11]

Também, nos anos 80, os índices das condições de vida e do desenvolvimento humano, tanto para o local como para a microrregião foram, em média, inferiores aos do Estado, o que muito contribuiu para o êxodo do período (Monografia do Município de Piedade dos Gerais – MG, 1998). O baixo desenvolvimento apontado por este indicador na década passada, não é exclusividade de Piedade dos Gerais, do Estado ou do País. Ele esteve presente em grande parte da América Latina. No Brasil, esse período foi denominado a década perdida, quando se verificou a maior perda na variável "renda média" dos brasileiros, o que refletiu imediatamente na redução do Índice de Desenvolvimento Humano da ONU.[12]

É importante lembrar que a população brasileira vem deixando cada vez mais o campo e se deslocando para as periferias urbanas, engrossando as camadas pobres e miseráveis. De acordo com os dados apontados por Regina Novaes (1997), nos anos 50, o Brasil apresentava 70% de sua população na zona rural e era considerado um país essencialmente agrícola. Atualmente, as proporções se inverteram completamente: 30% de habitantes estão no campo e 70% nas cidades. O movimento migratório de Piedade dos Gerais é, portanto, um reflexo desse amplo contexto brasileiro.

Ainda assim, a agropecuária é a sua principal atividade econômica, sendo responsável pela absorção da maior parte da mão-de-obra efetiva, haja vista que a paisagem urbana, que configura a sede do município, guarda estreita vinculação com o meio rural. Dentro desse setor, destaca-se a pecuária leiteira,[13] a prática agrícola

11. Na verdade, ele havia escrito sua biografia para divulgar entre seus familiares, de modo que, nela, Piedade aparece apenas como cenário do desenrolar de sua vida. Mas, devido à inexistência de registros sobre a cidade, o prefeito interessou-se por esse trabalho e custeou sua impressão, ainda nos moldes originais. Isto é, textos precariamente digitados por um senhor apenas alfabetizado e sem revisão ortográfica.

12. Este indicador utiliza três variáveis de pesos iguais, a saber: renda, educação e longevidade, sem substituição ao PIB per capita utilizado pela ONU.

desempenhando um papel secundário. Contudo, ao se comparar os últimos censos, pode-se inferir que o município vem substituindo as áreas de pastagens em favor das áreas de lavouras, uma vez que a demanda por alimentos, oriunda da Região Metropolitana de Belo Horizonte, vem crescendo.[14]

Por serem os solos da região de baixa fertilidade natural e susceptíveis à erosão,[15] sempre apresentaram limitações para a agricultura em larga escala. Tais características determinam o uso e a ocupação do solo no município, dividindo-se entre as categorias pasto, campo e pequenas áreas cultivadas. Com base no censo agropecuário de 1985, afirma-se o predomínio das pequenas propriedades.[16] Além disso, percebe-se que a distribuição fundiária no município apresenta-se ligeiramente concentrada nas mãos de poucos, quando comparada a de outras localidades mineiras – fato presente nas primeiras mensagens de Nossa Senhora, as quais se referiam à melhor divisão de terras.

As propriedades originárias do Vale da Imaculada Conceição encontram-se entre as menores extensões de terra do grupo que compreende áreas entre 10 e 50 ha. Quando Nossa Senhora começou a aparecer, tratava-se apenas de duas pequenas propriedades vizinhas: o sítio e a fazenda Barro Vermelho. No sítio, propriedade do Sr. Antônio Xavier Santana e de seu irmão que morava em Belo Horizonte, havia uma casa antiga, a qual servia para guardar ferramentas, sementes e o produto de alguma colheita mais farta. Sr. Antônio e sua família mudaram-se para a fazenda, propriedade de seu pai, Sr. Euclides Santana, assim que este enviuvou na década de 80.

---

13. Por isso, o principal rebanho é o bovino. A maior parte da produção de leite é vendida para um único atravessador, um fazendeiro local, que comercializa o produto em cidades maiores.

14. Dentre os principais produtos agrícolas municipais destacam-se: a cana-de-açúcar, milho, mandioca, banana, feijão e arroz.

15. Algumas das erosões já atingiram sua forma mais avançada, chegando a grandes proporções, evoluindo para o recuo de cabeceiras, o desmoronamento das bordas e intenso assoreamento nos fundos. Ao se chegar à cidade, chama a atenção os focos de erosão acelerada, podendo comprometer a estrutura urbana da cidade.

16. Pouco mais da metade dos estabelecimentos de até 10 ha ocupava, em 1985, o equivalente a 9,3 % da área total. A segunda maior classe de estabelecimentos (38,8%), entre 10 e 50 ha, ocupava 42,6% da área total. A classe seguinte, entre 50 e 100 ha, era composta por 5% dos estabelecimentos e ocupava 17,8%. O restante, menos de 5% dos estabelecimentos, compreendidos entre 100 e 500 ha, ocupava 30,3% da área total (Monografia do Município de Piedade dos Gerais – MG, *op.cit.*).

No entanto, com o falecimento do Sr. Euclides em 1994 esse quadro foi modificado. A fazenda foi dividida entre os seus sete herdeiros, bem como o sítio entre os dois irmãos. Antônio ficou com a parcela do sítio onde a comunidade, formada pela aparição, instalou-se, nas proximidades da sua antiga casa. Este local, ele doou para a própria comunidade, bem como o local em que Nossa Senhora se manifestou pela primeira vez, o qual integra a parcela que lhe coube na partilha dos bens deixados por seu pai, Sr. Euclides. O restante do que lhe foi destinado, foi dividido, em vida, entre seus sete filhos, ficando cada um com um terreno suficiente para a construção de uma casa confortável e uma área para plantação ou pequeno pasto.[17]

Quanto às atividades comerciais de Piedade dos Gerais, estas são modestas, estando os melhores estabelecimentos (assim como as maiores propriedades rurais) nas mãos dos principais fazendeiros.[18] De modo geral, todos os comerciantes prosperaram depois da aparição de Nossa Senhora, especialmente os ramos dirigidos ao atendimento das necessidades básicas dos romeiros (bares, restaurantes, pensões, farmácias, entre outros). Não há banco ou posto bancário na cidade. A falta deste e de demais serviços similares, bem como de determinados produtos, obriga os habitantes a gastos com locomoções para receber pagamentos e salários. Com isto, evidentemente, parte da renda local desvia-se para as cidades vizinhas em troca de serviços e bens de consumo.

As principais receitas são o FPM e o ICMS.[19] Apesar de apresentar o menor coeficiente do FPM, este é a principal fonte de receita municipal. Em segundo lugar está a arrecadação advinda do ICMS, especialmente após a "Lei Robin Hood"; de

17. Os três filhos mais velhos, já casados, assumiram seu quinhão. Marilda, a principal vidente de Nossa Senhora, embora solteira, mora em seu terreno e em sua casa. Ela não se dedica a criações de animais ou plantações. Claudinei, ex-vidente, uniu sua porção à do tio de Belo Horizonte. Na verdade, com a ajuda financeira de Marilda, ele comprou a parte do tio, onde cria gado, mas continua morando com os pais. Os dois filhos mais novos, também ex-videntes, continuam junto aos pais e ainda não manifestaram vontade de cuidar de suas terras. Sobre os videntes, com dedicação especial a Marilda, falarei no capítulo 4.

18. A eles também estão vinculados os trabalhadores rurais, como empregados ou arrendatários, além dos pequenos sitiantes, uma vez que aqueles centralizam a associação local dos produtores de leite.

19. Respectivamente, Fundo de Participação dos Municípios e Imposto sobre Circulação de Mercadorias e Serviços.

28 de fevereiro de 1995, que permitiu aos municípios de menor porte arrecadarem mais através da redistribuição de parcela do ICMS estadual.

Como Piedade dos Gerais não possuía energia elétrica até meados dos anos 80, as notícias de fora chegavam pelo rádio ou por mascates, que, de tempos em tempos, percorriam as estradas para lá venderem seus produtos. Jornais e televisão eram conhecidos por poucos. O telefone tornou-se mais acessível à população depois de 1994, quando aparelhos públicos e individuais foram instalados. Há somente três anos, o serviço de água é realizado pela Prefeitura, atendendo hoje a aproximadamente 500 domicílios, mas a água não é submetida a nenhum tratamento. A cidade ainda não conta com rede de esgoto e as residências possuem fossas sépticas, em decorrência, os casos de doenças mais comuns são aquelas causadas por verminoses e diarréias.

Para muitos piedadenses, como o Sr. José Gabriel de Assis, a cidade vem sendo motivo de orgulho:

> Hoje Piedade dos Gerais é toda iluminada, calçada, com água de poço artesiano; tem ônibus duas vezes por dia para Belo Horizonte; tem posto médico com atendimento diário; duas farmácias, um comércio bastante animado com supermercado, lojas de tecidos e ferragens; armarinhos, açougues, padaria, depósito de material de construção; telefones instalados em muitas casas; vários caminhões de transporte. Grande parte dos moradores da cidade e dos arredores tem o seu próprio carro. Atualmente os doentes são transportados para Belo Horizonte ou Entre Rios de ambulância. A cidade não é tão pequena como antigamente, onde era mato, virou cidade. As casas são razoavelmente boas. Das velhas casas de Piedade só devem existir, se não me falha a memória, três com pequenas reformas e uma casinha bem estragada. (1999:24 e 25).

Ainda uma Sociedade Tradicional

Embora haja um discurso bastante entusiasmado a respeito de aspectos da modernidade em Piedade, conforme demonstrou o trecho anterior, por outro lado, há uma forte oposição a situações decorrentes dela, em especial àquelas que significam integrar o processo de proletarização e de empobrecimento do campo.

Na verdade, no dia-a-dia, a população em geral aceita bem o conforto moderno, como novos recursos e melhor assistência médica. Mas, por outro lado, resiste em modificar hábitos, costumes e tradições já arraigados e que lhe são caros.

Isso não quer dizer que exista unanimidade entre as pessoas ou que estas formem um bloco homogêneo de idéias e comportamentos. O próprio Sr. José Gabriel de Assis, por várias vezes, migrou para trabalhar em São Paulo e morar em Belo Horizonte em busca de melhores condições de vida, mas nunca se ausentou totalmente de sua cidade e do seu passado, do qual se sente saudoso. Para lá, ele sempre retornou de diversas e ambíguas formas. Hoje, reside em Contagem (MG), porém permanecem seus vínculos físicos e afetivos com Piedade:

> Eu tenho uma casa em minha terra natal. Minha esposa adora passar alguns dias nela para descansar da cidade grande. Entre 1927 e 1930, [...] nesse tempo, os ricos conversavam com os pobres sem discriminar. Nos tempos passados a vida era melhor, os mais abastados não eram tão gananciosos. (*op cit*: 25).

Um dado importante que esse informante deixou de nos contar é o fato de que, se aparentemente não existem mais casas velhas, elas continuam a existir de modo indireto na construção das casas novas. Isto é, a população possui a prática comum de usar materiais antigos em novas edificações, sendo estas inspiradas nos modelos anteriores. Pedras, ferragens e vidros em bom estado de conservação, por exemplo, são itens corriqueiramente reaproveitados pelos moradores em suas propriedades e pela prefeitura em obras públicas. Assim, sem jogar fora o antigo padrão e seus elementos, nota-se nessa gente um movimento singular e permanente de recuperar e atualizar seu passado.

Essa característica foi bem identificada no *Inventário de Proteção do Acervo Cultural de Piedade dos Gerais* (2000). Nesse estudo, resultado de um levantamento descritivo dos principais bens do conjunto histórico-arquitetônico da cidade, realça-se, por várias vezes, que a reconstrução nos moldes das edificações originais e a reutilização dos materiais provenientes de demolições constitui uma tradição local. De modo curioso, essa reapropriação ocorre em vários níveis e também de um imóvel para outro, como no caso da instalação da ponte sobre o Rio Macaúbas, que se serviu das pedras da Igreja Matriz de Nossa Senhora da Piedade e da venda de muros de pedra construídos pelos escravos, como uma alternativa real para geração de renda.

Tudo indica que consiste prática comum, no Município, a demolição das edificações para posterior reconstrução, com reaproveitamento máximo dos materiais. Dessa maneira, embora algumas edificações apresentem um aspecto de construção original, é bastante provável que a cidade já se haja reconstruído sobre si mesma. (*op.cit.*: 12).

Contudo, em alguns poucos exemplares, nota-se que o proprietário procurava uma inspiração modernista para sua casa. É o caso de uma residência da década de 60, que, embora tenha reaproveitado materiais antigos, faz alusão em sua fachada aos arcos do poder da então recém-criada Brasília. É importante ressaltar que o piedadense em questão era um morador singular: prefeito da cidade na época em que foi emancipada de Bonfim e em que o Brasil vivia um frenesi desenvolvimentista.

> A edificação de número 662 foi construída na década de 60, para servir de residência da família do Sr. Moreira da Silva, antigo prefeito de Piedade dos Gerais. A residência de número 620 foi construída pelo Sr. Joaquim Pereira de Morais, reaproveitando-se materiais refugados pela Prefeitura Municipal, a exemplo dos tubos que adornam a varanda. [...] as varandas laterais recebem ornamentação com tubos metálicos de seção circular, à guisa de pilares, denotando a época de construção contemporânea à inauguração de Brasília, capital federal.(ibidem: 30).

Outra situação que ajuda a compor o quadro ambíguo em relação à modernidade, ora aceitação e identificação, ora resistência e oposição, é encontrada no meio rural. O técnico da EMATER, que chegou há três anos e que já trabalhou em sete cidades do interior mineiro, diz ter encontrado ali maior dificuldade em propor novas culturas e formas de plantio. Quando começou a visitar as fazendas para se apresentar, a população nem o recebia, dispensando os seus serviços e envolvendo-o em uma série de comentários negativos a seu respeito. Somente agora, que já sabe lidar melhor com a população, é que alguns agricultores vêm pedir-lhe assistência. Mesmo assim, percebe uma forte barreira no que diz respeito ao uso de maquinários, estratégias de venda para aumentar o lucro da comercialização do leite, cultivo de espécies mais adequadas ao tipo de solo que as habituais etc. Para ele, as pessoas são muito desconfiadas em relação ao que ainda não conhecem.

Na verdade, a recusa dos agricultores no que concerne às suas idéias inovadoras e consideradas mais rentáveis aponta para um tipo de negação, ou seja, a recusa à inserção em relações individualistas de uma sociedade de mercado e, provavelmente, à identificação plena com o estilo moderno que o técnico encarna. Afinal, eles não se apropriam da terra na condição de meros produtores burgueses e trabalhadores assalariados, submetidos diretamente ao sistema de produção capitalista. Embora alguns mantenham determinados vínculos de comercialização e de trabalho mercantil, vendam seus produtos na Ceasa de Belo Horizonte, além de terem contato com empresas e atravessadores típicos da lógica utilitária, os principais eixos econômicos e sócio-culturais que os estruturam são específicos de uma sociedade pré-capitalista.

Uma Sociedade Camponesa

À margem da mineração do século XVIII, desenvolveu-se a pequena lavoura, uma produção agrícola voltada basicamente para a subsistência e para suprir demandas dos ascendentes mercados urbanos. Porém, em momentos conjunturais, quando se necessitava concentrar a força de trabalho na principal atividade produtiva local, esta lavoura atendia também às fazendas. Instalada dentro das grandes propriedades rurais, aproveitava suas áreas disponíveis, o que a distinguia da pequena propriedade ou da posse de pequena extensão de terra.

Do ponto de vista econômico, como aponta Oliveira (1985), a pequena lavoura era insignificante para o funcionamento da economia colonial. Entretanto, cabia-lhe uma função social de extrema importância: ser o equilíbrio da estrutura social e política senhorial, um dos eixos centrais da dominação senhorial. Afinal, a cessão da terra pelos grandes proprietários a pobres agricultores deu origem a sólidos vínculos de lealdade entre eles, bem como ao aparecimento de uma massa camponesa[20] no interior dos latifúndios, que veio a ser a camada da população de maior crescimento demográfico.

20. Tal massa não era homogênea, podendo ser classificada de acordo com sua posição no processo de produção material e de acordo com os diferentes graus de dependência e subordinação aos senhores.

A dominação do senhor assentava-se no medo, pois o homem livre e pobre constatava que não sobreviveria por seus próprios meios. A proteção que recebia, portanto, era um favor a ser retribuído na forma de serviços, os quais não eram obrigatórios nem considerados mercadorias, uma vez que as relações se davam entre pessoas. Tratava-se de um sistema de prestações e contraprestações assimétricas entre dominados e dominadores (Palmeira, 1977).

> [...] a massa camponesa, que vive da pequena lavoura, carece de poder econômico para fazer valer seus interesses; porém, ela desempenha uma função social considerável como força de apoio à classe senhorial. Pequenos proprietários, posseiros, agregados e moradores, subordinados à classe senhorial por laços de dominação pessoal, constituem a força social, política e também militar que os senhores usam para fazer valer seus interesses e para assegurar seu controle sobre os escravos e sobre sua propriedade rural. (Oliveira, 1985:65).

Essas relações se transferiam para as representações religiosas, como relações entre o fiel e o santo de devoção. Porém, foi a instituição religiosa do compadrio que revestiu essa dominação de valor moral, criando laços que a reforçavam e transfiguravam: senhor e dependentes, ao se tornarem compadres, passavam a ser membros de uma só família espiritual. Estes eram elementos ideológicos e culturais, também socialmente produzidos, fundamentais para a legitimação do sistema de reciprocidade, o qual reproduzia a desigualdade. Entretanto, através da religião, também se expressavam elementos contraditórios e de resistência, tanto que eclodiram os movimentos messiânicos no início do século, objeto de análise de Oliveira (*op.cit.*), e a reinterpretação "libertadora" da tradição católica por agentes da Igreja junto a movimentos camponeses nas últimas décadas no país, como observa Novaes (1997).[21]

O processo de trabalho na pequena lavoura era rudimentar, centrado na prática da queimada, sem medidas de proteção do solo nem de adubação. Os instrumentos de trabalho resumiam-se à enxada, ao facão e ao machado, e as espécies cultivadas,

21. Ambos os autores estudaram a contribuição histórica do catolicismo na sustentação da estrutura dessas formas de dominação tradicional e na legitimação das desigualdades sociais no Brasil. Dedicaram-se, especialmente, a lutas no campo e a sua articulação com a religião em períodos históricos distintos, realçando justamente esses elementos contraditórios e de resistência.

às dos gêneros alimentícios básicos. Já o regime de trabalho fundamentava-se na unidade familiar de produção. Era o pequeno proprietário, o posseiro ou o agregado, juntamente com sua família, que preparavam e cultivavam a terra, colhiam a plantação e construíam edificações. Contudo, todas essas ações requeriam a cooperação entre várias pessoas, que se organizavam numa instituição essencial para o universo camponês: o mutirão, trabalho coletivo e gratuito entre várias unidades domésticas.

Embora essas características da pequena lavoura não correspondam às exigências do modo de produção capitalista, é importante relembrar que a economia colonial era regida pelas leis mercantis. No entanto, o monopólio comercial, que se apropriava do lucro econômico da colônia e o repassava para a metrópole, não intervinha na esfera da produção, salvo para orientá-la em direção aos interesses comerciais. Por isso, foi possível que as relações sociais na esfera da produção tomassem diferentes formas, conforme as especificidades de cada atividade, tendo sempre o grupo senhorial em posição dominante.

Oliveira (1985) mostra que, também devido às características próprias da pequena lavoura, foi possível seu avanço por demais regiões do país. Lugares onde a precariedade dos meios de transporte, o esgotamento do solo e a falta de lenha, por exemplo, tornaram inviável a grande lavoura, a pequena lavoura se estabeleceu, apresentando-se resistente e maleável para oferecer a subsistência aos camponeses em qualquer meio ambiente.

Além disso, resistência e maleabilidade parecem ser traços das massas camponesas em relação ao tempo no Brasil, mesmo que hajam convivido, se adaptado e lutado contra as várias fases do sistema capitalista ao longo dos anos. A literatura brasileira das Ciências Sociais é extensa no que diz respeito à compreensão do jogo entre permanência e mudança desse tipo de organização sócio-econômica e cultural nos principais contextos históricos do país, tais como os estudos sobre o coronelismo da Primeira República, as comunidades rurais paulistanas dos anos 30, os camponeses nordestinos das décadas de 50 e 60, os trabalhadores rurais do regime ditatorial e, recentemente, os chamados sem-terra.

Alguns estudos, numa perspectiva culturalista, procuraram pela presença de um conjunto comum de valores culturais, que seria o suporte para a unicidade dos grupos campesinos. Outros, pelo viés economicista, reduziram os camponeses à sua lógica econômica, ao modo com que organizavam os fatores de produção. Já influenciados pelo momento político anterior ao Golpe Militar de 1964, trabalhos buscaram definir se as relações no campo eram feudais ou capitalistas para, por conseguinte, definir o estágio de uma possível revolução e o caráter da reforma agrária no Brasil. Quando se tinha certeza do capitalismo no campo, nos anos da ditadura militar, tratou-se de entender por que este sistema comportava dentro de si pequenos produtores e, ao mesmo tempo, não resolvia a questão da concentração de terras improdutivas. Havia ainda outras correntes de pensamento, como a que se voltava para questões da agricultura familiar, visando a afastar os obstáculos à modernização, além da que apostava no fim dos camponeses, em virtude um processo de proletarização inevitável.

Hoje, apesar dessa gama de abordagens, sabe-se que homens trabalhadores e moradores do campo existem, representando 30% do total de brasileiros, enquanto há um enorme contingente populacional empobrecido nas periferias das cidades, querendo terra para trabalhar. Além disso, são 400 milhões de hectares aptos ao uso produtivo, dos quais 200 milhões são ociosos, e 115 milhões se apresentam em condições legais para serem desapropriados imediatamente (Novaes, 1997).

Interessa, no caso de Piedade dos Gerais, mostrar que ali ainda persistem aspectos de uma sociedade camponesa, mesmo que se leve em conta a sua articulação dentro do sistema econômico vigente. Seguindo a mesma fonte teórica que inspira Oliveira (1985), vê-se nos ensinamentos de Assadourian (1974) e Laclau (1968 e1971) a possibilidade de coexistirem diferentes modos de produção em diferentes níveis hierárquicos dentro do sistema capitalista. Tais diferenças não são um empecilho à expansão da economia de mercado, pelo contrário, esta é constituída por elas e delas se serve. Logo, não precisam necessariamente ser eliminadas.

Isto não significa que, ao considerar as condições de reprodução econômica e social dos camponeses desse interior mineiro, procure uma campesinidade, uma ordem moral, uma ética, para além das relações históricas de produção,[22] ignorando

22. Neste caso, enfatiza-se as representações e os valores de uma cultura camponesa, os quais estariam expressos em um conjunto de categorias nucleantes, interligadas umas às outras e comuns às diversas realidades empíricas. Ou seja, não se pensa terra sem se pensar família e trabalho ou não se pensa troca sem se pensar reciprocidade e vice-versa. Tais categorias se vinculariam a valores e princípios organizatórios, a saber, honra e hierarquia.

as transformações oriundas dessa articulação com o sistema capitalista hegemônico. Em tal modelo analítico, opõe-se esse tipo de sociedade àquelas modernas, individualizadas e voltadas para o mercado. De um lado, polariza-se uma ordem moral e sagrada do mundo, cujo modelo é relacional, e do outro, uma ordem econômica com modelo individualista. Tal polarização se daria no plano das categorias, bem como no das relações sociais e das pessoas, sendo os camponeses seres relacionais constituídos pela totalidade, enquanto os indivíduos modernos, seres agregados por contrato e constituintes da totalidade.

Minha abordagem se distancia dessa perspectiva dicotomizada e essencialista no seguinte sentido: hoje, a sociedade camponesa pura e isolada não é encontrada, mas sim, camponeses em graus distintos de articulação ambígua e tensa com a modernidade. Por outro lado, em Piedade, nem todos os pequenos produtores são camponeses ou partilham dessa ética. A proximidade crescente da capital levou para lá algumas pessoas que deixaram a grande cidade por uma vida mais tranqüila, adquirindo sítios e chácaras, bem como alguns ex-romeiros, expressões da lógica individualista, que se instalaram nas mediações do Vale.

No entanto, pode-se dizer que a atual Piedade dos Gerais guarda uma estrutura econômica e aspectos sócio-culturais moldados no antigo período colonial. É verdade que, no advento da aparição de Nossa Senhora, era possível identificar tais relações sociais de produção pré-capitalistas de modo nítido, até mesmo a sua forte reprodução dentro do próprio fenômeno, podendo ser confundido com os movimentos messiânicos e milenaristas pré-modernos. Mas, a aparição não é apenas a exacerbação da ordem tradicional diante da modernidade: conforme estes movimentos, é também uma forma singular de ingresso na modernidade.

Hoje, dezesseis anos depois, esses traços antigos ainda persistem, porém bem mais diluídos, irrompendo de forma privilegiada na esfera da religião, num campo de idealização de uma sociedade que já não existe exatamente como no passado. Por isso, estaria ali a vivência de um mito, de uma utopia, que perpassa a sociedade mais ampla, uma vez que a aparição é capaz de aglutinar não apenas camponeses, mas diversos grupos sociais representantes da modernidade. Assim, é a título de etnografias das representações e valores de uma comunidade moral que utilizarei trabalhos sobre a campesinidade em capítulos seguintes.

Somada a essas considerações que restringem a leitura de Piedade pela simples ótica da campesinidade, levo em conta a tese de Novaes (1997), que se coloca numa perspectiva nova em relação aos estudos citados. Afinal, a autora mostra que o camponês é uma categoria político-social construída historicamente, não uma realidade dada. Ou seja, as palavras "camponês" e "campesinato" foram importadas automaticamente de outras realidades sociais para o Brasil. Integrantes do vocabulário comunista, elas aqui foram introduzidas a fim de dar conta das lutas dos trabalhadores do campo que irromperam nos anos 50, recebendo uma forte conotação política.

> Como sabemos, eram mais que meras palavras. Traziam consigo toda uma visão da natureza das relações sociais no campo e do papel político que estava reservado ao "campesinato" naquela "etapa da revolução democrática-burguesa". Tendo como referência o processo ocorrido em alguns países da Europa, ao "campesinato" brasileiro parecia estar reservado o destino histórico de, em aliança com as outras forças progressistas da sociedade, destruir o latifúndio improdutivo que representava um obstáculo ao desenvolvimento do capitalismo, caminho necessário para chegar à "etapa socialista". (Novaes, *op.cit.*: 35).

Aos poucos, "camponês" e "campesinato" foram englobando termos de circulação restrita (morador, colono, caboclo, lavrador etc.) e superando o localismo em direção a uma integração dos grupos em luta contra o latifúndio em nível nacional.[23] Tornaram-se categorias designativas de uma identidade social, construída por um conjunto de eventos, enfrentamentos, definições de espaços e experiências de resistência de diferentes coletividades vinculadas ao campo. Os valores comunitários pré-existentes não significavam uma aproximação das diversas lutas – valores considerados prontos para fazer emergir o *ethos* camponês, conforme a busca da

23. Particularmente no Nordeste, foram apropriadas para nomear e distinguir os trabalhadores rurais engajados na luta política no início da década de 60. Para ser camponês era preciso, acima de tudo, dissipar o medo (elemento suporte da dominação), encarar os conflitos, sair do espaço privado do latifúndio e ocupar as ruas, as pistas, o fórum etc. Assim, aqueles que aderiam ao grupo partilhavam seus símbolos e representações, diferenciando-se de outros trabalhadores.

campesinidade almeja sempre constatar. Em suma, a identidade camponesa foi construída ao longo de um processo político.

O elemento aglutinador entre os diversos trabalhadores do campo foi justamente a demanda pelo reconhecimento da cidadania[24] na década de 60. Assim, camponês não significava aquele que se encontrava fora do aglomerado urbano, mas fora da cidade política. Foi, portanto, a mobilização política que os retirou do anonimato político e criou o campesinato brasileiro (cf. Palmeira, in: Novaes, 1997).

Se, nos anos 60, a construção do camponês se deu no sentido de romper com o isolamento político, tendo o local como circuito das relações de dominação personalizadas e clientelísticas, no regime militar, tal construção ficou circunscrita à rede sindical ou à rede das pastorais católicas, com suas peculiares ligações internacionais. Na ditadura, multiplicaram as mediações entre os trabalhadores em conflito e o Estado.

Hoje, a atuação do Movimento dos Sem Terra (MST) indica novos recortes e outras formas de construção de identidades e alianças.[25] Afinal, oferece a seus participantes apenas uma coordenação nacional, a qual tem sido eficaz em fornecer sentido, táticas e estratégias de luta e, ao mesmo tempo, tem sido flexível no que tange à integração de grupos locais com composições bastante diversas. Nos últimos anos, alguns líderes do campo têm disputado cargos eleitorais, e uma parcela deles tem participado das Assembléias Estaduais ou da Câmara Federal.

Assim, ao deslocar a análise para o campo político, Novaes mostra a elaboração e transformação da identidade do camponês na história, bem como a importância de se voltar para a experiência de ser camponês partindo dos próprios agentes sociais. Não se trata mais de questionar a adequação de determinado suporte teórico-conceitual, sem considerar como se deram a articulação, os contrastes e a ordenação do processo de criação da identidade pelos sujeitos centrais. Do mesmo modo, a autora explicita a importância de se levar em conta os mediadores que compõem, com suas divergências e confluências, mais uma força nesse campo político.

---

24. As Ligas da Paraíba nos anos 60 lutavam pelo direito de ir e vir, assistência social, direitos trabalhistas e previdenciários, buscando a inclusão no sistema político.

25. Haja vista que o movimento tem buscado adesões nas favelas urbanas, apontando os malefícios da reestruturação produtiva (como, por exemplo, o desemprego e a violência urbana).

É essa orientação que norteia a apreensão, a seguir, dos discursos dos próprios piedadenses, especialmente daqueles participantes da aparição, bem como dos discursos sobre eles no sentido de atribuir-lhes um lugar identitário camponês. Discursos estes que informam suas práticas e suas concepções, moldados em meio a um conjunto de contradições, oposições e alianças. Se, anteriormente, ative-me à estrutura discursiva da mensagem de Nossa Senhora, interessa-me agora ampliar a reflexão para compreender aspectos políticos e ideológicos desse fenômeno. Além disso, como discutirei no quarto capítulo, revelar esta sua face significa dar minha contribuição para o esforço nativo de reconhecimento de sua cidadania.

A Superação da Modernidade

"Parada no tempo", é o que diziam de Piedade dos Gerais, romeiros, visitantes, prestadores de serviços e pessoas que para lá se deslocavam nos primeiros anos das aparições e, até hoje, há aqueles que assim continuam pensando. Ninguém entende como um lugar tão próximo à capital mineira e a outras cidades de médio porte pôde ter-se mantido tão isolado, sem desenvolvimento em todos os aspectos, até 1987 e, de certo modo, ainda nos dias atuais.

Conta-se que, ali, se via uma grande pobreza: no campo material, viviam na penúria; no campo educacional, mal sabiam ler e escrever. Quanto às informações sobre a sociedade em geral, praticamente nada sabiam. Sobre as coisas da religião, pouco conheciam; com efeito, uma senhora vinda de Belo Horizonte nos meses iniciais da aparição diz que ali ficou para ajudar os camponeses a entender o que lhes ocorria e que Nossa Senhora depois confirmou ser esta sua missão entre eles. Eram pessoas pobres, simples, mais ainda, simplórias. "Gente da roça", nas palavras dos de fora.

Alguns, como o recém-chegado técnico da EMATER, fundamentam suas explicações nas rixas políticas regionais, as quais teriam colocado a cidade no interior de uma redoma. Entretanto, para outros, cuja crença nas aparições os vincula ao lugar, a resposta se baseia na vontade de Deus. Ou seja, Deus teria preservado Piedade do progresso e das influências modernizadoras para nela realizar o seu plano de salvação da humanidade. Aliás, segundo dizem, esta justificativa foi-lhes dada pela própria

Senhora no início do fenômeno, quando os de fora se surpreendiam e se intrigavam com tamanho "atraso" local. Contudo, hoje, o empenho dos políticos e os desígnios divinos adquiriram um sentido totalmente inverso, levando a cidadezinha a se lançar no mundo globalizado, porém, enquanto uma "cidadezinha camponesa".

Nesses dezesseis anos, Piedade tornou-se um centro de convergência religiosa, alterando a direção do fluxo migratório com a atração de milhares de pessoas. Dentre estas, recebeu a visita de importantes personagens políticos, religiosos, banqueiros, jornalistas, empresários e estrangeiros, ganhando notoriedade. Extrapolou, assim, suas fronteiras regionais e passou a ser conhecida e respeitada no Estado, no país e até mesmo na Europa. Seja por meio das peregrinações permanentes, das caminhadas dos videntes por inúmeros lugares, dos canais de divulgação informais entre os fiéis (folhetins, fitas cassetes, fitas de vídeo etc.), dos meios de comunicação de massa habituais ou ainda da *internet*, Piedade é hoje uma referência para um grande círculo de devotos de Maria.

No entanto, a imagem do local divulgada em todos esses ambientes reforça a idéia do camponês, expressando a visão do mundo externo sobre o campo e seus habitantes. Trata-se de uma visão ora romântica, de um bucolismo idealizado, ora de condescendência para com um lugar que não evoluiu. O primeiro caso caracteriza-se por falas que realçam a beleza, tranqüilidade, calma e paz de Piedade: Uma cidade pacata. Junto a esse pólo de significação, encontra-se a imagem do camponês como um homem honesto, tradicional, trabalhador, humilde, digno e de boa índole. No segundo caso, a ignorância, o subdesenvolvimento e a precariedade são destacados e dão lugar a frases do tipo: "É um lugar que não evoluiu" e, associado a este núcleo de sentido, o camponês é visto como alguém ingênuo, bobo, ignorante, roceiro e bicho do mato.

De modo curioso, esses dois olhares contribuem para a legitimação da aparição da Virgem. Ambos confluem para a certeza dos devotos de que os camponeses, sejam eles "puros" ou "burros", jamais seriam capazes, no sentido de ousar ou de ter capacidade intelectual, de mentir, inventar ou brincar com a fé do povo. Logo, trata-se, de fato, de um fenômeno divino. Assim se lê no folheto *Anunciando – Jesus e Maria*:

> A antiga fazenda Barro Vermelho é uma região bastante privilegiada em termos de paisagem. Além do vale propriamente dito, com uma religiosi-

dade tradicional, ressalta-se a existência de uma mata de vegetação nativa nas proximidades do local da aparição de Nossa Senhora, onde ainda se encontram esquilos e outras espécies de vida animal.

Porém, é importante frisar que esta é a visão atual, vinda de fora de Piedade. No começo do fenômeno, os fazendeiros da região se opunham à aparição, afirmando-a como "coisa do demônio", uma vez que ali se reuniram famílias pobres e alguns sem-terra, instalando uma situação de crise em relação à dominação tradicional. Estes bradavam que a reforma agrária aconteceria em breve, que havia muita injustiça e que os grandes pisavam os pequenos. Para os fazendeiros, eles não passavam de arruaceiros, preguiçosos e perigosos. Entretanto, a chegada dos romeiros e de pessoas ilustres para conhecer a aparição os fez calar, ambos os grupos, sobrepondo seus interesses, suas expectativas e suas noções sobre todos os envolvidos na aparição. Mais que isso, tornaram próprios dos nativos os seus discursos contemporizadores, distante do tom acusativo e revolucionário anterior, conforme mostrarei no terceiro capítulo.

Desse modo, vê-se novamente no fenômeno a reprodução da hierarquia entre a cidade e o campo, entre o moderno e o atrasado. No primeiro momento, aqueles pequenos agricultores estavam estabelecendo sua identidade político-religiosa fundada no enfrentamento, no conflito e na oposição ao latifúndio, semelhante aos camponeses estudados por Regina Novaes na Paraíba. Mas, no momento posterior, camponeses passaram a ser todos os piedadenses, inclusive os fazendeiros, em contraste com os de fora. Essa identidade não é mais aquela dos trabalhadores rurais em luta pela cidadania e pela terra, mas a identidade mitificada do homem do campo.

Curiosamente, os de fora que se mudaram definitivamente para o Vale em busca de viver esse mito campesino junto à aparição, tornaram-se os camponeses imaginados. Ou seja, pessoas que deixaram seus trabalhos e seus estudos na cidade, passaram a viver no Vale, lá se casaram e tiveram filhos, afastando-se da vida moderna. Eles não têm informação sobre os acontecimentos atuais, não sabem conversar sobre outro assunto que não sejam as mensagens divinas; criam suas famílias e sabem que voltar para a cidade é impossível, uma vez que não têm qualificação e perderam a desenvoltura no meio urbano. Hoje, sentem-se como os roceiros que encontraram em Piedade quando chegaram.

> Outro dia, estava conversando com meu marido... É, a gente virou da roça. Não temos mais pra onde ir com três filhos pequenos, sem uma profissão, sem estudo. A gente não ia arrumar emprego. Nem pra doméstica está fácil, iam querer referências, a carteira assinada. Eu não tenho nada disso, vim pra cá com 18 anos, o tempo passou e já tenho 26. Não sei nem conversar, nem o que está na moda, ia ficar igual uma boba na frente das pessoas, só falando de religião. Engraçado... Alguns que eram da roça mudaram por completo. A Marilda viaja todo mês, foi à Europa duas vezes, construiu casa, tirou o segundo grau e tem até loja de terços. Todo mundo só quer comprar dela, ela é a vidente. (Informante, 2000).

De fato, os piedadenses abriram-se para o contato com outros universos sócios-políticos e econômicos após a aparição. Os videntes e seus parentes viajaram por várias localidades, tiveram acesso a novos conhecimentos, conheceram a fartura material devido às doações dos devotos, passaram a viver com conforto e vinculados a uma extensa rede de pessoas que ultrapassa a fronteira nacional. Contudo, ainda que apresentem este perfil, os videntes não se descaracterizaram enquanto camponeses, nem mesmo aos olhos de membros da comunidade do Vale. Estes justificam tal mudança, dizendo que eles precisam sair para evangelizar e que, nestas viagens, por serem tão ingênuos, acabam deixando-se levar pelas novidades, pelos apelos do consumo, pela fama etc. Enfatizam, portanto, a mesma face camponesa que abre as portas do mundo para eles.

Uma das falas representativas do grupo de pequenos agricultores, que participa da aparição desde seu começo, é a do pai da maioria dos videntes e dono da propriedade onde foi criado o Vale, Sr. Antônio Santana. Em seus depoimentos aos romeiros sobre o início do fenômeno, os quais acabaram por compor uma espécie de história oficial das primeiras aparições,[26] ele seleciona acontecimentos, os ordena e lhes confere sentido, de modo a reforçar o imaginário urbano sobre o universo camponês.

Como um exímio contador de casos que é, ele envolve toda a platéia com sua fala mansa, seu português com erros e sua simplicidade no trajar. Lentamente, ele compõe um quadro típico do cotidiano no campo e de uma ética camponesa: crianças que

---

26. Na Introdução, foi contada essa história, que por ser a mais propagada e aceita como a verdadeira, tornou-se o que chamo de drama fundante do acontecimento mariano em Piedade.

vão pescar, a lida com o gado, os parentes que chegam para visitar, o compadrio, o mutirão, o medo de andarilhos, as orações, o casamento como uma festa especial, a submissão ao pároco local, entre outros elementos.

No desfiar de suas narrações, Sr. Antônio também dá voz a uma série de outros discursos que mediaram a construção desta identidade campesina, mesmo antes do fenômeno estabelecer-se. Por exemplo, ele cita a reunião com uma religiosa no dia seguinte à primeira aparição. Embora não identifique a qual movimento interno à Igreja ela pertence, fica clara a sua associação à Teologia da Libertação. Em tal encontro, a freira relacionou o povo de Deus aos pobres, marginalizados e os que estão fora do poder. Paralelamente, utilizou várias metáforas ligadas à vida no campo (semente, adubo, terra, colheita etc.) para explicar a fé, o trabalho junto à coletividade e a libertação. Assim, ao final da reunião, ela havia afirmado seus ouvintes no lugar de camponeses e a estes associou a designação de povo de Deus.

Do mesmo modo que a Igreja, em 1987, ajudava a estabelecer a identidade local, hoje a instituição eclesiástica e demais instituições, como a EMATER e a prefeitura, contribuem nessa direção. Todas elas, interligadas pelo afã modernizador e tendo à frente representantes de fora de Piedade, querem eliminar práticas, hábitos e costumes arraigados na população por séculos. Nesse movimento de tentar fazê-los romper com o passado acabam, muitas vezes, atuando ao contrário. Isto é, reforçam a idéia de que são atrasados, ignorantes e bobos diante de alguma resistência, enfim, são camponeses.

Corroboram ainda para a fixação dos videntes e dos primeiros participantes do fenômeno nesse lugar de fala, as tradicionais aparições européias e as atuais aparições em lugares semelhantes pelo Brasil. Afinal, em La Salette (França, 1846), Lourdes (França, 1858), Fátima (Portugal, 1917) e Medjugorje (Bósnia-Herzegovina, 1981), Nossa Senhora apareceu no campo, em meio à criação de animais e à plantação, para pastores simples, humildes e pobres. Tais eventos possuem grande aceitação popular em todo o mundo, além do fato de os três primeiros terem sido reconhecidos pela Igreja. Recentemente, muitas das manifestações marianas no país também se têm dado em um cenário parecido com o de Piedade: em fazendas, alto dos morros, lugares pobres e mais afastados das cidades. Por exemplo, São Sebastião do Alto (RJ) e Pedralva (MG), no início dos anos 90.

Segundo Sr. Antônio, a história de todas essas aparições auxiliaram até mesmo os próprios protagonistas a aceitarem o fenômeno, pois se identificaram imediatamente com seus personagens. Além disso, o fato de Nossa Senhora surgir sempre como uma jovem camponesa, emoldurada por motivos típicos do modo de vida rural – animais e plantas ao seu redor, trajes discretos, cabelos longos e flores nas mãos – , só reforçou a mesma idéia. Numa análise mais profunda, sacralizou o espaço rural de Piedade ao aludir ser este o seu próprio passado histórico.

Desse modo, são vários os mediadores que, articulados numa constelação de falas, vêm criando e recriando essa identidade campesina ao longo do tempo. No entanto, resta ainda conhecer a fala da principal interlocutora deste fenômeno: Maria. Afinal, ela tem falado por e para todos esses grupos integrantes da aparição, aglutinando-os sob a sua palavra. O que, no seu dizer, serve a diversas experiências culturais e a tão diferentes posições na estrutura social do país e até mesmo da Europa? Como o mesmo arcabouço simbólico serve para reafirmar hierarquias e dominações e, simultaneamente, serve para favorecer rupturas e enfrentamentos entre segmentos sociais? Quais sentidos o discurso mariano, considerado ahistórico, universal e autônomo, ali recebeu?

No esforço de começar a responder a essas perguntas, sigo no próximo capítulo reconstituindo as falas de Nossa Senhora no Evangelho, na Igreja, na tradição popular e na religiosidade pré-existente em Piedade dos Gerais. Afinal, todas essas falas compõem, em articulações de fragmentos discursivos, a fala de Maria no Vale da Imaculada Conceição.

CAPÍTULO 2

As Vozes de Nossa Senhora através dos Tempos

Moldada e animada em diversos contextos históricos e sociais, Maria tem assumido diferentes aspectos, propiciando o surgimento de inúmeras devoções marcadamente distintas. Assim, embora única, pois só existe uma protagonista do drama da encarnação e redenção de Jesus Cristo, ela abre um enorme leque de representações femininas caras às sociedades católicas. Haja vista que, segundo a *Enciclopédia Cattolica* (Itália, s.d.), o liturgista Holweck encontrou, no mínimo, 1.025 festas marianas espalhadas pelo mundo.

No entanto, Nossa Senhora transpôs as fronteiras da experiência religiosa particular a um conjunto de crenças e foi amplamente absorvida pela cultura ocidental. Em outras palavras, enquanto poderoso símbolo da religião fundante da civilização ocidental, ela ultrapassou a singularidade do campo especificamente religioso, passando a representar um tema central na história ocidental e a ser uma das poucas figuras femininas que alcançou o status de mito. (Warner, 1985: XXV).

Todavia, Maria não está presente no mundo apenas como uma crença da tradição cristã, atualizada nas mentes e nos corações dos devotos, pelos cultos e pelas expressões artísticas. Ao longo de toda a história do cristianismo, uma outra forma de acesso a ela tem-se mostrado possível: as aparições. Nestes dois milênios, uma extensa literatura católica relata um número incontável de visões de Maria Santíssima. A partir do século XIX, quando uma forte afeição a ela floresceu, suas manifestações se tornaram cada vez mais freqüentes e ganharam um grande poder de mobilização de massa, o que se observa até os nossos dias.

O mais importante da visão sobrenatural não é o êxtase pessoal do vidente, mas a mensagem trazida por Nossa Senhora. Trata-se da própria irrupção do sagrado no mundo e da sua única realidade perceptível a todos, ainda que narrada pelos videntes, pelo povo ou pela Igreja. Logo, através da vidência de uma ou mais pessoas, o local onde ocorre o fenômeno torna-se sagrado e pode-se ali conhecer esta simbólica que mantém Nossa Senhora viva há dois mil anos em diversos ambientes sócio-culturais.

Desse modo, através das suas aparições diretas, a Senhora revitaliza-se constantemente em textos envoltos por um caráter a-histórico, universal e autônomo. Estes textos jamais podem ver-se reduzidos por uma visão simplista das ciências sociais, que busque somente a analogia entre a Senhora e as experiências imediatas. Para entendê-los, é necessário ir além do mero recurso instrumental e atingir o nível das crenças e expressões profundas, relacionando o símbolo a uma longa, antiga e até esquecida tradição.[1]

> Antes, portanto, de deter-me especificamente na aparição de Piedade dos Gerais e em sua mensagem, apresento um breve levantamento sobre os principais textos, temas, evocações e imagens da Senhora na Bíblia, na Igreja e no seio popular. Seleciono aqueles que sedimentavam a religiosidade pré-existente naquele interior de Minas em 1987 e que lá ainda se fazem presentes sob várias formas. De modo surpreendente, todos estes três conjuntos discursivos se encontram inter-relacionados, uma vez que confluem para a constituição e a atualização de uma única tradição.[2]

É possível associar essa idéia ao que foi proposto, em termos semelhantes, por Mikhail Bakhtin (1987), e que se resume no termo "circularidade" entre a cultura das classes dominantes e a das classes subalternas. Embora o autor se refira aos

1. Otávio Velho (1987) vincula este tipo de simbólica à "cultura bíblica", da qual tratarei detalhadamente no próximo capítulo.
2. No próximo capítulo, dedico-me a explicar como ocorre a articulação entre a estrutura discursiva do texto mariano de Piedade dos Gerais e os textos antecedentes, bem como os contemporâneos.

períodos da Idade Média e da Renascença, pode-se estender seu pensamento no sentido de nos fazer ver que sempre houve entre os conjuntos discursivos, que ora abordo, um relacionamento circular feito de influências recíprocas, que se move de um lado para outro, de cima para baixo e vice-versa. Trato, então, exatamente do oposto da idéia de absoluta autonomia e isolamento das culturas, no caso em estudo, da cultura bíblica, eclesiática e popular.

Na verdade, Nossa Senhora de Piedade pertence, de maneira peculiar e simultânea, a todas as três esferas. Vê-se que as suas falas e as falas sobre ela perpassam o texto contido na Bíblia, o imaginário de grupos da Igreja e de diversos segmentos da sociedade brasileira e mundial, representando-se vários deles em Piedade dos Gerais. Para tanto, é importante situar o fenômeno nessa longa tradição discursiva, da qual privilegio apenas um recorte, entre muitos, por ser relevante para a sua compreensão.

Obviamente, a particularidade do fenômeno de Piedade existe e emerge nos traços simbólicos que enfatiza em detrimento de outros, do seu arranjo, dos seus ritos, bem como da vinculação que estabelece com o contexto local em que foi gerado e com os que hoje o acolhem. Assim, pertencer à referida tradição não significa simplesmente repeti-la, reproduzi-la. Significa, muito mais, renová-la dentro de determinadas singularidades e padrões atuais. Em suma, neste capítulo, por meio da reconstituição dos três conjuntos de textos, temas, evocações e imagens, procuro compreender melhor a plasticidade de Nossa Senhora e sua capacidade de moldar-se a inúmeras circunstâncias, saindo de suas singularidades históricas originárias para penetrar sociedades e superar o tempo.

Maria na Bíblia

Por serem as Sagradas Escrituras a primeira fonte mística e o primeiro registro escrito em que se fundamenta o catolicismo, é nelas que se buscam os relatos iniciais sobre quem foi Maria, sua vida terrena e sua missão divina, além de suportes para convicções dogmáticas e devocionais. Contudo, a surpresa é enorme quando se percebe que o relato sobre Maria é bastante breve no Novo Testamento e que as referências bíblicas fundamentais ao desenvolvimento posterior do seu culto são bastante esparsas.

Como afirma *The Catholic Encyclopedia*, há muito pouco material sobre Maria. Obras de devotos como a dos sacerdotes Martini, Barrette e Brovelli (1995) são mais incisivas, mostrando que a vivência de Maria é de tal forma reservada e misteriosa por serem poucas as palavras dos Evangelhos a respeito. Estes, segundo os autores, são tão privados de narrativas a respeito da Virgem de Nazaré que parecem apoiar o ponto de vista protestante, isto é, o de reservar à Mãe de Jesus um lugar extremamente marginal, e de criticar asperamente a cultura católica por sua devoção a ela.

Embora o contraste entre a evidência bíblica e os textos advindos da tradição eclesiástica e popular católica seja um motivo de crítica protestante, é impressionante o fato da Senhora haver-se tornado um tema importante no encontro ecumênico entre várias matrizes religiosas, conforme aponta o historiador da cultura, Jaroslav Pelikan (2000: 25). Foi justamente esta ausência de dados bíblicos que levou católicos e protestantes a se reunirem na década de 70 e, em conjunto, analisarem livro por livro, tópico por tópico, de todas as referências marianas no Novo Testamento. Este esforço resultou na obra de 1978, *Mary in the New Testament: a collaborative assessment by protestant and Roman catholic scholars* (*in* Pelikan, op. cit.), a qual reflete um notável consenso entre as linhas confessionais, como conseqüência de sua adesão ao método crítico-histórico de interpretação da Bíblia.

Contudo, algumas questões polêmicas foram evitadas pelos pesquisadores ou apenas mencionadas, sem maiores comentários, tal como a afirmação de que, no decurso dos séculos, o culto a Maria experimentou enorme crescimento.[3] Sem dúvida, é um dilema a relação entre a expansão da doutrina e seu pretenso embasamento nas Escrituras, pois tal movimento ascendente parece fundamentar-se em alguns poucos componentes doutrinários. Ou seja, quanto aos Evangelhos, somente

3. Certamente, o culto a Maria não foi a única doutrina não fundamentada no Novo Testamento a passar por tamanho desenvolvimento. Por exemplo, o dogma da Santíssima Trindade emergiu da vida, do culto, da reflexão e da controvérsia. Mas, chegou a tal ponto de propagação que a ortodoxia cristã acabou declarando que foi a única forma da Igreja ser fiel aos ensinamentos do Novo Testamento (Pelikan, 2000: 26).

o de Mateus e o de Lucas explicitam a concepção virgem de Jesus. Porém, estudos revelaram uma ambigüidade sobre o assunto.[4] De maneira estrita, estes dois Evangelhos indicam apenas a concepção virginal e deixam sem resposta a questão do nascimento de Jesus, além da virgindade após este nascimento.

Uma das soluções empregadas para minimizar o desconforto ocasionado pela escassez de informações acerca de Maria foi considerar que o Novo Testamento se ocultava no Velho e este se tornava visível naquele, conforme faziam os antigos eruditos e alguns dos próprios teólogos da Igreja. Em virtude do pressuposto da unidade bíblica, tornou-se possível dispor de material suplementar no Antigo Testamento. Por exemplo, ao aceitarem que Maria era da casa e da família de Davi, afirmou-se um elo inquebrantável entre a história judaica e o cristianismo, entre o Primeiro Pacto, dentro do qual ela nasceu, e o Segundo Pacto, pelo qual ela deu à luz. Assim, enquanto Deus criava condições para seu filho assumir o papel que lhe fora destinado na história de Israel, também preparava o caminho para sua mãe em episódios do Velho Testamento.

Esse raciocínio hoje se disseminou, justificando o hábito de pesquisar as antigas Escrituras de Israel à procura de profecias, paralelos, tópicos e conexões que enriqueçam o pequeno feixe de dados fornecidos pelos Evangelhos. O processo de apropriação desse material para justificar o culto a Maria e a doutrina marista, que pode ser descrito como uma metodologia de amplificação, de certo modo, integrou um processo muito mais amplo de interpretação alegórica e figurativa da Bíblia.

---

4. As epístolas de Paulo, as outras epístolas no Novo Testamento e as pregações dos apóstolos, como foram registradas no livro dos Atos, nem sequer mencionam a concepção virginal. O Evangelho de Marcos começa com o ministério já adulto de Jesus e não traz nenhuma informação sobre sua concepção, nascimento e infância. O Evangelho de João principia quando havia apenas Deus e o Logos e, no primeiro capítulo, traz uma curiosa variação textual relevante a esta questão: "A todos que o receberam, àqueles que crêem no seu nome, deu-lhes o poder de serem feitos filhos de Deus, *nascidos* não do sangue, nem da vontade do homem, mas de Deus". Para alguns, o plural "nascidos", que se referia à regeneração dos crentes pela graça, substituiu o singular "que nasceu" ou "nascido", se reportando ao nascimento virginal de Cristo. Para a Bíblia de Jerusalém, "há fortes indícios de que o verbo deve ser lido no singular, aludindo à origem divina de Jesus, não ao seu nascimento virginal". (Pelikan, 2000: 29).

No entanto, a referida metodologia de amplificação também ocorreu no sentido de se apropriar de textos à margem dos livros canônicos do Novo Testamento.[5] Este é o caso do Evangelho de Tiago que, apesar de apócrifo, teve papel preponderante no desenvolvimento da história de Maria, fornecendo grande parte do material básico para sua biografia. Nele, por exemplo, é mencionada a sua inviolada virgindade, não apenas na concepção, mas também no nascimento de seu filho, a idéia correlata de que dera à luz sem sofrer as dores do parto e a explicação de que os irmãos de Jesus, citados nos Evangelhos, eram filhos do primeiro casamento do viúvo José.

É justamente este contraste entre as restritas provas bíblicas e a riqueza da tradição popular católica que aponta para o quanto os fenômenos relacionados ao culto mariano adquiriram independência do texto bíblico, especialmente quando visto em sua literalidade. Isto não significa que sejam desprezadas ou ignoradas; ao contrário, o texto é permanentemente lido e relido a partir de novos fenômenos e revelações, os quais, por sua vez, se alimentam das novas exegeses. Desta forma, não apenas as atuais aparições de Maria pelo mundo encontram substrato na Bíblia, como esta tem sua compreensão direcionada e expandida pelas atuais devoções e manifestações marianas.

Esse é o caso da *Ave, Maria*, a oração mais recitada entre os cristãos, só perdendo para a *Oração do Senhor*, segundo Pelikan (idem). Sua primeira sentença combina as duas saudações bíblicas à Senhora da Vulgata (Lucas 1:28,42). A segunda sentença é uma súplica que alia o título pós-bíblico, *Theotokos*, à doutrina marista em que a Mãe de Deus, cheia de graça e mediadora, intercede pelos homens. Assim, o autor comenta: “De modo notável, a *Ave, Maria* resume não apenas a ironia que há em Maria ter-se tornado a principal causa da divisão entre os crentes e entre as Igrejas, mas também a dicotomia entre a única autoridade das Escrituras e o desdobramento da doutrina pela tradição”. (ibidem: 32)

5. Os quatro Evangelhos agrupados no Novo Testamento, lembra Garcia (in Paiva, 1990), são o resultado de expurgos consecutivos de dezenas de outros Evangelhos que foram produzidos sob o impacto do mito cristão e não resistiram à Lei Apostólica. Entre estes há um Evangelho dedicado inteira e exclusivamente à Maria, o “Evangelho de Maria”.

Resultado desta interação hermenêutica, com a fundamental intermediação da Igreja, algumas idéias se fixaram, tanto para clérigos como para leigos, como as mais importantes do pensamento sobre Maria, apesar de se relacionarem a apenas indícios no Novo e no Velho Testamento. Em oito tópicos discursivos, intrinsecamente entrelaçados, agrupei esses temas, evocações, imagens e textos, tendo por referência inicial a denominação apresentada por Pelikan em *Maria através dos séculos – seu papel na história da cultura* (2000). O interesse desta análise no contexto do meu tema é identificar os principais pontos em que o discurso da devoção popular e o discurso erudito confluem no fenômeno de Piedade, fornecendo uma chave de compreensão privilegiada para a sua leitura.

Ave Maria

"Ave, Maria, cheia de graça: o Senhor é convosco" (Lucas 1:28), foi a saudação do anjo Gabriel a Maria, no contexto da Anunciação. Considera-se que cheia de graça significa ser ela não apenas objeto e receptáculo da benevolência divina, mas possuidora de toda a plenitude da graça. Criatura privilegiada e a mais perfeita, pelas prerrogativas que Deus concedeu somente a ela, na previsão da grandeza e sublimidade do encargo que iria receber. Ela seria a eterna portadora da Palavra de Deus, do Logos feito carne. Em primeiro lugar, portanto, parece referir-se à iniciativa de Deus em assinalar Maria para tornar-se a mãe de Jesus. Em segundo lugar, seu caráter de a escolhida.

Esse é o preceito mais básico e mais explícito da Bíblia, sendo o preferido nas expressões artísticas e também evidenciado no cerne do acontecimento em Minas Gerais. Já nas primeiras visões, como aquelas narradas no "drama fundante" da aparição (ver Introdução), a Senhora mostra-se predestinada em sua beleza incomparável de uma jovem camponesa de dezoito anos, em sua doçura na voz e no olhar, além de sua feminilidade exemplar. É ela que se diz, nas primeiras palavras, a mãe da humanidade e a mãe de Jesus, revelando-se agraciada, aquela que trará as boas novas e os bons frutos ao local. Ou seja, por seu intermédio, o plano de Deus para a salvação do mundo foi colocado em ação há dois mil anos atrás e agora, novamente, desenrola-se em Piedade.

A Serva do Senhor

A anunciação também representou, para o pensamento cristão, o paradigma de reflexão sobre a relação entre a obrigação e o livre-arbítrio, entre a soberania divina e a liberdade humana. Compreender a relação entre a liberdade humana da livre escolha e a soberania de Deus foi um dos paradoxos cristãos mais difíceis de resolver. O ponto crucial da dificuldade encontra-se na autodenominação de Maria no Evangelho de Lucas como a serva do Senhor, alguém que se tornou um instrumento do plano divino.

Durante séculos, ela serviu como modelo de paciência, passividade e inquestionada obediência, confirmando-se assim nas habituais palavras finais da mensagem em Piedade: "Agora tenho que ir, pois o Senhor me chama. Eis aqui a serva do Senhor". Além disso, em vários outros momentos da mensagem, ela deixa explícita a sua submissão aos desígnios divinos, indicando que as conseqüências são sempre boas e sábias quando a soberania e a vontade de Deus prevalecem, mesmo que sejam obscuras aos olhos humanos. Contudo, outro sentido pode ser dado a esta frase, de acordo também com as falas de Minas Gerais. Fazendo eco ao que Pelikan considera ser uma obediência definida como a máxima atividade, e não passividade (*op.cit.*: 120), a prontidão da Senhora de Piedade para atender às solicitações do Senhor advém exclusivamente de sua vontade espontânea, e não de coação. É a liberdade de obedecer que a transforma, bem como todos os convertidos, em colaboradores – de modo algum em súditos – do Deus bondoso e misericordioso de Piedade, que não obriga ninguém a nada. Logo, ser um servo refere-se aqui à utilização do livre-arbítrio e ao direito de empregá-lo em prol de si próprio e de toda a humanidade.

Uma Mulher de Coragem

Também, para refutar a clássica interpretação submissa de Maria, Pelikan (idem) chama a atenção para sua habitual descrição medieval: Mulher de coragem. Esta designação e metáfora a identificava como guerreira e campeã, como conquistadora e líder.[6] Ao se procurar, no Velho Testamento, as profecias que mais tarde se cumpririam nos Evangelhos, encontra-se a promessa de Deus à serpente após a queda: "E porei inimizade entre ti e a mulher, e entre a tua descendência e o seu descendente; este te ferirá a cabeça e tu lhe ferirás o calcanhar" (Gênesis, 3: 15).

Em Piedade dos Gerais, esta imagem se reflete no triunfo da humilde e jovem serva de Deus sobre o Mal, prometendo a vitória a todos aqueles que a seguirem. É a Virgem que alerta seus fiéis contra os pecados, orienta-os nas horas difíceis e protege-os como uma mãe zelosa, comandando o novo universo social criado pela sua presença permanente no Vale da Imaculada Conceição. À frente do segundo plano de salvação da humanidade, sediado naquele interior mineiro, ela se revela forte, engrandecida, corajosa e vencedora.

A Segunda Eva

Na segunda metade do século II, era natural encarar juntas Eva, a "mãe de todos os seres viventes" e Maria, mãe de Cristo, compreendendo e interpretando as duas com base uma na outra. De acordo com algumas interpretações, a referência mais antiga a Maria, apesar de não ser citada pelo nome, não se encontra nos Evangelhos, e sim na Epístola de Paulo aos Gálatas:[7] "Mas, vindo a plenitude dos tempos, Deus enviou seu Filho, nascido de mulher, nascido sob a lei, para resgatar os que estavam debaixo da lei, a fim de recebermos a adoção de filhos". O apóstolo Paulo chegou à teoria da humanidade de Cristo ao refleti-la e vinculá-la a Romanos 5:19: "Pois, como pela desobediência de um só homem muitos foram pecadores, pela obediência de um, muitos serão justos". Entre exprimir-se assim a respeito do primeiro Adão e considerar Cristo o segundo Adão, foi apenas um passo, do mesmo modo como em relação a Maria.

A aparição em Piedade reafirma claramente essa associação de Maria com um novo tempo, tempo de conversão e salvação, indicado não só por seus devotos, mas também por habitantes da cidade não vinculados a ela. A sua presença ali se constitui num magnífico evento de ordem cósmica, capaz de, por si só, subverter a rotina local, sacralizar a paisagem e inserir as pessoas numa outra história, semelhante àquela dos primeiros cristãos.

6. Na Idade Média, o símbolo da corajosa Maria como orientadora da vida encontrou grande expressão na poesia, sendo suas bênçãos invocadas pelos exércitos a caminho da batalha e sua imagem impressa nas bandeiras carregadas pelos combatentes.

7. Afinal, a seqüência cronológica dos livros no Novo Testamento não corresponde à ordem em que eles aparecem em nossa Bíblia.

A Mãe de Deus

As origens do título "Mãe de Deus" são obscuras e não há evidências de seu uso antes do século IV. Em linhas gerais, o termo era uma criação originariamente cristã, que nasceu da devoção popular. Porém, foi em 431, num concílio de bispos reunido em Éfeso (Grécia), que se proclamou um dever obrigatório a todos os crentes atribuir a Maria o título de *Theotokos*. Do relato que se tornou conhecido como a Visitação,[8] os bispos, em meio a conflitos e dúvidas, transpuseram a expressão de Isabel a Maria, "a mãe do meu Senhor" para o dogma oficial.

Esse pensamento percorrera um longo caminho desde que Maria fora considerada a segunda Eva. Foi provavelmente o maior salto em toda a história a seu respeito, segundo Pelikan (2000: 85), que justifica esse acontecimento com três razões: o crescimento do título *Theotokos*, o aumento da observância litúrgica à "comemoração de Maria", juntamente com a necessidade de identificar uma pessoa totalmente humana com a coroação da criação, uma vez que havia sido declarada inadequada essa identificação com Jesus Cristo, pois ele era o eterno Filho de Deus e a Segunda Pessoa da Trindade.

Esse último aspecto possibilitou o estabelecimento de uma íntima relação com Nossa Senhora em algumas devoções populares, como em Piedade dos Gerais. Na verdade, a sua maternidade divina era o dogma mais professado na região antes da aparição ocorrer e, depois desta, continuou a sê-lo, confirmando a existência de uma Mãe Celestial idealizada pelos camponeses. Ou seja, tanto nos seus primeiros dizeres quanto nas primeiras visões, ela surge com seu filho Jesus-menino, que pula e ri em seus braços, mostrando-se: zelosa, amorosa, protetora, bondosa, próxima e, principalmente, semelhante às mães humanas congregadas em Piedade.

Mater Dolorosa

No auge da Idade Média evidenciou-se a representação de Maria aos pés da cruz, como *Mater Dolorosa*: "E uma espada trespassará também a tua própria alma".

---

8. "Ao ouvir Isabel a saudação de Maria, a criancinha saltou no seu ventre, e Isabel foi cheia do Espírito Santo. Exclamou ela em alta voz: Bendita sois vós entre as mulheres, e bendito o fruto do vosso ventre. De onde me provém que me venha visitar a mãe do meu Senhor?" (Lucas 1: 42-3).

Se o esclarecimento sistemático do título de mediadora foi a principal expressão objetiva do marianismo e a mais importante contribuição teológica do ensinamento cristão durante esse período, tal fato pode ser visto como uma conexão criativa com o crescimento de sua principal expressão subjetiva, da forma literária e do motivo devocional da M*ater Dolorosa*: Maria lamentou a morte de Cristo porque ele era seu filho e, simultaneamente, alegrou-se porque ele era seu salvador e o salvador dos seres humanos, a quem ela recebe, aos pés da cruz, como seus filhos (João 19:26).

Se, nas manifestações da Senhora de Piedade, a face mais realçada dessa mulher tão especial é a sua maternidade divina, incluída também está a sua maternidade em relação aos seres humanos. Assim, ao mesmo tempo em que essa figura discursiva expôs a Virgem como a mãe de Jesus, ela também invocou uma outra: a de que os seres humanos eram seus pequenos filhos, frágeis e indefesos. Com eles, ela sofreria junto em todas as horas e os confortaria em todas as necessidades. Logo, tal figura imediatamente despertou nos devotos um sentimento filial, além de indicar o relacionamento ideal e perfeito entre mãe e filho nesse ambiente.

Dessa forma, os devotos, especialmente os moradores do santuário, acreditaram que precisavam, sob os cuidados e a orientação diária de Maria, reaprender a viver para serem felizes e alcançarem a salvação. E, para isto, devem procurar seguir os seus ensinamentos de amor ao próximo, união, fraternidade, justiça etc. Enfim, devem agir dentro do padrão de convivência que Jesus pregou em sua vinda a Terra e, agora, a Senhora volta ao mundo exatamente para rememorá-lo à humanidade.

A Medianeira

Este título parece ter surgido, primeiramente, na teologia do Oriente, onde Maria fora denominada "a mediadora da lei e da graça". Qualquer que tenha sido sua origem, o termo chegou ao mundo latino por volta do século VII. No entanto, conquistou grande aceitação apenas nos séculos XI e XII, sendo um meio de sintetizar o que passara a ser considerado sua dupla função. Por um lado, ela fora o caminho pelo qual o Salvador pudera chegar até a humanidade pela encarnação. Por outro, na redenção, sua figura representava o meio pelo qual nos elevamos a Ele – temos acesso ao filho para que, por meio de sua pessoa, Ele possa nos levar ao Pai.

Assim, o termo "medianeira" transformou Maria em ponte para a remissão do pecado original e para a salvação do mundo. É a única, portanto, capaz de purificar e fortalecer os pecadores, sendo um amparo contra as tentações do demônio; mas ela só se conduz desse modo pela mediação de Cristo.[9]

No contexto da aparição em Piedade, nota-se que esta é mesmo a regra intercessora fundamental: Cristo se regozija quando louvores são ofertados a Maria; mas, toda ofensa contra o filho atinge a mãe, assim como toda injúria contra a mãe também fere o filho. Ali, ela é aclamada a segunda dignitária, estando abaixo apenas da Santíssima Trindade e sendo mais importante que qualquer outra criatura. Trata-se, na verdade, de um complexo sistema de mediação. Ou seja, do princípio pelo qual, sob a soberania da mediação de Cristo, formara-se uma cadeia completa de poderes mediadores – os sacramentos, a Igreja, os santos e Maria.[10] Dentre muitas falas da Senhora de Piedade que expressam este princípio, as palavras da mensagem de 22/11/87 são claras: "Agora, tenho que ir embora, mas levo comigo, no meu coração, os pedidos de todos vocês ao Pai".

A Bem-aventurada

A seguinte predição foi feita por ela mesma, Maria, ainda na cena da Anunciação: "Desde agora todas as gerações me chamarão bem aventurada" (Lucas 1:48). Esta é uma das poucas passagens do Novo Testamento que prevê a sua permanência e

9. A resposta contra o que a Reforma protestante interpretou como "marialatria" em detrimento da glória de Cristo, o único mediador, foi o reconhecimento de que ela fora "exaltada por meio de seu filho onipotente, por causa de seu filho glorioso, por seu filho bendito". Além disso, havia um consenso geral de que Maria fora salva por Cristo e de que, nem mesmo ela, poderia infringir a única mediação, dele.

10. Em meio a uma profusão de atos de "veneração" à Virgem na Idade Média, impunha-se a necessidade de encontrar um modo especial de designar a forma correta de louvá-la. A exemplo de Tomás de Aquino, a Igreja percebeu que a simples distinção entre "adoração" [*latreia*] e "veneração" [*douleia*] não fazia plena justiça à posição especial ocupada por ela. Ela era menor que Deus, mas não se negava que era maior que um ser humano comum e mais importante que os santos. Portanto, apesar de não se poder prestar *latreia* (termo destinado a Deus) à sua pessoa, ela deveria ser homenageada com mais que *douleia* (termo destinado aos santos). Para seu culto, o termo apropriado seria *hiperdulia*, o que também respondia às acusações de *Marialatria* dos protestantes.

disseminação de sua pessoa entre os seres humanos para sempre e em todos os lugares, a exemplo da profecia de Cristo: "Este evangelho será pregado em todo o mundo" (Mateus 26:13), e da sua própria aparição para seus filhos humanos.

A alegria e a fervorosa devoção com as quais os devotos de Nossa Senhora de Piedade vêm-lhe atribuindo o título de santa" só confirmam a sua fala bíblica. Embora suas representações variem imensamente através dos séculos e das sociedades, todas elas revelam o quanto foram notáveis o êxito e a importância alcançados pela bem-aventurança de Maria, tornando-se o principal modelo feminino de virtude do cristianismo.

Maria na Igreja

É bastante intricada a conexão entre a interpretação da Bíblia e o desenvolvimento da doutrina marista, bem como a sua relação com as tradições desenvolvidas no seio popular. Compreender o que significa Nossa Senhora, antes de tudo para esta tese, é reconhecer que se trata do resultado de um longo processo histórico, do qual participam diferentes atores em diversos contextos sociais. Sem dúvida, entre estes atores, a Igreja vem desempenhando um papel fundamental na revelação do mistério a respeito de quem ela é e na unificação de uma definição padronizada. A proclamação dos dogmas tem sido uma dessas formas pelas quais a Igreja fala sobre Maria. Contudo, a legitimidade do discurso eclesial ocorre em interação com os dos demais interlocutores e estes, por sua vez, ganham autoridade ao nele se apoiarem. Isto significa que Maria não se tornou a Mãe de Jesus no Concílio de Éfeso em 431. Na verdade, ela sempre o foi, como já mostravam interpretações prévias das Sagradas Escrituras. Do mesmo modo, ao elevar a crença da sua assunção à categoria de "artigo de fé" em 1950, a Igreja apenas formalizou uma tradição popular.

Por outro lado, o caso do preceito "a imaculada concepção" é bastante curioso. A aparição de 1830 a Catherine Labouré em Paris, na qual a Virgem mandou cunhar os dizeres "Oh! Maria, concebida sem pecado, rogai por nós que recorremos a vós", a afirmou imaculada, influenciando a polêmica proclamação do dogma em 1854 (Zimdards-Swartz, 1992). Quatro anos após esta conturbada proclamação, na França de 1858, uma "adorável senhora" aparece para uma camponesa e anuncia: "Eu sou a Imaculada Conceição". O dogma obteve respaldo popular e a aparição de Lourdes, aceitação oficial da Igreja. Vê-se, portanto, a forte influência da voz do povo na progressiva elaboração da imagem e do conceito de Maria.

No decorrer dos séculos, a Senhora vem recebendo cada vez mais destaque e importância dentro da Igreja, como, por exemplo, enuncia o decreto *Lumen Gentium* do Concílio Vaticano II: "Maria de certo modo alia e reflete em si mesma as verdades centrais da fé". No entanto, não há crença ou dogma relacionado a ela que se tenha tornado um elemento fundamental do cristianismo, o que indica o lugar marginal ao centro do poder que Maria vem ocupando na visão eclesial hegemônica (Paiva, 1990).

Para se entender melhor a elaboração desse complexo processo político-histórico e a sua participação na aparição da Virgem em Piedade dos Gerais, passo a expor algumas das falas mais expressivas da Igreja sobre Maria. Sem dúvida, estas falas vêm tendo uma repercussão direta naquele interior de Minas Gerais, bem como este fenômeno vem moldando-as em sua versão particular.

A Imaculada Concepção

O Concílio de Trento se reuniu de 1545 a 1563, em parte com a finalidade de responder aos ataques da Reforma contra as doutrinas católicas, inclusive, àquelas supostas doutrinas pós-bíblicas relativas a Maria. Os extensos debates sobre o pecado original levaram a considerações sobre a imaculada concepção, especificando-se a universalidade do pecado original, com exceção de Maria. No entanto, não se definiu a imaculada concepção como uma cláusula de fé para toda a Igreja.

Somente em dezembro de 1854, com a bula *Ineffabilis Deus*, do papa Pio IX, foi realizada a seguinte declaração: "A doutrina afirma que a Abençoada Virgem Maria foi eximida de toda mácula do pecado original no primeiro instante após sua concepção pela graça única e privilégio de Deus Todo-Poderoso, em consideração aos méritos de Jesus Cristo, Salvador da raça humana, que foi revelada por Deus e que, portanto, deve ser firme e constantemente acreditada por todos os fiéis".

Este dogma está claramente presente em Piedade dos Gerais, especialmente quando a Virgem declara-se, na maioria de suas mensagens, a "Imaculada Conceição".

É tão freqüente a presença desta declaração que o santuário foi nomeado "Vale da Imaculada Conceição". Considere-se, ainda, que a Senhora de Piedade sempre usa um véu na cabeça, o qual é o símbolo de sua pureza, e jamais aparece sem ele em suas manifestações; conforme orientações fornecidas pelo pároco na busca de se identificar a mulher vista pelas crianças em 19 de setembro de 1987.

A Ascensão da Mater Gloriosa

A convicção de que a Virgem foi assunta ao céu, em corpo e alma, após ter cumprido sua missão na Terra é fato considerado. Ela teria deixado o plano terreno para entrar na eternidade, adquirido os atributos da juventude, da imortalidade e da ubiqüidade. Além disso, todas estas qualidades coexistiriam com um corpo humano real. Promulgada pelo papa Pio XII, na bula *Munificentissimus Deus*, tal crença recebeu da Igreja a categoria de "artigo de fé" em 1950 e, em Piedade, dá suporte à aparição ao revelar Maria uma pessoa viva, com aparência jovem e capaz de estar em vários lugares ao mesmo tempo.

De todos os privilégios ligados à pessoa de Maria, nenhum parece tão estranho ao relato do Novo Testamento como a ascensão. Parte da metodologia de amplificação da Bíblia teve como premissa a sua posição única e suprema entre todas as criaturas, sendo considerada merecedora de todas as honras e títulos jamais conferidos a outrem. A celebração e a elaboração de louvores em homenagem a Virgem, inclusive a definição deste dogma, coincidiram cronologicamente com o apogeu desse método alegórico e conectivo de interpretação bíblica.

Em 1670, a irmã Maria de Jesus de Agreda, mística espanhola, já afirmava ser um dever para os católicos acatar a crença e ensinar que Maria "fora elevada até a mão direita de seu Filho e do verdadeiro Deus, onde se assentou no mesmo trono real da Santa Trindade, posição que jamais homem algum, anjo ou Serafim atingira ou atingirá em toda a eternidade. Este é o mais alto privilégio de Nossa Rainha e Senhora: estar no mesmo trono que as divinas Pessoas e desse trono exercer seu papel de Imperatriz, enquanto o restante da humanidade se constitui apenas de servos ou ministros do supremo Rei". (Pelikan, 2000: 276)

De modo nada surpreendente, a emissão da bula papal causou grande tumulto entre os protestantes, não só por seu conteúdo doutrinário, mas também por sua autoridade dogmática. Foi vista como nitidamente divisionista e provocativa, pois irrompia num momento em que o difícil e moroso processo ecumênico dava sinais positivos de alianças.[11] Então, as doutrinas da Imaculada Concepção e a da Ascensão surgiram como novas razões para perpetuar o cisma, após a dissolução de pontos divergentes. Na verdade, a proclamação desses dogmas consistiu numa das raras vezes que não se colocou Maria no papel de mediadora, papel este que nenhum outro símbolo do cristianismo desempenhou com tanta vocação e amplitude "pontifical" quanto Maria. Assim, rompendo também com a sua clássica imagem de *pontifex*[12] nos dois dogmas, ela reforçou o conflito entre católicos e protestantes.

Se, por um lado, a assunção foi um dos pomos da discórdia, por outro, estabeleceu uma forte correspondência com a realidade da época. O momento histórico era o de uma Europa destroçada pela Segunda Guerra e, por conseguinte, de um significativo contingente de mulheres que havia assumido posições e desempenhado atividades até então apropriadas aos homens. Neste contexto, o dogma soou como uma profissão de fé na humanidade, que, desacreditada em si própria, podia canalizar a fé que ainda lhe restava em direção a Maria, sua mais digna representante. Vê-la, mulher e vitoriosa junto de Deus, ajudava a recuperar a esperança no futuro (Gebara e Bingemer, 1988).

11. Por exemplo, com base na autoridade das Escrituras e na doutrina da salvação pela fé, os dois assuntos doutrinários causadores da Reforma começavam a se tornar convergentes entre as Igrejas. Os teólogos católicos afirmavam cada vez mais que a autoridade das Escrituras, em suas línguas originais, estabelecia a legitimidade da doutrina cristã (*Sola Scriptura*, pelo menos em certo sentido), de modo bem mais enfático que seus predecessores em meio à Reforma e Contra-Reforma. Por seu lado, os protestantes demonstravam aumentar o respeito para com a tradição e para com o papel que ela exercera na formação das Escrituras. De modo semelhante, a primazia da salvação alcançada pela dádiva divina da graça (*Sola Gratia*) e a centralidade da salvação pela fé (*Sola Fide*, também apenas em certo sentido) haviam-se tornado uma preocupação constante da teologia católica romana, juntamente com o preceito da inseparabilidade da salvação alcançada pelas boas obras aliadas à fé, que também ocupava lugar central nos ensinamentos protestantes.

12. A palavra latina empregada para designar um "construtor de pontes" originou o termo *pontifex*, título sacerdotal do paganismo romano, que foi adotado pelos bispos de Roma posteriormente. (Pelikan, 2000: 100).

Assim, o papel de Maria também passou a ter outras atribuições valiosas ao lado daquelas de cunho moral, transmissão e guarda dos valores espirituais da Igreja. Sua imagem de mediadora entre o Pai e seus filhos foi reforçada, tornando-a ativa e a principal ponte entre o mundo profano e o sagrado. O dogma conferiu, portanto, relevância à mulher na tradição católica, pois a afirmação de que Maria participa integral e plenamente do Reino de Deus significa que se insere na Terra como presença viva.[13] De modo correspondente, Maria também passou a apresentar uma postura muito mais ativa nas suas aparições do pós-guerra (Zimdards-Swartz, 1992), como se nota claramente em Piedade dos Gerais.

Maria e o Concílio Vaticano II

O Concílio Vaticano II, por sua vez, em busca de entendimentos ecumênicos, achou perigoso tratar o problema de Maria de modo demasiadamente isolado, preferindo vincular sua posição ao tema principal do Concílio: a Igreja. Em sua sumarização em 1964, nenhuma doutrina nova emergiu, somente uma condensação equilibrada dos principais temas históricos. O Sínodo não pretendeu propor um pensamento completo a respeito de Maria, nem desejou decidir sobre questões ainda não suficientemente iluminadas pelos teólogos.

Contudo, o maior legado do Concílio, inclusive no que tange a Maria, foi redefinir substancialmente a orientação da Igreja no dia-a-dia católico, não apenas em termos ritualísticos e de doutrina espiritual, mas no que diz respeito à maneira como o cristão se insere no mundo. Assim, o Concílio foi o canal para a expressão de atualidade e modernidade de vários grupos já existentes no interior da Igreja, consagrando suas idéias e práticas relativas à mudança no cotidiano (Benedetti, 1988). Esta redefinição corresponde também à maior participação na vida terrestre

13. Jung analisou os dogmas marianos, considerando a Assunção um dos maiores eventos do cristianismo desde a Reforma, pois permitiu a integração da matéria com o espírito e o casamento definitivo entre o céu e a terra. Eva teria um sentido transpessoal e coletivo como a mulher geradora, origem de toda a vida. Maria seria a sublimação do Eros, como sabedoria. Para Eva, estava proibido o casamento sagrado, "será a mãe dos mortais". Maria é tornada a "esposa de Deus" e, fruto desta aliança, nasceu o filho de Deus (Paiva, 1990).

que Maria começa a desenvolver a partir do pós-guerra. Tornou-se, então, o substrato de duas linhas teológicas distintas, nas quais a devoção a Maria recebe destaque: a Teologia da Libertação e a Renovação Carismática Católica. Ainda que constituam movimentos antagônicos, ambos buscam sua filiação no Concílio, tendo-o como fonte de prestígio e de legitimidade, bem como a inspiração para sua sumarização sobre Maria (ver, por exemplo, Prandi, 1997).

Pouco depois do golpe militar de 1964 no Brasil, iniciou-se a formação do que veio a ser a Igreja da Libertação, a qual se voltou para os problemas sociais e se declarou a voz dos que não têm voz, fazendo a "opção preferencial pelos pobres" e organizando as Comunidades Eclesiais de Base (CEBs).[14] Os grupos de reflexão bíblica, surgidos nos anos 50, podem ser considerados as suas sementes, principalmente na zona rural. Por iniciativa da CNBB e com a liderança de padres e freiras, participaram das primeiras comunidades vários líderes católicos leigos que haviam sido membros das ligas camponesas e de sindicatos rurais,[15] do Movimento de Educação de Base e da Ação Católica.

Vê-se então uma dupla dinâmica. Por um lado, a militância católica esquerdista, escolarizada, que empurrava a Igreja para as questões sociais. Por outro, a própria Igreja, que se atualizava, buscando interpretações e formas de agir de origem laica, moderna, às vezes, científica e cooptando uma intelectualidade militante, que desejava a transformação do mundo. De ambos os lados, o pensamento era identificado com a prática social e a posição ideológica traduzia-se no trabalho de base (Macedo, 1986 e Doimo, 1995). A principal marca na renovação da Igreja emergiu

14. Os marcos da pastoral popular na América Latina foram as grandes reuniões do episcopado: a criação do Celam (1955), as conferências de Medellín (1968) e Puebla (1979), nas quais foi selado o compromisso pelos pobres. Na década de 70, a Igreja brasileira mostrou-se a mais progressista da América Latina, tendo as CEBs recebido impulso com os encontros intelectuais a partir de 1975. Seu auge foi atingido entre o final dos anos 70 e início dos 80, período de rearticulação das mobilizações populares contra a ditadura (Prandi, *op.cit.*).

15. Foram justamente esses líderes que politizaram a questão agrária no país, como foi discutido no capítulo anterior e demonstrado por Regina Novaes (1997), ao estudar o processo político de lutas e de construção da identidade camponesa, levando em conta a influência da religiosidade popular e da ação da Igreja.

da participação efetiva dos leigos na vida eclesial. Estes foram assumindo a liderança das celebrações e das lutas comunitárias em meios carentes, distantes dos centros de poder público e eclesiástico, bem como repletos de motivação religiosa aliada à esperança por melhores condições de vida. Aos poucos, foram incorporando, com legitimidade, a representação política.

Concomitantemente a essa linha teológica, nascia também, nos Estados Unidos, um forte movimento leigo, porém de perfil ideológico oposto, não tardando a ingressar no Brasil: os carismáticos. Ao contrário dos membros das CEBs, ainda hoje, centram sua vida religiosa na esfera da intimidade, desenvolvem acentuado controle moral, desinteressam-se pelos problemas de caráter coletivo e, por conseguinte, pela militância política. Conferem grande importância aos dons do Espírito Santo e à cura divina, o que os aproxima dos pentecostais. A Renovação pode ser considerada um movimento de dupla reação: interna, opondo-se aos católicos da libertação e, externa, concorrendo com os evangélicos na disputa pela experiência religiosa sensível, de maior imanência do sagrado (Prandi, 1992a e 1992b). Por meio dos carismáticos, o milagre foi reintroduzido, além da preocupação centrada no indivíduo e da valorização do êxtase religioso, tornando-o agora disponível às massas católicas. O transe do Espírito Santo passou a ser comum no interior de residências e igrejas. Prandi comenta (1997:23) que "a expressão máxima do homem não é mais a sua consciência, o ideal religioso prega agora a negação da identidade como meio para alcançar a experiência de sentido profundo". O movimento carismático aposta numa transcendência imediata, bem diferente da grande e distante transcendência das CEBs, abandonando por completo os ideais de solidariedade fundados na opção pelos pobres. Caracteriza-se pela atração de adeptos oriundos em especial da classe média, enquanto as CEBs são formadas sobretudo por indivíduos de classes mais baixas. O movimento é o mais fortemente feminino (70% dos fiéis), embora nas CEBs as mulheres também sejam majoritárias (57%).

Nos dois primeiros anos do pontificado de João Paulo II, iniciado em 1978, houve entre a Igreja Popular e o Vaticano um relacionamento amistoso. Mas, em carta apostólica endereçada aos bispos brasileiros em 1980, o Papa deixou claro que a Igreja não devia envolver-se em questões sociais em detrimento de sua missão religiosa. Além de emitir sua opinião, o Papa tomou medidas contrárias ao movimento, enfraquecendo-o. Em sentido inverso, a Renovação recebeu apoio de Roma, com incentivo político e financeiro, ao lado de discursos em que Wojtyla insistia na opção por uma Igreja separada dos problemas temporais. Na década de 90, após vários fatores de desmobilização da Igreja popular e do estabelecimento de uma nova ordem na sociedade brasileira, viu-se o nítido refluxo sofrido pelas CEBs e, em contraposição, a Renovação se espalhou velozmente (Prandi, 1997).

Maria nas Comunidades Eclesiais de Base (CEBs)

Segundo Pedro de Oliveira (1997), de modo geral, as CEBs são comunidades pertencentes a contextos geográficos e históricos determinados, alicerçadas em grupos organizados, coesos e fixos ao redor de uma crença religiosa e de uma ideologia política, fazendo convergir um projeto eclesial com um projeto de sociedade. As comunidades são a unidade fundamental da diocese renovada. Nelas, se realizam atividades da Igreja[16] e sua chancela eclesial está na presença do pároco ou do agente pastoral, na visita do bispo, na participação em encontros ou na comunhão entre as próprias CEBs. Quando se consolidam, transformam a paróquia numa matriz facilitadora de serviços, não num centro religioso. Embora cada uma tenha suas peculiaridades, todas integram o processo de renovação pastoral: a caminhada. Sua espiritualidade centra-se na Bíblia, em celebrações à vida coletiva e numa nova organização eclesial de caráter leigo. A Bíblia suporta a idéia de que o mundo é onde a humanidade deve realizar os projetos de Deus, em especial construir o Reino de Deus.[17] Tal entendimento bíblico insere as biografias individuais numa história que passa pela comunidade e se universaliza, opondo-se à privatização das relações com o sagrado.

Foi justamente através das CEBs que a figura de "Maria libertadora" foi enxertada na matriz religiosa tradicional, trazendo consigo conteúdos novos, dentro

16. Por exemplo, evangelização, catequese, administração dos sacramentos e pastoral social.

17. Tal categoria teológica é concebida em oposição dialética à Igreja enquanto instituição, relativizando seu papel histórico. A Igreja é o sacramento ou sinal do Reino, o qual possui valor absoluto e transcendente.

desta nova cultura religiosa (Boff, 1991). Sob várias formas, Maria instalou-se neste meio: pinturas, celebrações, textos de reflexão, os títulos das comunidades, os testemunhos, entre outros. Em todos eles, quatro são os traços mais marcantes de Maria, de acordo com Frei Clodovis Boff (1995), os quais também identifico na Nossa Senhora de Piedade:

MARIA LIBERTADORA – Evidencia-se aqui Maria como profetiza, posta em relação direta com a idéia de Reino, o próprio mundo transformado, semelhante ao processo de mudança instaurado pela aparição no interior mineiro. O discurso é claramente social, baseado em macro-conceitos, por exemplo, História, Povo, Terra, Brasil e América Latina, conceitos estes presentes nas primeiras mensagens da aparição, das quais tratarei no próximo capítulo. Observa-se que é através da idéia de mãe que a relação pessoa-sociedade mantém-se de forma muito estreita.[18] Contudo, trata-se da figura de uma mãe forte, mulher de coragem e vitoriosa dos ensinamentos bíblicos, não da mater dolorosa, que realça a dimensão do sofrimento.

MARIA COMPANHEIRA – Este é um título mariano novo, que aparece com freqüência e intimamente ligado à "caminhada". Por serem a vida e a história entendidas como marchas, ela é representada caminhando junto com seu povo, entrando na caminhada para guiá-lo ao Reino da justiça e libertação, bem como para levar adiante sua esperança. A distinção em relação à mariologia clássica reside no fato de não se tratar da Virgem companheira de Cristo, mas do povo a caminho. Não aparece tanto acima deste, nem ocupa o seu lugar, desempenhando o papel de mediadora. Ao contrário, está em seu meio, inspirando e orientando seus filhos, numa sinergia profunda. No caso de Piedade, além de este aspecto ser evidente na primeira fase, há uma passagem interessante dessa época: várias vezes perguntaram aos videntes se a Senhora era loira com olhos claros, ao que respondiam negativamente. Contam, então, que ela explicou numa

18. Observe-se que a concepção de Maria como mãe, característica da cultura brasileira, continua viva e detém lugar central também na piedade mariana das CEBs.

mensagem que se mostra como o povo do lugar, pois a mãe sempre se parece com o filho. Isto é, nas suas aparições européias, ela foi vista loira com olhos claros por tomar a forma física dos europeus; ali, ela se parece com aqueles mineiros; na China, irá aparecer como uma chinesa. Recentemente, na viagem da vidente principal a Portugal, em 2000, Nossa Senhora de Piedade surgiu-lhe sob a imagem de Nossa Senhora de Fátima.

MARIA MULHER E MULHER POPULAR – Outra ênfase da mariologia das CEBs é o resgate da dimensão feminina de Maria e, através dela, "do rosto materno de Deus". Ilustrativas são as evocações de matriarcas do Velho Testamento (Sara, Agar, Isabel etc.) e o tom de denúncia contra poderosos, machistas e opressores das mulheres. Estas são vistas, não simplesmente como vítimas das diferentes formas de opressão, mas como sujeitos ativos que anunciam a libertação e a instauram. Nesta tópica, Maria é tomada como uma personalidade corporativa, não se situando acima das mulheres nem ao seu lado, mas dentro de cada uma em posição marginalizada. Aqui se está para além da idéia de sinergia, pois há uma profunda comunhão, uma identificação quase sacramental entre Maria e todas as mulheres, em particular as pobres e sofredoras. Por outro lado, isto não anula a sua singularidade histórica e dogmática, pois continua sendo a "Mãe do Libertador". Nas palavras de Boff (*op.cit.*: 85), "trata-se de Maria, mulher do povo [...] e igualmente de Maria de Nazaré. Ou melhor, fala-se da primeira, mas vê em filigrana a segunda." Identifico nesta imagem o fenômeno de Piedade, particularmente, quando devotos dizem ver a Virgem em cada uma das mulheres da comunidade no seu dia-a-dia. Ela está presente na fulana que lava roupa, na beltrana que alimenta o filho etc. Observo, ainda, nesta imagem apresentada por Clodovis Boff (*idem*), o desdobramento da "Teologia Marial". Afinal, surgida no apogeu das CEBs e do movimento feminista, esta teologia esforçou-se em desfazer o *bias* masculino dentro do próprio pensamento religioso. Tal crítica inicia-se por resgatar a mulher e a sua visão de mundo, "despatriarcalizando as Escrituras", segundo defende Leonardo Boff (1979), uma vez que o cristianismo tradicionalmente aparece como uma religião em que os homens detêm os meios de produção simbólica, além de organizarem e presidirem a comunidade cristã.

Não estarão distantes os dias em que as mulheres elaborarão uma reflexão sistemática de Maria à luz do feminino como se realiza nelas e de forma eminente na Mãe de Deus e nossa. Não duvidamos que a imagem de Maria ganharia contornos bem diversos daqueles que herdamos [...]. (L. Boff, *op.cit.*: 18)

Na doutrina hegemônica, a mulher ocupa um lugar marginal, enquanto o masculino, em Jesus Cristo, alcançou a divinização. Logo, Leonardo Boff sugere a elevação da mulher à igual dignidade do varão, expondo a tradição do Jesus histórico, cuja pregação era em favor dos pobres e oprimidos, dentre estes, as mulheres.[19] Em sua principal tese, Maria é o princípio feminino da Salvação, pois são assumidos os pressupostos de Jung de uma natureza humana simultaneamente masculina e feminina. Assim, o divinizador do masculino (que contém o feminino) foi o Verbo, e o divinizador do feminino (que contém o masculino) é o Espírito Santo. O antigo paralelismo bíblico Cristo-Adão/Maria-Eva encontra um perfeito equilíbrio: Maria não está abaixo de Jesus, e sim ao lado dele. Juntos traduzem de forma absoluta o que significa a humanidade como a imagem de Deus: o Filho e o Espírito Santo mostram no tempo a face aconchegante e misteriosa do Pai, enquanto Maria é elevada ao nível de Deus para poder gerar Deus, pois só o Divino pode gerar o divino.

L. Boff não renuncia à sua fé nos dogmas da Igreja; ao contrário, os reafirma e atesta os relatos bíblicos. Além disto, reafirma antigas tradições populares, como a que considera a Virgem uma Deusa, atribuindo-lhe uma infinidade de graças e milagres desde a sua vida terrena. Por isto, não se trata de discutir versões da história, e sim, de refletir o sentido de uma nova interpretação das mesmas convicções – movimento hermenêutico que ocorre também na aparição de Piedade dos Gerais. Entretanto, em sua leitura antipatriarcal de Jesus Cristo, recupera o feminino como valor ainda pela divinização da maternidade (combativa e insubmissa, mas

19. Ele afirma a igualdade criacional do homem e da mulher com base no Gênesis 1:27 (o mesmo trecho onde outros autores pressentiram "Lilith") e as reciprocidades varão-mulher: "Não há mulher sem varão, nem varão sem mulher, no Senhor" (1 Cor. 11:11). Lembra ainda que as mulheres se encontram no começo, no meio e no fim da vida de Jesus: é através de Maria que o Salvador entra no mundo. São elas que permanecem fiéis ao pé da cruz quanto todos os discípulos haviam fugido e são elas as primeiras testemunhas da ressurreição.

maternidade), a qual não deve ser definida apenas como uma função da mulher, mas a própria mulher.

Gebara e Bingemer (1988), de certa forma, criticam essa divinização da maternidade. Sem dúvida, nessa visão de Maria há uma modificação em relação à imagem da mulher subordinada, inferior e impura. No entanto, a valorização do feminino se dá sob o "protótipo" da mãe. A mulher é elevada ao status do homem ainda pelo modelo ideal da mãe Maria e, deste modo, se resolve a inadequação das mulheres por se situarem na perigosa "zona intermediária entre a pureza e o perigo". Logo, nesta nova construção ideológica, reinsere-se o que está à margem, sob controle, em status privilegiado. As autoras, portanto, reformulam a proposta teológica de L. Boff numa perspectiva humanocêntrica. Ou seja, recuperar a ação histórica das mulheres em favor do Reino, é ver a humanidade criada à imagem e semelhança de Deus. Não se trata apenas de falar de uma figura feminina oposta a uma masculina ou explicitar a revelação de Deus somente na mulher. Mas, fundamentalmente, revelar e restaurar o valor do humano total em sua variedade, autonomia e originalidade própria. Por isto, valoriza-se Maria "[...] porque sem ela, sem a dimensão do que ela representa, fica faltando uma metade da humanidade e, conseqüentemente, uma metade da divindade". (*op.cit*: 49).

Também como L. Boff, retornam ao dogma da Assunção, interpretando-o como uma vitória das mulheres. A aceitação da Igreja de que a representante feminina esteja ao lado de Deus-Pai implica exprimir a revelação e a salvação de Deus no humano – homem e mulher. Vê-se claramente que a proposta da Teologia Marial insiste na ascendência cristã do individualismo e do igualitarismo moderno. A inovação desses teólogos não é uma crítica à ideologia moderna, antes, empenham-se na maior correspondência entre o discurso igualitário da religião e a realidade social, através de uma releitura dos mesmos símbolos. Enfim, explicitam uma teologia que seja capaz de ultrapassar a experiência do homem como experiência normativa para todo o humano, comportando a sua diferença, a sua multiplicidade. Curiosamente, quando a revolução feminista acontece no meio teológico, como no caso de Gebara e Bingemer, a mulher, antes consumidora submissa de pequenas doses teológicas suficientes para seu uso doméstico, passa a se interrogar sobre sua fé, sua relação com Deus e a fazer a própria teologia, produzindo este tipo de saber. De modo semelhante, é a Nossa Senhora em Piedade que se mostra a grande produtora de conhecimentos teológicos, refletindo e estimulando a reflexão sobre eles.

MARIA, MULHER NEGRA LIBERTADORA – Ocorre aqui um esforço corajoso de inculturação de fé, pois este tema freqüentemente se vincula à figura de Nossa Senhora Aparecida. Realiza-se uma aproximação de Maria à cultura afro-brasileira, ao se enfatizar a cor negra da imagem, acrescida agora de uma ótica libertadora. Da mesma forma se vê a face da "Maria multicultural" em Piedade, ao acolher no seu santuário, indistintamente, qualquer pessoa que ali chega, assim como a performance da aparição assemelhar-se à possessão nos cultos afro-brasileiros. Lembro aqui que um dos resultados da interpretação marista do Velho Testamento foi a identificação da imagem da *Noiva do Cântico dos Cânticos* com Maria. *Nigra sum sed formosa* (negra eu sou, mas bela) foram praticamente suas primeiras palavras (1:5 – vg; Rei Jaime) e delas nasceu a justificativa bíblica para muitos retratos de Maria que, afastando-se de sua representação convencional como européia, favoreciam a Madona Negra. Como está escrito, parece haver a impossibilidade da negritude conviver com a beleza. Porém, Marvin Pope mostrou que a tradução correta seria "negra eu sou, e bela",[20] reforçando-a como embaixatriz para a vasta maioria dos não brancos (Pelikan, 2000: 47).

Em suma, o perfil de Maria, tanto nas CEBs quanto na aparição de Piedade, em especial na sua primeira fase, é este: libertadora, companheira, mulher e negra. Contudo, como ficam as outras dimensões da fé: soteriológica, pneumatológica e escatológica? Certamente, a tônica não se encontra nestes lugares teológicos do pensamento libertador, o que não significa que sejam negados ou desprezados.

20. Como parte do mesmo comentário, no qual corrigiu a tradução habitual dessas palavras, Marvin Pope apresentou várias hipóteses para explicar as representações da Virgem agrupadas sob a denominação de Madonas Negras. Concluiu que se teriam originado na Ásia Menor e traçou paralelos com a Demeter Negra, Ísis, e outras divindades do paganismo. Mas foi a história antiga da veneração da Virgem na África que desenvolveu posteriormente esse culto.

Permaneceram como pano de fundo desta perspectiva e, em Piedade, irromperam em momentos posteriores do fenômeno.

Frei Clodovis Boff (1995) aponta para a necessidade de uma maior integração entre todas essas faces de Maria. Para feministas como Vera Paiva (1990), esta integração representa a expansão simbólica do ser mulher hoje, a qual se traduz na somatória de Lilith, Eva e Maria, na ocorrência sincrônica de todas elas e de todas as suas faces. Sem a negação de nenhum dos pólos (como ocorreu primeiramente com Lilith/Eva e depois, no início do movimento feminista, com a rejeição aos atributos de Maria), procura-se a mulher pela soma de suas identidades. Enfim, é a tentativa de se retirar a mulher dos limites do impuro, poluído, demoníaco, reprimido e destrutivo, tornando-a criativa e positiva.

É possível que aparições no âmbito das CEBs tenham realizado essa ampliação simbólica do feminino mariano, de modo semelhante ao que ocorreu em Piedade. É verdade que, ali, o fenômeno não se deu no seio de uma comunidade dessas, mas sofreu fortes influências de seus moldes – assunto que desenvolverei no capítulo seguinte. Carlos Steil (1995) chega a mencionar a existência de uma aparição no interior de uma CEB, no Rio Grande do Sul, onde Nossa Senhora pedia: oração, penitência, conversão e organização do povo. No entanto, é fácil supor que sejam raras as manifestações marianas nesse tipo de formação comunitária: afinal, a linha ideológica que suportava a visão libertadora nos anos 70 e 80, identificada com o movimento de secularização, rejeitava as práticas e concepções do catolicismo popular tradicional, nas quais se insere a aparição mariana. Em alguns momentos e lugares no Brasil, conforme indica Steil (1996) no seu estudo sobre a romaria de Bom Jesus da Lapa (BA), a oposição entre estas duas religiosidades católicas se antagonizou de tal modo que pareciam se constituir em dois sistemas religiosos diferentes. Enquanto um expressava uma antiga cultura popular, o pertencimento romântico ao transcendente e a sacralização da política, o outro buscava a conscientização racionalizadora do povo, o distanciamento iluminista do transcendente e a politização do religioso.

Foi a apreensão do fenômeno de Piedade pelo ângulo desta polarização que levou animadores e agentes da pastoral libertadora a se afastarem dos camponeses nele inicialmente envolvidos. No dia seguinte à primeira visão, Sr. Antônio, pai das videntes e membro destacado de uma das CEBs regionais, participou de um grande encontro promovido pelo Centro de Treinamento de Líderes de Brumadinho (MG) e, lá, teve a oportunidade de relatar o ocorrido. No entanto, viu-se sozinho, pois não obteve nenhum apoio dos religiosos nem de seus companheiros de anos de caminhada. Contudo, a despeito dessa polarização, Sr. Antônio e o próprio fenômeno apropriaram-se de elementos de ambos os núcleos de sentido religioso e realizaram uma síntese própria, tendo ainda recebido outras influências, adiante explicadas. Outros atores e situações sociais também possuem esta capacidade de fundir tradições; além dos casos da aparição numa CEB no Rio Grande do Sul e da fase atual da romaria de Bom Jesus, Steil (1999) mostra ainda a transformação recente da visão do sagrado de teólogos da libertação, em conseqüência da influência de uma espiritualidade permeável a formas sincréticas e difusas de religiosidade.

Na verdade, Nossa Senhora de Piedade caracteriza-se pela prontidão constante em superar dicotomias, procurando abrigar todas sob seu manto. Fazendo uso novamente de sua capacidade de *pontifex*, o Vale da Imaculada Conceição tornou-se o palco de uma rica confluência entre movimentos laicos e movimentos surgidos no seio da Igreja, os quais, motivados por Maria, foram colocados a dialogar com ela e entre si, expandindo-se e influenciando-se mutuamente. Assim, longe de apresentar-se como um fenômeno do passado, suplantado pelo racionalismo moderno, a aparição fala à atualidade.

Maria na Renovação Carismática Católica

Os grupos de oração são a base da vida carismática. Resumem-se em encontros habituais que procuram a renovação espiritual dos participantes através do louvor, da ação de graças, de orações contemplativas, orações em línguas, petições de graça e cura, silêncio, exercício dos dons carismáticos, leitura da Bíblia, testemunhos e partilhas. É também nos grupos que todos recebem as bênçãos de Jesus, porém sua função não é substituir a vida sacramental, mas complementá-la. Nas celebrações, orações, cânticos e dizeres são dedicados a Maria, de quem há sempre uma imagem, vista como capaz de interagir com os fiéis e manter viva a sua fé.[21]

Com os carismáticos, a Igreja Católica voltou ao êxtase místico, assumiu a incorporação do Espírito Santo e aderiu ao milagre na sua forma mais tradicional; por isto, as manifestações sobrenaturais têm tido grande aceitação em seu meio. Atraídos pelas atuais aparições de Nossa Senhora, inclusive a de Piedade, delas se apropriam numa perspectiva de privatização religiosa, com forte conteúdo emocional e subjetivo. Buscam ainda, segundo Oliveira (1997), uma relação clientelística com a Virgem, uma vez que sua ética e visão de mundo não ultrapassam as biografias individuais, sendo conformistas em relação à ordem. Ilustrativo da existência deste tipo de relação em Piedade é o fato de Nossa Senhora atender aos pedidos dos devotos para parabenizar os aniversariantes do dia, o que ela faz nominalmente. Somado a isto, é comum imputar-lhe o recebimento de graças, como obter aprovação num exame para motorista, arrumar um namorado ou parar de fumar.

Ao marcar fortemente sua identidade católica em face dos evangélicos, especialmente os pentecostais, os carismáticos acentuam o apego à Eucaristia, a fidelidade ao Papa e o culto a Nossa Senhora, emblemático desta identidade (cf. Segato, 1999). Embora tenha nascido em ambiente leigo e possua grande autonomia, a Renovação obedece à hierarquia eclesiástica, possuindo o corpo sacerdotal grande controle do sagrado. Além disto, apesar de acreditarem que a ocorrência do milagre pela intervenção divina é mais ampla e freqüente do que a Igreja tem ensinado, sua fundamentação doutrinária segue à risca a doutrina oficial do catolicismo romano. Seus ideólogos são teólogos tradicionais e têm recebido grande apoio da cúpula do episcopado brasileiro. Seus elementos identitários não chegam a ser os pontos mais valorizados pelos teólogos carismáticos, podendo-se observar que na maioria dos seus textos é pequeno o destaque dado a Maria em comparação à importância de Jesus. Entretanto, muitos adeptos se identificam com a Renovação pela

21. Os carismáticos também se reúnem em grandes encontros anuais, os cenáculos, que acontecem em lugares públicos de grande visibilidade, normalmente ginásios ou estádios. Além disso, desenvolvem outras programações: retiros de aprofundamento espiritual, reuniões de cura, vigílias de oração e louvor etc.

possibilidade de se ter, ao mesmo tempo, o Espírito Santo e a Nossa Senhora. Movidos por uma ânsia de renovação espiritual, os carismáticos fomentaram a devoção à Senhora, chegando mesmo a colocá-la como premissa insubstituível na salvação. Este apego a Maria tem sido a marca explícita de separação entre eles e os pentecostais.

A Senhora tem sido, portanto, uma fronteira intransponível entre estes dois territórios que, de outro modo, poderiam ser um só (Prandi, Góes e Justo, 1997). As posições contrastantes têm-se acirrado e transformado a Virgem num mero emblema de alcance genérico. Ou seja, ela tem sido apropriada pelos carismáticos como um símbolo fixo e empobrecido, que acaba apenas por demarcar a sua identidade política ante o processo de diferenciação e rejeição do Outro (Segato, 1998a e 1998b). Identidade esta expressa ostensivamente em adesivos de carro, terços usados como adereços, camisetas e ícones – produtos à venda no mercado de bens simbólicos. Haja vista que são as romarias de carismáticos o grande público consumidor das lojas de artigos religiosos em Piedade dos Gerais, rendendo-lhes um lucro considerável.

Assim, a representação de Nossa Senhora que mais preenche esta necessidade de afirmação diante do Outro é a grande mãe. Por um lado, ela confronta com os protestantes, que a vêem como uma mulher que recebeu uma graça especial e que deve ser lembrada apenas como exemplo de conduta. Por outro lado, contrapõe-se à figura morena, esperançosa e lutadora, das CEBs. Ainda que se estabeleça um elo de ligação com a dimensão materna cultuada pelo pensamento libertador, o que unifica as duas posições em Piedade dos Gerais, a Maria carismática encarna a figura da *mater dolorosa*, rósea, humilde e submissa de uma teologia cristocêntrica, um modelo de feminilidade em que a mulher se encontra em posição inferior e é vítima do destino.

Mais que isto, no diálogo com a Maria das CEBs, vem à tona uma situação ambivalente, que é vivenciada também em Piedade: Nossa Senhora carismática aparece frágil, dependente e obediente ao Senhor e, de modo simultâneo, revela-se forte quanto à proteção de seus filhinhos e às dores que suporta por amor. Contudo, esta sua posição intermediária e ambígua continua destituída de poder e autoridade, ouvida especialmente nas palavras da mensagem que evocam uma antiga imagem bíblica: "Agora tenho que ir, porque o Senhor me chama. Eis aqui a serva do Senhor!". Assim, ela deixa de ser a "mulher-povo" que cuida ativamente dos pequenos e oprimidos e liga-se à face de um Deus libertador que depõe poderosos. Mesmo que os carismáticos mantenham grande intimidade com ela, é ainda uma autoridade, alguém separada e acima do povo, como na mariologia tradicional.

Maria na Tradição Popular

Se a história de Maria não está restrita apenas à interpretações da Bíblia nem a tratados e sermões da Igreja, ela também se amplia ao ser assunto das artes e da vida diária de milhares de pessoas nestes dois mil anos. A fé dos mais diversos grupos sociais sempre lhe reservou um lugar no seu cotidiano e, segundo Pelikan (2000), nenhuma forma de devoção ou de doutrina mariana atingiu maior significância que a prática de suas aparições milagrosas. Sobre estas desenvolvo este tópico, uma vez que se vinculam diretamente ao fenômeno de Piedade.

As Aparições

Poderia ter acontecido que as visões de Nossa Senhora terminassem com o Novo Testamento, pois este enfatizava a finalidade e a singularidade da revelação de Jesus Cristo, da qual resultou o preceito repetido pelos profetas: "E veio a palavra do Senhor". Contudo, as visões iniciadas no Velho Testamento não cessaram, sendo o *Livro das Revelações*, *O Apocalipse de São João*, seu conjunto mais abrangente do Novo Testamento.[22] Neste desponta até mesmo a visão profética de um grande sinal no céu: "uma mulher vestida de sol, tendo a lua debaixo dos pés e uma coroa de doze estrelas sobre a cabeça." Essa visão foi relacionada a Maria e a acontecimentos futuros, mais especificamente, foi projetada como o grande evento do Juízo Final.

Ao longo da história do cristianismo, a vasta literatura católica vem abrigando

---

22. É interessante observar que, quando o livro das Revelações foi considerado o Quarto Evangelho, juntamente com o Evangelho de Lucas, as imagens bíblicas da Virgem se reforçaram mutuamente.

um número incontável de registros de aparições ou visões sobrenaturais. Por terem sido muito freqüentes no período que antecedeu o século XI, supõe-se que foi impossível documentar todos os fenômenos, assim como marcar as características que envolviam cada um deles.[23] Entretanto, a partir de tal século, quando uma devoção particular à mãe de Jesus surgiu no ocidente cristão, sabe-se que Nossa Senhora se tornou a figura mais vista e a sua aparição recebeu maior destaque entre todas as outras. Já no século XVI, como resultado da Reforma Protestante e da Inquisição Católica, os relatos de eventos sobrenaturais diminuíram sensivelmente.[24] Foi somente nos séculos XIX e XX que estes ressurgiram, em especial os de Maria, voltando à cena com grande vigor e também com novos traços. Isto é, segundo Sandra Zimdars-Swartz, que se dedica ao estudo das manifestações destes dois últimos séculos em *Encountering Mary: from La Salette to Medjugorje* (1992), elas tornaram-se públicas, dispuseram-se numa série de eventos e passaram a ocorrer com pessoas que ocupavam os níveis inferiores na estrutura da sociedade, que eram consideradas puras e não detinham o conhecimento formal da religião.

Embora se tratem de peculiaridades dos fenômenos modernos, as expectativas a eles associadas são as mesmas que envolviam as visões da Idade Média. Naquela época, esperava-se que a Virgem surgisse sempre em tempos de crise para proteger aqueles que lhe eram fiéis e que se colocavam sob seus cuidados. Desde o início deste milênio, disseminaram-se as crenças no especial poder intercessor de Nossa Senhora junto a Deus (Pai e Filho) e na idéia de que a devoção a ela poderia salvar qualquer pessoa ou comunidade de uma situação difícil ou de um castigo enviado pelo próprio Senhor por causa de seus pecados. Maria desempenhava esta posição

23. Uma das aparições mais antigas provém do séc. IV e foi narrada pelo teólogo, filósofo e místico Gregório de Nissa, num sermão reproduzido em sua biografia. A despeito da eminência do santo e teólogo que a relatou, essa aparição jamais recebeu aprovação oficial por parte das autoridades da Igreja (Pelikan, 2000: 240).

24. A crítica que a Reforma fazia ao culto mariano apoiava-se na divisa *Sola Scriptura*, isto é, na única autoridade das escrituras em detrimento da tradição. A aplicação deste princípio exclusivista era dirigida não apenas contra a doutrina da intercessão de Maria e dos santos, mas também contra a proliferação medieval de relatos sobre eles (por exemplo, Maria, Rainha dos Anjos e dos Céus), para as quais não havia base bíblica.

intermediária em suas manifestações na Terra, as quais freqüentemente traziam uma mensagem de caráter apocalíptico.

De acordo com Zimdars-Swartz (*op.cit.*), os fenômenos marianos descritos nesses moldes acabaram por fundar imensos santuários, onde se poderiam encontrar graças e favores. Ao mesmo tempo em que a Virgem vinha ao mundo alertar os homens sobre as punições divinas e chamá-los à conversão, ela dizia como deveriam agir para se redimirem de seus erros, definidos em termos de transgressões rituais, como a profanação da hóstia, prescrições religiosas não seguidas pelos fiéis ou a ausência à missa. E, então, a Virgem mostrava a necessidade do estabelecimento de novos rituais e de novos ambientes sagrados, a construção de uma capela ou santuário no local. Na verdade, os santuários não só conferiram legitimidade ao culto mariano no lugar, como também continuaram a atrair fiéis externos às fronteiras da comunidade ainda por muito tempo após o evento extraordinário, desencadeando ali uma nova prática devocional e o movimento que é hoje tão comum neste tipo de manifestação mariana, a peregrinação. Além disto, em tais fenômenos medievais, articulados com crises sociais, foram introduzidos alguns dos temas centrais da maioria das aparições modernas: o fim do mundo, a justiça divina, a ira de Deus, a intercessão de Maria, os pecados da humanidade e a reparação dos homens.

Edith e Victor Turner, em *Image and Pilgrimage in Cristian Culture* (1978), assinalam uma outra importante semelhança entre as manifestações medievais e as modernas. Numa ampla generalização, as visões marianas que antecederam os séculos XIX e XX ocorreram em áreas onde, coincidentemente, o cristianismo tentava afirmar-se como religião dominante, colocando-se, ele próprio, como uma das fontes de tensão social. Já as aparições posteriores a 1830 aconteceram em momentos críticos provocados pela Revolução Industrial, em lugares em que o sistema tradicional ameaçado lutava para resistir às profundas mudanças advindas com a modernidade.

Os antropólogos, entretanto, defendem a seguinte idéia: quando um conflito cultural tornava-se insuportável, os fenômenos marianos surgiam como solução terapêutica para certos grupos; seja, como no primeiro caso, apoiando a vitória de um dos sistemas religiosos em oposição ou, conforme o segundo, recuperando por meios simbólicos e políticos uma sociedade idealizada e não contraditória, em que a propriedade estaria garantida e a competição, juntamente com todos os "pecados da modernidade", estariam ausentes num lugar distante dos centros urbanos.

Carlos Alberto Steil, no artigo *Aparições de Nossa Senhora, tradição e atualidade* (1995), traz ainda outros detalhes dos fenômenos dos séculos XIX e XX. Estes haveriam ocorrido em áreas pobres e campesinas, onde o catolicismo, enquanto princípio religioso e fundante da sociedade, era substituído por uma lógica secular instituída e legitimada por uma funcionalidade político-burocrática. O autor reafirma a dimensão marginal destes fenômenos e chama a atenção para dois pontos fundamentais, especialmente por mim encontrados no acontecimento de Piedade dos Gerais. Por um lado, a manifestação mariana atualiza um tema enraizado de modo profundo na tradição cristã: Deus escolhe os fracos e pequenos para expressar sua força e seu poder. Por outro, a relação sempre direta entre a população do local das aparições e a Senhora, sem qualquer mediação eclesiástica, representa uma reação popular ao controle e domínio da Igreja sobre o sagrado.

Embora as manifestações de Nossa Senhora tenham uma longa história e uma parte importante da vida devocional no cristianismo ocidental, a Igreja Católica apenas veio dedicar-se à avaliação delas, com o intuito de lhes conferir status oficial, no período em que o Papa Benedict XIV esteve à sua frente, já em tempos modernos (1740-1758). Conforme afirma Zimdars-Swartz (1992), no tratado *De servorum Dei beatificatione*, que ainda se mantém vigente, estabeleceu-se que, para a Igreja aprovar e tornar pública uma revelação privada, na qual se incluem as aparições, é imprescindível a realização de uma investigação extremamente cuidadosa de cada caso. Assim, todos os escalões da Igreja adotaram uma atitude bastante cautelosa no trato desses fenômenos e, no decorrer dos anos, desenvolveram critérios doutrinários e pastorais destinados a distinguir o genuíno do ilusório. Contudo, mesmo quando tais revelações privadas são aceitas pela Igreja, não recebem a sanção de fé católica (*fides catholica*), e sim de fé humana (*fides humana*). Isto quer dizer que os católicos podem recusar-se a acreditar numa aparição aprovada pela Igreja, uma vez que se trata de uma questão de foro íntimo. Aceitar uma revelação ou crer que ela é autêntica, tanto para a Igreja quanto para os devotos, significa considerá-la de origem divina. Por outro lado, rejeitá-la é afirmar que sua origem é puramente natural ou até demoníaca. Assim, apesar desse julgamento estar baseado em dados empíricos – como a comprovação de curas milagrosas, a ocorrência de fenômenos sobrenaturais no local e a mensagem deixada na terra pela Virgem –, trata-se de um julgamento de fé.

Zimdars-Swartz (*op. cit.*) demonstra que esses dados empíricos não são eventos simples, com significados auto-evidentes. No mesmo sentido, Elisabeth Claverie em *La Vierge, le désordre, la critique – les apparitions de la Vierge à l'âge de la science* (1990), mostra os problemas e as tensões que a teologia moderna enfrenta ao interpretar as aparições, muitas vezes assumindo uma posição racionalista e apelando para provas positivas. Logo, torna-se ainda mais difícil o julgamento de fé. Os dados empíricos e as provas são, na verdade, elementos bastante complexos, controversos e enigmáticos que, com o passar do tempo e com a sua apropriação por distintos grupos sociais, de acordo com interesses particulares, acabam por tornar-se uma unidade manejável de significados. Por isto, nada impede que uma aparição reprovada pela Igreja possa, no futuro, ser reavaliada e receber um parecer favorável.

Mesmo que existam várias leituras para esses elementos, há uma interpretação que se estabelece como a hegemônica em cada época e em cada lugar por onde eles circulam, tendendo a ser referência básica para novas interpretações em outros contextos. Afinal, Sandra Zimdars-Swartz (1992) e Carlos Steil (1995) consideram a aparição e seus componentes resultados de uma permanente negociação de significados e de autoridade entre os grupos nela envolvidos (videntes, Igreja e vários grupos de fiéis). Por intermédio de tal negociação é fixado o sentido que consegue apresentar-se como o mais legítimo; no fundo, o que tem o poder de se colocar como o mais verdadeiro para o maior número de devotos. É a apreensão do sentido dominante das aparições modernas que interessa tanto aos autores que venho citando quanto a mim, uma vez que é com este sentido que a aparição em Piedade dialoga.

Nos dois últimos séculos, as sete manifestações aprovadas pela Igreja trazem a interpretação oficial como a hegemônica, a qual tem sido amplamente divulgada pela maioria dos sacerdotes e aceita pelos católicos como o real sentido desses acontecimentos extraordinários. São eles: Rue du Bac (Paris, França, 1830), La Salette (França, 1846), Lourdes (França, 1858), Pontmain (França, 1870), Fátima (Portugal, 1917), Beauraing (Bélgica, 1932-1933) e Banneux (Bélgica, 1933).[25] Em linhas gerais, a instituição entende, baseando sua interpretação em elementos da antiga tradição já constituída, justamente no *Apocalipse de São João* e nas aparições medievais, que a Virgem se apresentou corporeamente em todas estas ocasiões para anunciar a aproximação do Juízo Final e revelar, em cada aparição, maiores detalhes do plano divino de salvação para instar à conversão. Ou seja, a Senhora aqui vinha porque se apiedava de seus filhos pecadores, incitando-os ao arrependimento, à penitência e à obediência. Sem esta renovação nas atitudes da humanidade, sua intercessão junto ao Senhor não seria mais tão possível quanto na Idade Média; por conseguinte, o mundo seria em breve destruído e sobreviriam sofrimentos nesta vida e no além.

Esse caráter escatológico das palavras de Nossa Senhora foi mais claramente encontrado pela Igreja em duas das aparições: La Salette e Fátima, pois além da Senhora haver deixado mensagens bem maiores nestas ocasiões, elas se deram em contextos sócio-políticos de aguda tensão estrutural, configurando o verdadeiro fim dos tempos, e em momentos nos quais havia um enorme esforço por parte da Igreja de Roma para garantir e reafirmar a sua autoridade. Embora este quadro conflituoso também se tenha apresentado em outras visões marianas, como nos mostraram Victor e Edith Turner, vê-se que eles se encontravam mais agravados nestes dois momentos e envolviam boa parte da Europa. Por isso, nos anos que as sucederam, La Salette e Fátima foram amplamente divulgadas por sacerdotes e se tornaram importantes para milhões de católicos. Conseqüentemente, passaram a ser os padrões privilegiados para a identificação, avaliação e compreensão de fenômenos similares ainda não aprovados. Segundo Zimdars-Swartz (*op.cit.*), são elas que têm definido os principais argumentos da visão de mundo que atravessa as mensagens e a literatura de recentes manifestações na Europa e nos Estados Unidos.[26]

25. Segundo Pelikan (2000), há ainda as aparições reconhecidas pelo clero como meritórias de crença piedosa: Guadalupe, México (1531), Philippsdorf, na atual República Tcheca (1866) e Pompéia, Itália (1876).

26. Em minha dissertação (Almeida, 1994), relatei em detalhes essas duas aparições com o objetivo de ilustrar e esclarecer o desenvolvimento, no catolicismo popular moderno, de uma ideologia apocalíptica transcultural.

Além dessas duas aparições, é importante apontar o fenômeno que vem acontecendo em Medjugorje (Bósnia-Herzegóvina) desde 1981 e que é foco do estudo de Elisabeth Claverie (1990 e 1991). Trata-se de uma aparição ainda não aprovada oficialmente pela Igreja e que já alcançou grandes proporções, pois atrai a atenção de inúmeros religiosos e dos mais diferentes devotos marianos, inclusive do povo de Piedade, mesmo antes de Nossa Senhora ali se manifestar. Hoje, Medjugorje representa o desdobramento da ideologia presente nas aparições anteriores, explicando, reafirmando e expandindo o significado de La Salette e de Fátima; por conseguinte, reinterpreta indiretamente *O Apocalipse de São João*.

Todavia, é importante ressaltar que tem sido lugar-comum na história das aparições o paroquial ceticismo inicial e a reação hostil das autoridades sacerdotais. Esta reação negativa do clero indica a profunda ambigüidade com que a Igreja tem visto os fenômenos marianos. Como uma faca de dois gumes, tais visões realmente vêm servindo de arma para a batalha da Igreja contra seus modernos inimigos (ateísmo, racionalismo, comunismo, protestantismo, entre outros); no entanto, a autoridade dos párocos acaba por tornar-se insignificante quando comparada ao dramático apelo da aparição.[27] Na verdade, a aprovação eclesiástica e o sistemático encorajamento de um culto oficial podem ser vistos como um esforço para refrear, nas massas, os excessos de fé, dos quais a devoção a Maria tem sido vítima de modo especial. Como julga Pelikan, "Lourdes, pelo cuidadoso zelo da Igreja desde o início, talvez seja o culto mais severamente controlado e orquestrado, tanto em relação à prática como à peregrinação, apesar de ser necessário acrescentar que, ao menos em alguns aspectos, Guadalupe e Fátima não parecem ter sido negligenciados" (2000: 251). Em resumo, percebe-se que mais freqüentemente a crença nas aparições de Maria foi imposta pelo povo às autoridades eclesiásticas, do que implantada autoritariamente pela Igreja no seio popular.

27. Por exemplo, a Igreja do séc. XIX ressentiu-se da interferência, em seu ministério, das "ilusões" das crianças que viam a Virgem abençoada. Com bastante propriedade, afirmava-se que "Roma era a cabeça da Igreja, mas Lourdes, seu coração". Algumas vezes calculou-se que, em menos de um século e meio, Lourdes atraiu duas vezes mais peregrinos que Meca em mais de treze séculos (Pelikan, 2000).

As Aparições no Brasil

Desde a chegada dos portugueses, a história do Brasil está impregnada pela devoção à Virgem. A respeito das suas aparições em solo nacional, o Frei Clodovis Boff (1995) indica que a construção da primeira igreja no Brasil, por volta de 1535, no litoral de Boipeba (Bahia), está envolta pela seguinte narrativa: uma belíssima senhora teria aparecido em sonho à princesa indígena Paraguaçu, esposa do português Diogo Álvares,[28] e solicitado sua edificação. Os relatos populares narram, ainda, diversas aparições de Maria durante as batalhas de Casa Forte, Monte das Tabocas e na segunda batalha dos Guararapes.

Não se pode esquecer de mencionar o surgimento do culto a Nossa Senhora Aparecida e sua relevância na devoção popular brasileira, embora não tenha sido uma aparição pessoal de Nossa Senhora. Conta-se que, em Itaguaçu (SP) no ano de 1719, três pescadores foram pescar em suas canoas. Não conseguiam peixe algum, até lançarem suas redes ao mar e, nelas, recolherem o corpo de uma imagem negra de Maria, sem a cabeça. Lançaram, novamente, a rede mais abaixo e retiraram a cabeça da mesma imagem. Guardaram-na em um pano e, continuando a pescaria, pegaram tantos peixes que temeram naufragar. Nunca se soube quem ali a lançou. No século XVIII, foi construída uma capela em homenagem à Senhora Aparecida e, na primeira metade do século XX, esta já se havia tornado um santuário de projeção nacional. Em 1930, o Papa Pio XI declarou-a a padroeira do Brasil. No ano seguinte, o Cardeal Sebastião Leme, do Rio de Janeiro, dedicou a nação a ela perante uma imensa multidão. Em 1980, foi inaugurada a Nova Basílica pelo Papa João Paulo II e decretado, pelo Governo Federal, o dia 12 de outubro, solenidade da Aparecida, como festa nacional.

Sem dúvida, inúmeros são os estudos dedicados a compreender as várias dimensões do que representa a Rainha do Brasil.[29] Porém, o interesse desta tese é mostrar

---

28. Paraguaçu e Caramuru são considerados o primeiro casal mestiço brasileiro. O templo foi erguido no lugar onde está hoje o mosteiro de Monserrate, no qual está sepultada Paraguaçu, falecida em 1582. Ali, venera-se a imagem da Virgem da Graça.

29. Ver, por exemplo: Sachs, Viola [et al] (1988). *Brasil & EUA: religião e identidade nacional* e Carvalho, J.M. (1990) *A formação das almas. O imaginário da República no Brasil.*

que, dentre as características de Nossa Senhora no país, destaca-se o fato de ela haver alcançado expressão também como símbolo nacional. É verdade que, em outros países, este fenômeno mariano também recebeu, por exemplo, o significado sincrético, étnico e unificador presente em Nossa Senhora de Guadalupe para o México e para a América Latina. Portanto, ao se falar de uma Maria, também se pode estar falando da constituição de um povo e de uma nação.

Para os devotos, Aparecida representa a mãe protetora, aquela que conhece as necessidades humanas e sabe compartilhar a sorte de seus filhos. Trata-se de uma figura afetiva, que toca direto aos corações. Segundo Boff (*op.cit.*) a dupla experiência de proteção (mãe) e de poder (senhora) é nela projetada, permitindo-lhe surgir como aquela que socorre e defende cada um. Assim, a postura dos fiéis é de entrega total, com profunda confiança. Parece ser esta maternidade o traço mais característico da devoção à Aparecida, pois aí se encontra o núcleo central da organização e sistematização da teologia mariana popular, a qual também se revela nas demais aparições ao longo da história do Brasil.

Sabe-se que fenômenos relacionados a Maria sempre aconteceram no país, provavelmente de modo esporádico e de repercussão local, sendo tratados como lendas ou invenções populares por parte da Igreja. Entretanto, foram apenas alguns santuários, como o de Aparecida, que irromperam e ganharam maior vulto, apresentando muitas das características dos fenômenos marianos europeus e sendo associados com freqüência a uma visão sebastianista pela ótica do catolicismo popular (Steil, 1995).

A partir da década de 80, as manifestações de Nossa Senhora tiveram um significativo recrudescimento no Brasil, com grande poder de mobilização das massas, chamando a atenção das autoridades eclesiásticas. Haja vista que foi nesse período que a Igreja começou a discutir o assunto e a estabelecer orientações para seus padres, ensinando-lhes como deveriam agir diante da irrupção de tais fenômenos em suas paróquias. Em maio de 1988, bispos da Comissão Episcopal de Doutrina (CED) da CNBB reuniram-se exatamente com essa intenção: pensar sobre as aparições e revelações particulares de Maria, de modo a fornecer aos agentes de pastoral elementos para julgamentos e atitudes práticas. O resultado desta reunião transformou-se no volume de lançamento da coleção especial da CNBB, *Subsídios*

Doutrinais da CNBB – 1 (1990), em virtude da intensa procura de esclarecimentos sobre o tema. No entanto, a publicação pouco norteia o leitor e acaba por se perder numa longa contextualização histórica.

De posse das exposições de alguns dos bispos participantes dessa reunião, nota-se que a argumentação do Pe. Francisco Viana Pires foi a que mais influenciou a publicação na seção "A Análise do Fenômeno", a que melhor auxilia a compreensão dos atuais acontecimentos marianos. Assim, recupero aqui pontos de seu pensamento em particular, que se encontra mais densamente elaborado na sua exposição, bem como externa de modo claro o seu posicionamento ideológico.

Inicialmente, o padre apresentou um breve levantamento sobre as aparições, o qual pretendia abranger os fenômenos ocorridos de 1960 em diante no país. Porém, sua falha se faz notar por deixar de mencionar o caso de Piedade dos Gerais e outros da região. Entretanto, suas observações indicam que há o absoluto predomínio de manifestações de Nossa Senhora, em comparação a outros fenômenos europeus da época, em que a manifestação era de Jesus ou de algum santo. Os locais preferenciais eram o sul e o sudeste brasileiro, com destaque para Minas Gerais. Quanto aos videntes, estes eram leigos e, basicamente, mulheres de níveis sociais baixos.

Em um outro grupo de observações, o padre mostra que, de modo geral, todas as mensagens seguiam o mesmo esquema. Constantemente, começavam com um quadro tenebroso e catastrófico, de aguda decadência religiosa, moral e social, trazendo uma visão apocalíptica da sociedade, do mundo e da Igreja. Em seguida, ameaçavam com castigos iminentes, que sobreviriam à humanidade, caso persistisse a situação. Por fim, apelavam à conversão e indicavam os meios para que se efetivasse a mudança de vida, como penitências, sacramentos e orações. Após explicitar esse levantamento, o autor expõe algumas questões que ainda não têm respostas. Ele se intriga com o tom dramático e pessimista que as mensagens apresentavam, uma vez que, tradicionalmente entre o povo, Maria é cultuada como a mãe da bondade, misericórdia e paciência – como se confirma na amorosa Senhora de Piedade. Surpreende-se, também, com o fato das mensagens voltarem seu conteúdo para os problemas sociais, econômicos, políticos e culturais, pois, antes do Concílio Vaticano II, eram de cunho estritamente espiritual e moral. Além disso, aponta para fatores que, inter-relacionados, poderiam estar favorecendo o aumento das manifestações marianas no Brasil. Na sua perspectiva sociologizante, a qual certamente representa o ponto de vista de um grupo dentro da Igreja, afinado com a Teologia da Libertação, tais fatores seriam: a situação de crise generalizada, o movimento carismático, a proliferação dos cultos mediúnicos, os interesses e as forças estrangeiras, bem como o sistema econômico-social capitalista. Contudo, Pe. Francisco Pires afirma que o grau de influência desses fatores só pode ser avaliado pela observação e pelo estudo concreto de cada caso.

Investigar empiricamente uma aparição foi a oportunidade que tive, ao realizar tanto a dissertação de mestrado como a presente tese. Sem dúvida, minhas motivações não são as mesmas dos padres da CED da CNBB, mas, assim como eles, busco compreender alguns de seus aspectos. Antes de passar a abordar de modo mais específico o fenômeno de Piedade dos Gerais no próximo capítulo, cito as aparições originadas na região.

As Antigas Aparições em Piedade dos Gerais

Em vários momentos, a Senhora ter-se-ia mostrado corporeamente para pessoas do lugar, como no caso relatado pelo ex-mestre de obras, José de Assis (1999). De acordo com tal relato, um senhor, de idade bem avançada, teria tido dificuldades em atravessar o rio Macaúbas até a Senhora lhe surgir. Isto deve ter ocorrido na década de 20.

Em dois outros episódios, marcados por grande tensão, ela reapareceu para crianças e adolescentes, erigindo uma nova ordem de paz e de harmonia social no local. A primeira história conta que, há vários anos, ela veio a um povoado próximo de Piedade em meio a uma acirrada disputa de terra entre irmãos, que acabou envolvendo toda a comunidade. Maria rapidamente surgiu e apaziguou a briga.

O outro fenômeno aconteceu numa cidade vizinha, Roças Novas (MG). Uma adolescente ficou grávida de um rapaz que a abandonou. Seu pai, muito severo e de moral rígida, expulsou-a de casa e desejou que seu neto não nascesse. A gente do lugar também a desprezou e a humilhou. No entanto, num dia de intenso sofrimento, a garota viu a Virgem, que a confortou com palavras afetuosas e modificou o comportamento de seu pai e dos demais. Comenta-se que ela continuou a ter tais visões durante alguns meses, passou a receitar remédios caseiros para a população, curando-lhe diversos males e solucionando vários conflitos.

Em época mais recente, nos anos 80, ouviu-se falar de diversos fenômenos marianos que estavam sendo vivenciados com enorme vigor e poder de mobilização de massa em várias cidades mineiras. Por exemplo, em Belo Horizonte, três senhoras, que não se conheciam, passaram a receber revelações interiores de Nossa Senhora em bairros distantes: uma escrevia tudo o que sentia enquanto percebia a presença da Virgem durante o terço rezado em sua casa; outra repetia o que a Virgem lhe dizia todas as segundas-feiras no túmulo de uma freira no cemitério do Bonfim; e a terceira narrava as visões sobrenaturais que tinha durante o mês de maio, mês dedicado ao culto a Maria. Além disso, em várias localidades, como Conselheiro Lafaiete, Juiz de Fora, Rio Pomba, Mercedes e Oliveira Fortes, testemunhava-se o "choro" de imagens de Nossa Senhora Rosa Mística.

Assim, é possível imaginar que, em setembro de 1987, os camponeses de Piedade dos Gerais desejassem que a Mãe Celestial, aquela que se revelava a mãe ideal nas aparições locais anteriores e, na época, se manifestava para inúmeros devotos dos arredores, viesse à Terra em resposta às suas próprias necessidades. Logo, o cenário da aparição de Maria encontrava-se, novamente, montado e parecia anunciar a iminência de um novo drama.

Sem dúvida, este novo drama estaria interligado aos fenômenos semelhantes, tanto aos antigos quanto aos contemporâneos, bem como estaria vinculado aos poucos textos bíblicos existentes sobre a Virgem e às afirmações eclesiásticas a seu respeito, que por ali circulavam. A combinação conferida, especificamente, em Piedade dos Gerais, a todos estes planos discursivos sobre Maria, foi o que possibilitou uma fala irromper e legitimamente dizer: "Eu sou Nossa Senhora". Assim, ela, a mesma personagem de dois mil anos atrás, obteve ali vida própria e atual, tendo o poder de sacralizar o ambiente e desencadear ações que modificaram o contexto circundante.

CAPÍTULO 3

O Milagre do Texto

Evidenciar a mensagem de Nossa Senhora de Piedade, em suas peculiaridades e semelhanças em relação à tradição, foi o principal objetivo de minha dissertação de mestrado. Assim, recupero-a neste capítulo, a fim de começar a desenhar o perfil deste fenômeno e a dar voz a esta Maria específica. Lanço mão dela aqui para apontar o novo enfoque que agora privilegio: as apropriações particulares que pessoas e grupos fazem da fala oracular, inserindo-a, com isso, em outros discursos endereçados a outros destinatários e que encontram sentido em contextos maiores do que a localidade de Piedade.

Os Marcos Teóricos da Revelação e Análise da Mensagem

Em 1991, no meio da multidão atraída pelo fenômeno, procurei pelos milagres que supunha estar acontecendo, tais como a cura de doenças intratáveis e a recuperação de habilidades físicas por parte de portadores de deficiências. Porém, surpreendi-me ao dizerem que estes casos eram praticamente desconhecidos e que, ali, a Senhora não vinha tratar o corpo, e sim, "trazer a palavra". O seu propósito era a conversão. Semanas depois, tive a oportunidade de assistir às aparições iniciais numa fita de vídeo. Nela, perguntam à vidente Íris sobre os milagres a serem realizados e ela também responde que, naquele lugar, Maria não vinha fazer milagres, mas dar mensagens.

Aos poucos, fui confirmando ser mesmo a palavra o grande milagre da aparição nesses treze anos. Ela é o fenômeno. Razão pela qual, no estudo anterior, focalizei as mensagens, entre outras aproximações possíveis a um evento tão rico e original. Voltei-me para a formação dos discursos qualificados como sobrenaturais, emitidos apenas por certos atores sociais e em condições especiais, pois, repletos de significado e de eficácia performática, eles agregam em torno de si, de formas variadas, um extenso e diversificado grupo social.

Assim, as falas sagradas foram tratadas como enunciações e receberam o status de uma afirmação, uma vez que o conteúdo da mensagem menos explica ou analisa a realidade do que a declara. Ou seja, esse *ato de fala* diz o que o mundo é, (re)cria-o na ação de dizer, pois possui grande poder performativo.[1] Além disto, por ser a mensagem enigmática e repleta de possibilidades significativas, seu caráter é oracular, o que lhe permite constituir-se num fragmento significativo do contexto social onde foi gerada e circular por outros ambientes.

A aparição é um evento discursivo em várias dimensões, a começar pela interação constante entre duas modalidades de fala. Uma delas é justamente a mensagem em si, na hora da sua emissão pela boca dos videntes, a qual independe das leituras existentes sobre ela. É aqui que reside a única realidade perceptível da divindade – a própria evidência do mito cristão, que faz, da palavra, carne. Logo, é ela a fonte dos demais milagres ali materializados: o santuário, as romarias, a comunidade etc. A outra modalidade de fala, já bastante reconhecida pelas Ciências Sociais, só existe e tem eficácia no entretecido das memórias, interpretações e reedições a respeito da primeira modalidade e dos demais aspectos da aparição. Situa-se nas confluências e entrecruzamentos das inúmeras representações sobre os fatos.

A esta dupla marca discursiva do fenômeno agrega-se o caráter responsivo da fala da Virgem, no sentido bakhtiniano. Ao dirigir-se a uma platéia cada vez mais heterogênea de fiéis, de alguma forma, as mensagens os contêm e os referem,

1. No sentido dado por Austin (1962), os enunciados performativos não são nem verdadeiros nem falsos quanto à sua representação. Eles realizam a ação à qual se referem. Porém, os enunciados constativos, que são falsos ou verdadeiros, são também performativos em menor grau. Logo, ao enunciarmos signos verbais, nós não apenas dizemos alguma coisa, mas também fazemos algo. Estes tipos de ações são os "atos de fala".

inscrevendo o perfil deles na alocução (Bakhtin, 1997). É, por isso, que a fala da Virgem, ainda mantendo seu estilo reconhecível de acordo com as características listadas, também se foi modificando no tempo, concomitantemente à transformação e ampliação de sua audiência.

Na busca, então, de saber de onde vem tanto poder da mensagem em construir e destruir mundos, e onde reside o seu caráter milagroso, propus-me investigar as condições que permitem a uma fala produzir um efeito de verdade em contextos variados. Tentei recuperá-la da maneira mais próxima à vivência dos crentes. Já que esta é a especialidade do fenômeno, o próprio acontecimento sobrenatural, foi imprescindível enunciá-lo na dissertação.

De início, ative-me ao primeiro padrão discursivo, seguindo os passos de Barthes em *Fragmentos de um Discurso Amoroso* (1977). Nesta obra, o semiólogo afirma o discurso amoroso, ou seja, restitui-lhe o poder, evidenciando o que existe de genuíno na fala do enamorado. Apoiou-se na ação única da narrativa, devolvendo ao discurso sua pessoa fundamental: o eu. Assim, ao colocar em cena declarações e não análises, ofereceu um retrato estrutural do sujeito apaixonado, o seu lugar de fala. A Virgem de Piedade fala nesta mesma primeira pessoa do singular e enuncia, a cada dia, seu amor pelos seus "queridos filhos".

Da mesma maneira, propus dar voz à principal pessoa do acontecimento em Minas Gerais: Maria e, indiretamente, revelar a simbólica à qual pertence. Sem dúvida, este é um intento viável, uma vez que o discurso oracular não é mera representação ou apenas uma das várias versões da Mãe de Jesus. Ele "*é*" a Virgem. Contudo, para compreender o que Barthes realiza nessa obra distante dos padrões acadêmicos, e também como ela foi por mim utilizada, é importante saber porque é possível afirmar tais discursos. Para tanto, recuperei sua teoria sobre mito, desenvolvida em "Le Mythe, Aujourd'hui" (1957).

A estrutura mítica da mensagem

Segundo Barthes, o cerne do mito é a maneira de dizer algo, obedecendo apenas a exigências formais. Mediante a mitificação, qualquer elemento deixa de ser "mudo" e passa a um estado oral, a abrir-se à apropriação do imaginário dos sujeitos.

O mito é semiológico, visto que trabalha com estruturas de significações sem conteúdo. Porém, ao revelar idéias em forma, também é ideológico enquanto realidade histórica – aspecto que privilegio na presente tese.

Inicialmente, interessa aqui o princípio da semiologia, que postula uma relação de equivalência entre um significante e um significado, sendo o signo a conjunção dos dois. O mito, por sua vez, edifica-se como sistema de segunda ordem, a partir de uma cadeia semiológica prévia, por transformar um signo em mero significante num sistema maior.

Para explicitar essas noções, tomo a primeira frase que a Senhora de Piedade disse às videntes ao ser indagada sobre quem era, segundo o drama fundante da aparição: "A mãe suas". Há, nesta proposição, mais de uma ambigüidade, pois ela é o resultado de uma superposição de campos semânticos. Uma destas ambigüidades, que foi imediatamente identificada pela leitura literal das crianças, é que a mulher se apresentou como a genitora delas, causando-lhes espanto. Ao mesmo tempo, para os adultos, que já tinham expectativas em relação à vinda da Senhora em seu meio, ela se apresentou como a mãe da humanidade.

Tornando-se significante mítico, o signo afasta-se de sua contingência. A nova forma apela por uma significação que a preencha. Porém, ela não supre o sentido anterior, apenas o empobrece – Maria continua sendo uma mãe, mas evidencia-se o fato de ser a mãe da humanidade. O sentido será para a forma uma riqueza submissa, que se recupera e esquece numa alternância rápida. Esta apresentação do significante na fala mítica permite ao mito, simultaneamente, indicar e declarar, fazer compreender e impor.

Já o *enredo* estabelece uma cadeia de causas e efeitos no discurso, pertencendo ao domínio do conceito. Sendo histórico e intencional, refere-se à pulsão do mito, a uma história – às características da Mãe da humanidade em Piedade. Contrariamente à forma, o conceito não é abstrato, é pleno de uma situação, a qual é uma certa percepção do real. Por isto, de acordo com o momento histórico em que se inserem, os conceitos podem-se alterar e se desfazer, mas a forma permanece – em qualquer lugar e época, Maria é a Mãe da humanidade.

A ligação entre a forma e o conceito é peculiar e traz implicações ao mito. A forma não é uma mera representação, já que possui presença por ter um sentido, dado pelos significantes de primeiro grau que a constituem – a história própria de Maria em sua vida terrestre há dois mil anos atrás, embora esta presença seja distante ao recuar para receber o conceito. Assim, se o sentido não desaparece, o saber contido no conceito mítico turva-se. Este acaba formando-se em associações frágeis, cuja unidade e coerência respondem, sobretudo, a uma situação.

Ainda que pareça paradoxal, forma e conceito manifestam-se, distintamente do que se passa em outros sistemas semiológicos – a mesma Maria do passado vem à Piedade falar do modelo de feminilidade atual. O mito nada esconde nem faz desaparecer, seu papel é redesenhar o lado pleno do significante que é sentido. Ou seja, o conceito aliena o sentido. Assim, o mito se produz numa ambigüidade peculiar, sendo exatamente esta duplicidade do significante, que oscila entre forma e conceito, conferindo-lhe sua característica singular e o seu mecanismo básico.

Em conseqüência, apesar do mito ser uma fala definida mais pela intenção que pela literalidade, a intenção se torna ausente, implícita. Ao mesmo tempo em que o mito expõe seu conceito histórico, suspende-se, recobra uma generalidade e se inocenta – um modelo de feminilidade? De modo aparente, nada se movimenta: a significação permanece atrás do fato induzindo-o a uma declaração, embora, simultaneamente, o fato paralise a intenção (sem, no entanto, restabelecer o não dito) – é apenas Maria que vem à Piedade.

Resta, ainda, comentar a motivação, o que transforma o mito em símbolo. É sobre a analogia entre o sentido e a forma que o mito se ergue, recorrendo a uma falsa natureza, dando, com isto, uma significação ao absurdo. Entretanto, sua motivação não é natural. É a história que fornece à forma suas analogias. Por outro lado, a analogia entre o sentido e o conceito é parcial, pois, embora a forma permita a realização de várias analogias (daí a multivocalidade do mito), só algumas se consolidam – as faces da maternidade de Maria mais explícitas em Piedade. A motivação é uma escolha possível, já que a reserva de significantes míticos é inexaurível e uma imagem total excluiria o mito.

Após apresentar o mito no âmbito da semiologia, Barthes explica como responde ao interesse de uma sociedade, passando à ideologia, campo a que agora me dedico na apropriação do sentido mítico. De início, é preciso saber como o mito é recebido pelo seu consumidor, pelo crente. Isto implica em se apreender o significante do mito como um todo de sentido e forma, recebendo uma significação ambígua. É esta leitura que se apropria do mito de acordo com a sua estrutura, enxergando-o como uma história, concomitantemente, verdadeira e irreal, imperfeita e indiscutível. Afinal, o mito é vivenciado como uma fala inocente não porque suas intenções estejam escondidas, mas por serem naturalizadas – a mulher perfeita é a mãe evidenciada por Maria.

Atinge-se aqui o princípio geral do mito: a transformação da história em natureza, o que leva a que sua intenção histórica manifeste-se sem parecer interessada. A causa que faz o mito falar é explícita, não enquanto motivo, e sim, como verdade. Ou seja, o mundo fornece ao mito um real histórico, definido pela maneira pela qual os homens o têm produzido. Em contrapartida, o mito restitui uma imagem "natural" deste real, já que a função do mito é esvaziá-lo e enchê-lo de uma clareza que não é só a da explicação, mas a da revelação – Maria é realmente a mãe da humanidade.

Em resumo, ao transmutar a história em natureza, o mito abole toda a complexidade e incoerência dos atos humanos e oferece em troca a simplicidade e a eternidade das essências. Os produtos da história ganham o ar de significarem-se por si só e o mito, por conseguinte, consegue organizar e operacionalizar o mundo como se não existissem contradições, dando sentido às emoções, aos pensamentos e às ações dos seus participantes.

Os fragmentos míticos da mensagem

Uma vez expostas as condições para a afirmação de uma narrativa mítica, retorno à obra *Fragmentos de um Discurso Amoroso* (1977), na qual em momento algum, o discurso amoroso é dito mitológico, embora isto fique evidente ao arrolar suas características. Expô-lo nestes termos trairia justamente a proposta de resgatá-lo à maneira pela qual é experienciado. Assim, expõe-se o lugar de um apaixonado que fala de si a si mesmo.

Em "Le mythe aujourd'hui", Barthes mostrou que cada mito traz consigo a sua própria história e geografia, sendo identificado mediante e suas estruturas mínimas, um conjunto de cristalizações discursivas que não turvam a plasticidade do significante. Porém, por carregarem uma representação histórica, já são conceitualizadas, prefigurando a compreensão do mito e traçando o seu perfil geral. São elas que permitem detectar o discurso amoroso, ainda que seja declarado em todo o mundo e em todas as épocas.

Por essa razão, o semiólogo faz o inventário de tais estruturas. No entanto, em virtude da singularidade do caso, elas são expostas de maneira bem mais viva do que um repertório de signos e de combinações já esgotado, conforme o clássico estruturalista vê. A fala amorosa se caracteriza por um extremo dinamismo: é incoerente, repetitiva e inacabada, sem obedecer a nenhuma seqüência lógica e ordenada. Assim, o autor chama a estas estruturas *figuras*, e o seu conjunto é reconhecido como o enamorado em ação, o próprio mito. No afã do amor, as figuras surgem aleatoriamente. O sujeito retira figuras de reserva dependendo do acaso, das injunções ou dos prazeres de seu imaginário. Tal código pode, portanto, ser preenchido de acordo com qualquer história. A única exigência é que o lugar (o "topos") da figura esteja pré-fixado e seja reconhecível, como se houvesse uma tópica amorosa.

Em decorrência da grande variedade de histórias particulares do mito amoroso, Barthes nomeou as figuras. Entendo a opção de designá-las por nomes, derivada do fato da palavra ser o nível da linguagem onde a estrutura se articula com o acontecimento – o mesmo mecanismo que funda o mito. Afinal, a palavra atua como o permutador básico entre o sistema lingüístico e o ato de fala. De um lado, depende da língua por ser um valor diferencial em oposição aos demais signos, porém não possui significação, não passa de uma virtualidade semântica. De outro lado, depende do ato de fala, na medida em que sua atualidade semântica provém da sua inserção num enunciado evanescente.

Em suma, ao ascender do sistema ao acontecimento, na instância do discurso, a palavra conduz a estrutura ao ato de fala e, ao retornar do evento ao sistema, traz a este a contingência e o desequilíbrio, condições fundamentais para o sistema continuar a existir. Assim, sem deixar de ser um signo único, a palavra está constantemente aumentando sua capacidade de nomear e mantendo-se disponível para outros empregos. É em virtude desta sua abertura a vários contextos, que serve para nomear as estruturas de um mito dinâmico. Como as palavras só existem em posição de enunciado, Barthes afirma que, no fundo de cada figura, há uma frase quase sempre desconhecida (talvez inconsciente), empregada pelo apaixonado. Mas, por se tratar de uma linguagem simbólica, que, ao dizer uma coisa diz outra, suas frases não se concluem, já que não nos remetem a um referente dado. Seu princípio ativo não é o que comunica, e sim, o modo que articula a riqueza semântica da palavra. Estas frases, denominadas "frases-mãe", são matrizes de figuras. Este é o esquema utilizado para dar voz ao enamorado, o qual me pareceu bastante adequado à aparição, já que, embora as falas oraculares tenham surgido no seio de um grupo social e num determinado território, hoje, circulam feito a linguagem amorosa: livremente por diferentes classes sociais, regiões do país e até pelo exterior. Logo, é somente através de suas estruturas mínimas que se pode conhecer o poderoso texto narrado por elas e mapear os contextos em que se inserem.

O discurso da Virgem de Piedade como discurso amoroso

De fato, a Virgem traz consigo um discurso que é parte da simbólica do amor. Afinal, em cada manifestação, um vasto repertório de imagens é exposto para declarar ao mundo o eterno amor da Virgem por Jesus Cristo e pela humanidade, solicitar insistentemente o amor de todos para ele e de uns para com os outros e, ainda, lamentar a dor da mãe celestial causada pelo abandono de seus filhos humanos. Então, a aparição é também um texto que se refere à condição amorosa, seja ela fraterna, materna ou filial.

Contudo, enquanto o discurso amoroso emana de uma experiência universal e atemporal, a fala de Nossa Senhora pertence a uma experiência particular do Ocidente: o cristianismo e, especificamente, o catolicismo. E se, por um lado, o discurso do enamorado, da maneira como Barthes o aborda, concretiza-se num verdadeiro diálogo que o sujeito atingido pela flecha do Cupido trava consigo mesmo (ainda que mediado por padrões sócio-culturais), por outro lado, o discurso da Virgem não é um solilóquio: ele só existe como tal se for ouvido, legitimado e partilhado por uma coletividade. Explico melhor: Barthes expõe o lugar de alguém apaixonado que fala de si a si próprio. Não se trata de um romance, logo as figuras deste mito não se ligam umas às outras, concorrendo a um fim; e, ainda, estão fora do sintagma, o que desestimula a dar-lhes um sentido. Porém, é neste plano sincrônico que se consegue generalizar esse código, exprimindo casos particulares e, ao mesmo tempo, não sem se prender a nenhum deles.

Já o fenômeno de Piedade compõe uma história particular e faz parte das histórias das aparições e do catolicismo. Assim, suas figuras não vibram sozinhas, apresentam-se interligadas numa contigüidade, esclarecendo-se e complexificando-se. Contudo, só se compreende tal sucessão de figuras porque é reelaborada dentro dos contextos por onde circula, o que torna o mito da aparição diferente do amoroso: cativo do Outro que também fala, do Outro narrador – os videntes, a opinião geral, os fiéis, a Igreja e o antropólogo. A aparição não está imersa num vazio histórico. Nela, vê-se uma tradição viva, uma série de retomadas interpretantes de fundo simbólico judaico-cristão, cuja riqueza se explicita na diacronia. Explicita exatamente no acréscimo de significado pela tradição, com o incessante trabalho de interpretação (Ricoeur, 1969).

Some-se a isso o fato de o tempo, no catolicismo, apresentar um peso ainda maior que nas demais religiões cristãs. Por ser uma ordem sacramental, fundamenta-se num conjunto de crenças, que se referem não só aos meios de salvação individual, mas são instrumentos que realizam a união dos homens com Deus. No universo sacramental, uma realidade sensível e histórica não só significa outra realidade, mas a faz existir de modo pleno. O sacramento é uma modalidade do ser, é o mito do catolicismo. Haja vista que Cristo é sacramento (signo e presença) de Deus, tornando visível e palpável o inatingível. Do mesmo modo, como assinala Steil (1995), as aparições de Maria, em seu corpo incorruptível, consistem na revelação de que Deus não está indiferente ao destino da humanidade. Pelo contrário, ela é enviada para que a unidade harmoniosa entre céu e terra seja restabelecida. Neste sentido sacramental, deve-se compreender o fenômeno de Piedade, considerando a sua mensagem a realidade concreta de Maria, a mesma protagonista da encarnação e ressurreição de Cristo.

Este poder do sacramento advém dos três elementos que o compõem e da especial relação entre eles: o significante, o significado e o elo que os une, o qual transforma um simples signo em instrumento provedor da Unidade, devido à eficácia simbólica que substantiviza o significado através do significante. É esta insistência quase obsessiva sobre o resultado ontológico do processo de eficácia simbólica e, por conseguinte, sobre a importância do significante, que marca a sensibilidade católica (Sanchis, 1986).

Por isso, através do tempo, que é sacramento da eternidade, se crê que a humanidade vem passando pelas etapas de um desígnio histórico desde os primórdios. Tais etapas simbolizam umas às outras e, cada uma, não apenas prepara a subseqüente, como a contém, "numa perspectiva quase hegeliana de presença e de superação" (Sanchis, *op.cit.*). É este encadeamento que objetiva a construção na terra de um mundo "comunhonal", o qual representa e realiza aqui o próprio Reino de Deus. Todos os fenômenos católicos encontram-se inseridos nessa concepção do tempo, o que não pode ser desprezado em suas análises. Isto mostra que, para os fiéis, viver as mensagens da Senhora não é uma simples exigência de ordem ética, de um comportamento social, e sim, autêntica "sacramentalidade". À medida que vão buscando, na própria história e no contexto social, a compreensão das mensagens, operam-se mudanças profundas em suas vidas individuais e nos meios sociais onde circulam, concretizando ali a União.

Ao apresentar-se como história e exigir interpretação, a fala da Senhora diverge do discurso amoroso. De qualquer modo, as distinções entre os mitos não impediram a aplicação do método de Barthes à aparição. Afinal, pretendia "afirmá-la" em sua própria verdade; portanto, não havia ali a participação intencional e efetiva do Outro narrativo, mesmo que ele se encontrasse embutido na tradição. Entretanto, tais distinções mostraram que era preciso estar atenta às figuras das antigas aparições mais comentadas em Piedade, nas que já possuíam uma interpretação solidificada e ali formavam uma memória implantada. Ao inserir o fenômeno nessa tradição interpretante, vi-o como resultado de uma mitologia, a qual lhe fornece dinamismo, poder e possibilidade de inovar sem deixar de pertencer à mesma simbólica.

A mensagem como um evento atualizador

Foi a leitura de "O Cativeiro da Besta-Fera" (1995), de Otávio Velho, que reforçou a idéia da aparição como um evento atualizador de uma longa tradição, um nódulo histórico que recicla sentidos antigos e propaga novas significações. Neste artigo, vê-se que fragmentos bíblicos circulam no ambiente camponês do país. Mas, não se trata de uma "cultura bíblica" como referência para se pensar as experiências, já que há mais do que uma relação analógica entre expressões ligadas a situações de hoje e eventos históricos.

Uma concepção de tempo singular está aqui em jogo. Na percepção desses grupos, o passado e o presente se combinam e se aproximam muito mais do que na perspectiva historicista, estritamente linear (sem, no entanto, se tornar cíclica). Por isso, a "cultura bíblica" em questão vai além do mero recurso instrumental como fonte textual, atingindo o nível das crenças e atitudes profundas que dão forma ao mundo.

Segato (1991a) deparou-se com o mesmo tipo de fenômeno nos Andes argentinos. Ali, no movimento de adesão a crenças evangélicas, a Bíblia foi incorporada por algumas populações como um livro de História. Isto é, a sua leitura ultrapassou o mero aspecto religioso, pois, nela, as pessoas liam não só os acontecimentos dos hebreus, mas também os constituintes da sua própria existência. Assim, ao conferirem concretude às passagens bíblicas, atualizava-se o passado da humanidade no local. Tal correspondência retirou-os de um universo mítico-ritual cíclico, em que viviam antes da conversão, e os conduziu a um tempo histórico, querigmático. Além disso, modificou seu espaço, que deixou de ser fechado sobre si mesmo, qualitativo, para tornar-se linear, quantitativo e até comercializável.

É de maneira análoga à Bíblia, vista tanto por camponeses brasileiros quanto por povos do noroeste argentino, que a presença da Virgem em Piedade é real para os fiéis e que foi capaz de os inscrever numa outra ordem de tempo e espaço. Logo, a mensagem enunciada a cada rito da aparição desenha ao seu redor a paisagem bíblica, de onde ela mesma provém, tendo assim o poder de transformar o solo onde acontece.

Diante desse tipo de acontecimento, em que imagens do passado são vividas com extremado realismo, Velho (1987) chama a atenção para que não se busque traduzir os seus significados, reduzindo-os a outros níveis de realidade. Pois, nos estudos habituais, os eventos são tomados mais como sinais de algo supostamente conhecido de ordem sociológica do que uma simbologia plena de eficácia (ver também Segato, 1991b). Entretanto, o fundamental não é uma relação de sinonímia entre elementos que se sinalizam, e sim, a de ambos com aquilo que é simbolizado. Com efeito, o autor se refere a determinadas ações sociais que geram eventos poderosos, capazes de se desvincularem do fato originário e se transformarem em textos livres, indo além do nicho espaço-temporal que os produziu. Pela objetivação, tais textos conseguem livrar o seu significado da intenção e a sua referência dos limites históricos, recusando-se a serem reduzidos a uma única situação, a uma experiência social particular.

Nota-se então que discursos fundantes da aparição atualizam outro acontecimento fundador. Mais do que um relato sobre o que ocorreu no passado, e mais do que prova da vigência do texto bíblico, o fenômeno é uma continuação presente do que sucedeu há dois mil anos atrás e nos outros momentos em que a Senhora apareceu, do mesmo modo como a leitura da Bíblia nos Andes argentinos. Trata-se, uma vez mais, do caráter expansivo da história sagrada.

Sem dúvida, o modelo de Velho complexificou o sentido do fenômeno de Piedade. No entanto, o próprio autor reviu sua teoria (1992), o que contribuiu com novos aspectos para minha análise. Ele passou a suspeitar da "autonomia" do texto, afirmando que jamais deve ser tratada enquanto suspensão da referência. Em razão disto, o texto dinamiza-se. Na verdade, torna-se objeto de constante alteração em cada ambiente social em que ganha vida. Nesta redefinição, o pivô da análise desloca-se do texto congelado para centrar-se em como o texto é produzido, vivenciado e compreendido de maneira inovadora. Mesmo quando se acredita estar diante de uma continuidade, o fundamental é a re-experiência. Por isto, o texto também deixa de ser pensado como dono de uma enorme reserva de sentido inicial, disponível desde sua origem para a atualização nos diversos eventos. A sua vivência presente não é mais vista só como a expressão de uma de suas inúmeras possibilidades latentes e sim, de re-criação constante pelo seu potencial. Assim, a relação entre texto e contexto passou a ser de imbricação, um movimento permanente de intertextualidade, não existindo contexto significativo sem o texto, que o forma e define, nem vice-versa. Contudo, Velho continua a se referir a um contexto diverso daquele sociologicamente dado, pois trata do pertencimento do texto a contextos variados, construídos conforme o propósito e a recepção. A sua noção de contexto tampouco o transforma numa instância principal da narração (e re-narração) do texto.

A partir deste pensamento, em "O Cativeiro da Besta-Fera" (1987), alguns temas adquiriram maior ênfase, como o fato do pesquisador não se eximir de procurar o que, numa situação histórica específica, leva um grupo a lançar mão de um texto particular. Portanto, nota-se que as mensagens são eficazes porque têm concretude e se inserem num momento histórico e social determinado, dirigindo-se a uma coletividade, ainda que ultrapassem as circunstâncias imediatas.

Essas considerações a respeito do texto permitem-nos verificar que tal abordagem aproxima-se da noção de mito que foi desenvolvida anteriormente. Em última instância, o texto é um mito, uma linguagem simbólico-ideológica que, por isto mesmo, possui tanto poder. São esses refinados mecanismos que permitem ao texto, entre outras coisas, inserir-se em tempos e espaços variados, ser apropriado de maneira diferente e manipulado dentro de ideologias distintas, e ainda, criar o efeito de verdade em sua fala.

Se a articulação da hermenêutica com o estruturalismo era inadmissível dentro da visão antropológica tradicional, hoje se apresenta viável e bastante profícua. Da forma em que os utilizei para analisar a aparição, chegam a ser complementares. Por um lado, apoiando-se na hermenêutica de Ricoeur, Velho elaborou o modelo do texto, aproximando-o da inteligência estruturalista, ao enfatizar a reatualização do evento fundante por meio da retomada contínua de seu sentido numa tradição interpretante. Afinal, o próprio Ricoeur (1969) procura o entrecruzamento da temporalidade que renova com a que transmite para estudar o pensamento judaico-cristão, onde fica explícito que mito não se opõe à história.

Por outro lado, a proposta de Barthes também é a de permanecer na interseção entre a estrutura e o acontecimento – no discurso, portanto –, uma vez que ultrapassou o projeto do primeiro estruturalismo de trabalhar sobre um "corpus" já constituído. Ainda que privilegie o estudo do mito na perspectiva semiológica da linguagem, sob suas exigências formais, recupera-o posteriormente como ato de fala, como o dizer sobre algo a alguém e, enfim, como ideologia.

Em suma, ambos os pensamentos suplementam-se perfeitamente, pois todos nós nos referimos a uma mesma estrutura colocada à mão para falar da história. Ao revelar a aparição como uma simbologia plena de eficácia, busquei, simultaneamente, a inteligência objetiva que decodifica e, portanto, pode afirmar o fenômeno e a inteligência hermenêutica que decifra, que retoma para si o sentido e se amplia com ele.

O Conteúdo da Mensagem

Ao buscar revelar a aparição enquanto um lugar de fala, fiz o levantamento das principais figuras das mensagens, destacando os seus motivos, seus temas, suas "frases-mãe", bem como o levantamento de tais figuras em locais, épocas e públicos determinados. Assim, ainda naquela primeira análise, agrupei as mensagens em três momentos.

As primeiras mensagens

Estas falas foram proferidas nos três meses iniciais, restringindo-se a enunciar suas próprias figuras. Várias delas evocavam dogmas e enraizavam-se na tradição; elementos do cenário assemelhavam-se aos das aparições européias, como as imagens do paraíso e do inferno vislumbradas pelos videntes e os fenômenos sobrenaturais testemunhados pelos presentes. Todas as evocações e semelhanças contribuíram enormemente para que se acreditasse na veracidade da aparição, embora, ao mesmo tempo, o seu estilo particular se firmasse.

A maioria das mensagens se dava aos sábados à tarde, no local da primeira manifestação. Vez por outra, aconteceram à noite em alguma residência da cidade. Em fins de novembro, congregando apenas os camponeses, estenderam-se aos domingos e, lentamente, passaram a ser diárias e a receber novos participantes nos meses subseqüentes.

As aparições não possuíam uma duração constante: ora, longos períodos; ora, breves instantes. Por conseguinte, estes acontecimentos extraordinários exigiam dos fiéis a suspensão de seus afazeres e, cada vez mais, disponibilidade total. Entravam num ritmo de tempo diferente daquele que até então norteava suas vidas, o qual assentava-se no trabalho rotineiro e nas obrigações sociais como referências fundamentais, e não no "chamamento".[2]

Lembrando uma fada, a Senhora aparecia segurando uma varinha, de onde saíam letras grandes e douradas ao tocar a nuvem sob seus pés. As videntes liam em uníssono o texto que ia sendo aos poucos desvelado. Formavam frases e repetiam-nas em voz alta. Por meio da descrição emocionada e detalhada destas frases e ima-

2. Termo utilizado por Otávio Velho (1987) para indicar a dedicação exclusiva às atividades sagradas, às "coisas de Deus". Esta mudança de "tempos" é encontrada especialmente nos movimentos milenaristas.

gens, o público partilhava-as com as meninas com extremo realismo. Assim, de modo diverso do padrão das modernas aparições européias, as pessoas acompanhavam ativamente a presença da Virgem (existe registro em vídeo desta primeira etapa).

A participação dos fiéis também acontecia de outras formas. Como ainda não se havia estabelecido um ritual desse encontro com o sagrado, manifestavam-se espontaneamente. Interrompiam as frases divinas com palmas, comentários, cânticos, orações etc. Questões eram colocadas às visionárias, que as repetiam à Senhora e logo que obtinham suas respostas, as devolviam para o povo. Ninguém se dirigia diretamente à Senhora, nem para lhe agradecer.

> As três [videntes], juntinhas, com pequenas flores na mão, juntinhas, uma à outra, como se estivessem assustadas, olham para um ponto, para o lado da árvore seca, e viram-se para o povo e dizem: "Ela já chegou". Ajoelham-se. O povo: uns a cantarem cânticos de Nossa Senhora, outros a rezarem. Depois ficam em silêncio, algumas pessoas ainda conversam baixinho. [...] As meninas voltam os rostos para o lado de Nossa Senhora e a mais velha, Marilda, vai apontando o dedo, como se estivesse lendo em um quadro negro de escola e vira-se para o povo e diz: "Ela disse que o Mal foi embora, mas está voltando. Pede para o povo ter fé e quem tem fé não precisa temer. Ela disse que ninguém ganhe dinheiro com isto aqui." [...] tornam a voltar-se para Nossa Senhora. E todas as vezes que elas lêem o que Nossa Senhora fala e escreve, as meninas viram-se para o povo e vão dizendo, principalmente a Marilda que fala mais alto: "Ela está mostrando uma porta grande e bonita. Na porta está escrito: casa da paz. Ela disse que atrás da porta mora Jesus Cristo." E Marilda ainda descreve: "do lado de fora da porta está um homem preto, muito feio, dando gargalhada. Ele impede que os homens passem pela porta." A menina grita: "é Satanás!" Ao grito, o povo responde: "pede a Nossa Senhora para tirar ele daqui!" As meninas voltam-se para Nossa Senhora e depois respondem ao povo: "Ela disse que só está mostrando quem é que faz mal e Ela disse que muitos homens ajudam o Mal. Ela falou que este lugar é sagrado. Ela está mostrando um bicho. Ela disse que quem tem fé é um menino. E quem

não tem fé é um bicho." Alguém do povo não entendendo a mensagem gritou: "então só os meninos é que têm fé?" (24/10/87).[3]

Esta feição do discurso atrapalhava bastante a sua compreensão, sobretudo porque as frases eram poucas e breves, sem explicações. A primeira tentativa de compreendê-las se dava pela busca de seu sentido literal. Por exemplo, em outubro de 1987, Maria disse que as mulheres velhas teriam filhos. Logo se pensou que mulheres idosas, já estéreis, engravidariam. Três meses depois, quando romeiros chegaram com crianças abandonadas, é que se pôde entender o enunciado anterior: aquelas mulheres as criariam.

Por outro lado, orientados pelos conteúdos oficiais e a ideologia apocalíptica das aparições modernas, procuravam entender as falas como uma reiteração daquelas. Porém, não conseguiam decifrá-las, pois a sua tópica central era a irrupção de um mundo melhor. Ou seja, a mensagem de Piedade não se centrava na destruição do mundo, mas na sua imediata transformação, a começar pelo local. Era uma mensagem benigna, promissora, confortante.

Foi a própria mensagem que começou a se autodecifrar, ao trazer à tona novos elementos, indicando ser uma linguagem essencialmente simbólica que, enquanto tal, deveria ser interpretada. Vê-se então que, no momento inicial, o fenômeno constituía-se por uma riqueza de significantes que carregavam consigo frágeis concepções oriundas da tradição católica. Todavia, estes signos totais não mais se satisfaziam com suas antigas significações. Novos significados emergiram para as mesmas figuras – que Zimdars-Swartz (1992) encontrou nos antigos fenômenos –,[4] sem, contudo, excluir os anteriores. Por exemplo, houve a ressemantização da Mãe Celestial severa e ameaçadora tornada a Mãe doce, bondosa e protetora. Quando os significados eram muito discrepantes e não podiam conviver num único campo semântico na nova tópica, uma outra figura (que já possuía seu

3. Indico ao leitor que as citações não referenciadas, como essa, são oriundas de notas escritas por informantes que vivenciaram os momentos datados.

4. A autora identifica as imagens que perpassam as principais aparições modernas e que são os ingredientes básicos para o desenvolvimento de uma visão de mundo apocalíptica e transcultural.

espaço reservado na simbólica mariana) se colocava então para dar conta de tal antagonismo. Este foi o caso do Senhor Deus onipotente, irado e punitivo, que enviava castigos aos pecadores. Em Piedade, ele se tornou um pai amável e permissivo, agradecendo a presença das pessoas e enviando-lhes lindos presentes, enquanto uma outra imagem personificada, o Demônio, passou a punir os homens e a desejar o fim do mundo.

Assim, cabia a tais significantes apenas lançar as figuras básicas deste mito, inseri-lo na tradição e na história das aparições mundiais e reservar os seus espaços, constituindo-se numa pura enumeração de temas. O princípio ativo de tais frases e imagens era o modo como se apresentavam os dizeres, o que as tornava matrizes de figuras, "frases-mãe". Algumas destas frases atuavam feito um estribilho no discurso, declarando repetidamente as figuras. Como na revelação do discurso amoroso, nomeei as figuras por palavras. No entanto, diante da enorme carga semântica que uma palavra possui, é o argumento que a faz significar sob o prisma de uma de suas tantas significações, marcando o seu lugar de fala. Logo, ainda que os nomes das figuras de Piedade sejam idênticos aos dos demais fenômenos, é a especificidade dos motivos mineiros que o introduz à inovação, ao ressemantizá-las.

Mostro a seguir um quadro comparativo e exemplos das falas de Piedade. Assim, pode-se visualizar as sutis semelhanças e diferenças entre as principais figuras, as quais definiram as características do mundo novo que despontou naquele interior mineiro. O quadro esquematiza os achados que fizeram parte da minha primeira pesquisa e a forma como os apresentei na dissertação. Esclareço que a tópica central de toda a coluna da esquerda, que se refere aos argumentos das antigas aparições, é "o fim do mundo". Já, a tópica central da coluna da direita, onde se encontram os argumentos da Virgem de Piedade, é justamente "o mundo novo".

FIGURA: **SEGREDO**

ARGUMENTOS DAS ANTIGAS APARIÇÕES	ARGUMENTOS DA VIRGEM DE PIEDADE
Profecias referentes ao fim do mundo	Profecias

24/10/87: "A Virgem revelou um segredo que não pode ser contado nem aos padres".

22/11/87: "Só Deus sabe o dia e a hora em que serão contados os segredos de que as videntes daqui e das demais aparições são depositárias".

FIGURA: **INTERCESSORA**

ARGUMENTOS DAS ANTIGAS APARIÇÕES	ARGUMENTOS DA VIRGEM DE PIEDADE
Esta figura refere-se ao duplo papel mediador da Virgem. No plano celestial, Maria intervém junto a Deus e a Cristo em favor de seus filhos humanos, adiando seus castigos. E, simultaneamente, no plano terrestre, Maria apela aos homens o cumprimento dos desígnios divinos para não serem punidos e se salvarem do inferno.	Produção da imagem de Nossa Senhora como mediadora atuante entre Deus e os homens, tanto na terra quanto no céu. Ela defende os interesses da humanidade junto ao Senhor e, por outro lado, traz a palavra libertadora, repleta de conforto, esperança e amor de Deus aos seus filhos e empenha-se no seu cumprimento em Piedade dos Gerais. Ela se diz a "Imaculada Conceição" e a "Serva do Senhor".

31/10/87: "Ela transmite as mensagens que são da vontade do Pai".

07/11/87: "Ao perguntarem que porta era aquela com um brilho tão lindo, ela disse: 'É a casa onde mora Deus e toda sua família. Onde está o Pai, está o Filho e o Espírito Santo. Eu também estou lá. (...) Maria lembrou que no sábado tem algo importante para dizer, mas só dirá quando Deus lhe ordenar'".

22/11/87: "Agora, tenho que ir embora, mas levo comigo, no meu coração, os pedidos de todos vocês".

28/11/87: "Eu vim a mandado de Deus para dizer-lhes lindas coisas. Se pudesse, ficaria todo o tempo aqui com vocês, mas o Senhor me chama e eis aqui a Serva do Senhor".

FIGURA: **MARIA**

ARGUMENTOS DAS ANTIGAS APARIÇÕES	ARGUMENTOS DA VIRGEM DE PIEDADE
Maria vem ao mundo na qualidade de mãe de Jesus e da humanidade. Uma mãe distante, poderosa, severa e ameaçadora, mas que sofre pelos seus filhos e vem indicar-lhes o caminho da salvação, auxiliando-os a se livrarem do Mal e também das punições de Deus.	Maria é a mãe de Jesus e da humanidade, revelando-se: bondosa, amável, carinhosa, humilde, protetora e vem do céu amparar e auxiliar seus filhos piedadenses, intimamente e passo a passo, a viverem felizes longe do pecado.

03/10/87: "Ela é Maria, Mãe de Jesus, que quer que o povo reze, que se uma".

10/10/87: "Ela aparece com uma criança muito bonita no colo, que se parece com ela, e ela dá a benção".

17/10/87: "Ela é Maria, Mãe de Jesus. Pode ser chamada 'Nossa Senhora de Piedade'".

07/ 11/87: "As mães devem proteger seus filhos, não matar seus filhos".

28/11/87: "Ela agradece ao povo".

FIGURA: **DEUS**

ARGUMENTOS DAS ANTIGAS APARIÇÕES	ARGUMENTOS DA VIRGEM DE PIEDADE
O Senhor representa a lei e a justiça, as quais são punitivas e demandam castigos imediatos. Ele revela-se furioso com a humanidade, cujos pecados têm perturbado a ordem estabelecida por Ele e O têm ofendido profundamente.	Deus é fonte de salvação, amor, alegria, lei, justiça, proteção, bondade, humildade, misericórdia, enfim, a fonte libertadora do mundo novo. É revelado como um pai amável, permissivo e bastante preocupado com o bem-estar de todos os seus filhos, pois estes se encontram distantes d'Ele, conseqüentemente, de Sua graça.

25/11/87: "Deus agradece ao povo [...] Deus mandará muita alegria ao mundo. Deus está feliz porque o povo está se convertendo. Não percam a fé nele, pois é o único que nos ama de verdade [...] Deus precisa de todos, não percam a fé [...] Mais uma vez, ele agradece a fé do povo. Ele nos mandará lindos presentes. Basta ter fé, porque ele nos ama de verdade".

28/11/87: "Os sinais são presentes de Deus [...] Só Deus sabe quando o mundo vai melhorar [...] Deus quer agradar a todos e dará mais sinais. Deus salvará a todos. Devemos ajudá-lo com fé [...] Deus mandará coisas boas, nunca coisas ruins. Ele não envia castigo para seus filhos, mas sim o Satanás [...] Deus agradece pela fé. Lembrem-se: Deus nunca fez as coisas erradas. Nunca deixou de amar seus filhos, mesmo que eles estejam errados. [...] Deus precisa da ajuda de seus filhos. Deus tem família na terra e a guarda com amor. Por isso, lhes digo como Deus está feliz. Por isso, fiquem felizes também".

FIGURA: **PECADOS**

ARGUMENTOS DAS ANTIGAS APARIÇÕES	ARGUMENTOS DA VIRGEM DE PIEDADE
Ofensas a Deus e transgressões à ordem sagrada, cometidas pelos desvios morais e que apressam o fim dos tempos.	Falas e imagens que constroem o fato de que a existência do planeta e da humanidade está seriamente ameaçada devido às transgressões à ordem sagrada. Estas faltas são motivadas pelas desigualdades, pelo egoísmo e pela ganância, causando destruição, tristeza, sofrimento e infelicidade por todo o mundo.

03/10/87: "A falta de amor a Deus e de amor aos pobres está desbaratando o mundo".

31/10/87: "O que mais magoa a Deus e a Nossa Senhora são as revoltas do povo. Estas revoltas são as riquezas e os egoísmos. Não pode haver tanta divisão, são todos irmãos".

FIGURA: **REPARAÇÃO**

ARGUMENTOS DAS ANTIGAS APARIÇÕES	ARGUMENTOS DA VIRGEM DE PIEDADE
Os castigos enviados por Deus não são inevitáveis. Pode-se dar uma última oportunidade aos homens para se restaurar a ordem sagrada mediante a conversão, o arrependimento, o retorno às práticas devocionais (penitências e orações em favor dos pecadores) e a submissão às ordens e aos sacramentos da Igreja.	Para viverem plenamente as graças de Deus, devem entregar-se à aparição. Ali, pode-se restaurar a ordem sagrada através da conversão, ou seja, o rico ajudando o pobre, os mutirões, a vida comunitária e o retorno às práticas devocionais tradicionais. Deve-se continuar recebendo da Igreja apenas os sacramentos, não a sua orientação.

07/11/87: "(...) que o Papa ensine ao povo distinguir o Bem do Mal".

10/11/87: "A caminhada de vocês comigo é longa. Por isto, tem que vir sem pensar em nada, nem em roça, nem em trabalho. A salvação depende de cada um de vocês".

25/11/87: "A briga na Igreja vai acabar. O vigário não vem porque não tem ordem".

17/10/87: "Aqui, neste lugar sagrado, construam uma capela. Não quero que nada de dinheiro entre aqui".

31/10/87: "É preciso oração e partilha para que o mundo se salve".

FIGURA: **BATALHA**

ARGUMENTOS DAS ANTIGAS APARIÇÕES	ARGUMENTOS DA VIRGEM DE PIEDADE
Esta figura refere-se ao período tumultuado (miséria, fome, guerras, doenças etc.) que se vive por ser exatamente o momento histórico da luta entre duas forças opostas: o Bem e o Mal. Tanto uma quanto a outra são poderosas e possuem armas para cooptar os seres humanos como seus discípulos – no caso da aparição de Maria, trata-se de uma das armas de Deus.	Esta figura diz respeito à luta final entre o Bem e o Mal que está sendo travada ali, o que provoca distúrbios sociais (discórdia, pobreza, mau comportamento do pároco). Além disto, ela se refere ao papel lutador de Maria e ao livre-arbítrio dos homens. Ambas as forças tentam arregimentar pessoas para os seus exércitos, afinal os homens são necessários e possuem o poder de atuar diretamente nesta disputa.

25/11/87: "O Coração Imaculado de Maria já está vencendo o Mal. Os ensinamentos de Jesus Cristo prepararão todos vocês para uma longa caminhada de lutas".

28/11/87: "Para Deus vencer, vocês têm que ajudá-lo".

FIGURA: **TRIUNFO**

ARGUMENTOS DAS ANTIGAS APARIÇÕES	ARGUMENTOS DA VIRGEM DE PIEDADE
Chegará o dia em que o Bem porá fim a esta batalha, acabará com todos os pecados e pecadores no Juízo Final, e principiará um novo tempo, onde Jesus reinará glorioso e os homens de bem estarão salvos, usufruindo plenamente de suas graças.	Depois da luta final, virá a recompensa, principalmente para os pequenos, os pobres, sofredores e oprimidos: um mundo novo, abundante e cheio de maravilhas. A Reforma Agrária será efetivada e Jesus Cristo voltará à Terra, de corpo e alma, para junto dos homens reinar glorioso.

26/11/87: "O pão será repartido".

28/11/87: "Vai melhorar [...] O mundo será outro: alegria, paz, muito lindo, cheio de maravilhas, não haverá perseguições, porque o Satanás será morto – primeiro acorrentado. Para isso acontecer, será com a ajuda do povo [...] No mundo novo não haverá Satanás. O futuro será maravilhoso com a ajuda de vocês".

25/11/87: "O mundo vai recomeçar. Precisa de união [...] A crise no Brasil já está acabando. A reforma agrária será realidade [...] Vão acontecer coisas maravilhosas. O mundo será renovado [...] Não fiquem preocupados. Na nova vida não precisará trabalho, nem estudo. Será um paraíso na Terra. Serão todos perfeitos. Não haverá doença, vai acontecer tudo na paz. Na outra vida não haverá ricos nem pobres, serão todos iguais [...] O povo tem que fazer sua parte. [...] Na nova vida todas as árvores darão frutos".

No período inicial, a fala de Maria se manteve praticamente restrita à declaração dessas figuras, as quais mapearam os pilares do fenômeno, mostrando, ainda em gérmen, o campo futuro de sua compreensão e a sua feição atual.[5] Além disso, a mera declaração dessas figuras foi capaz de modificar o local, erigindo novas realidades entre seus adeptos. Nessa fase, a mensagem exerceu seu aspecto performático em plenitude: ao destruir a ordem instituída e erguer ali uma outra, ela magicamente agia mais do que dizia. Desse modo ela criou um universo, como Deus, o próprio Verbo, fez ao enunciar nomes.

5. Por meio destas aparições, pode-se acompanhar a fundação do santuário, a atribuição de novos papéis a atores sociais e a estruturação do rito em que a aparição se insere hoje. Deste rito tratarei adiante, assim como do poder e da especialidade que confere à mensagem.

As mensagens do mundo novo

Já no início da aparição, o cenário de Piedade começou a sofrer uma profunda alteração. Novas formas de ocupação do espaço e de convivência entre os camponeses despontaram, dando início à completa modificação da vida no local. Após as primeiras mensagens, mudanças em níveis mais profundos passaram a ser visíveis, promovendo ali um mundo novo, resultado da inter-relação das mensagens com a interpretação dos fiéis.

Aos pés da Virgem, os piedadenses deixaram de ser reconhecidos pelas suas várias identidades costumeiras, adquirindo a posição única de serem suas pequenas criancinhas. A mensagem conseguiu criar, acima das definições específicas e ordens normativas de ligações sociais, um elo genérico entre eles, liberando-os dos constrangimentos de *status* e papel social. Em suma, a mensagem provocou a transição ritual da realidade cotidiana a uma outra especial, caracterizada pelo espírito de *communitas* (Turner, 1974) e, assim, diluiu alguns proeminentes problemas da localidade na época. Por exemplo, desavenças e desigualdades foram amenizadas ao se ajudarem de "igual para igual" ou com a atitude protetora por parte dos mais abastados. Partilharam bens materiais, "abriram" generosamente suas casas e voltaram-se todos para um objetivo comum: a aparição. Além disto, há trinta anos no lugar, a figura sagrada do pároco havia-se profanado com seus envolvimentos na vida pessoal dos paroquianos e os boatos a respeito de sua própria vida. Porém esta crise foi abrandada, mediante a presença de uma autoridade espiritual superior a ele, Maria, quem agora era ouvida e obedecida como líder.

A anunciada luta do Bem contra o Mal nas primeiras mensagens implicava uma batalha externa e interna. As pessoas compreenderam que deveriam manter-se em estado de alerta permanente, orando e vigiando tanto as emoções e condutas do outro quanto as suas próprias. Por isto, sempre viram a mensagem como um chamado à conversão, o que dependia de trazer para si a responsabilidade de seus atos, enquanto sujeitos históricos.

Na verdade, cada símbolo apresentado nas figuras trouxe consigo novos valores morais e princípios de organização, acrescentados aos anteriores. Estas associações foram vinculadas a personagens sagrados do cristianismo, que são exemplos de perfeição, bem como campos cognitivos e afetivos do entendimento. Foram as significações diferentes, plasmadas nestes personagens, que passaram a orientar o comportamento de homens e mulheres, pais e mães, e do ser humano integral. Por isto, ainda que a *communitas* seja um movimento revitalizante da estrutura social quando legitima as antigas significações dos símbolos, ela também representa um perigo, ao poder conduzir a uma nova ordem.[6]

Contudo, após essa breve experiência de *communitas*, o fenômeno tomou um rumo diferente: houve a redefinição de identidades sociais, concretizando um mundo bem distinto do que havia até o fenômeno. Não só a chegada dos milhares de romeiros em Piedade trouxe à cena atores sociais desconhecidos, como, mais uma vez, a própria mensagem criou uma outra ordem a partir de 14 de dezembro de 1987. Naquele dia, a mensagem foi bem mais longa e articulada que a habitual. Suas figuras, que eram, até então apenas enunciadas em unidades mínimas, expressaram-se em cadeias maiores de signos, orientando a sua própria compreensão. Todavia, o seu estilo hermético e enigmático foi preservado, uma vez que tais signos mantiveram-se carregados de possibilidades significativas não explícitas. Desta forma, foi anunciado o advento do mundo novo ali, deixando claro que não se tratava do seu fim, mas de sua transformação.

> Aqui, no Brasil, terça-feira, abraçarei todo mundo. Ao dia, a partir das oito horas da manhã. E vocês vão sentir no coração que eu estou presente aqui. E vão verem que eu os amo de verdade. E os sinos de Natal tocarão na noite de terça-feira. Vocês passarão a conhecer Deus verdadeiramente. [...] E daí pra frente é que vai começar o verdadeiro reino de Deus, que levará mais de três anos, mas começará por estes dias. Mas, Jesus enfrentará com vocês por estes três anos. [...] O reino descerá, aqui, quarta-feira (trecho da mensagem de 14/12/87, registrada em fita cassete).

6. De acordo com Turner (*op.cit.*), os movimentos liminares emergem com decisivo potencial de mudança, pois a liminaridade (em sociedades não tribais) pode constituir-se num "não ser nada", que é virtualmente um "ser tudo". Por colocar em xeque as regras estruturais e sugerir novas possibilidades, critica o seu próprio contexto. Porém, ela é capaz de formular uma série de arranjos sociais alternativos, revelando-se um instrumento terapêutico eficaz para a sociedade lidar com seus problemas de uma nova forma.

Concomitantemente a este anúncio, quarenta pessoas foram escolhidas para morar no santuário, o que facilitaria o cumprimento das tarefas necessárias à rápida consolidação do mundo novo. Membros das camadas inferiores da sociedade (trabalhadores rurais, pequenos sitiantes, um pedreiro e um estofador), quase todos, eram parentes das videntes. Tratava-se dos fiéis mais fiéis, daqueles que abandonaram seus afazeres e compromissos cotidianos, passando a participar integralmente do evento. Nota-se que Maria tocava-lhes fundo o coração, identificando-se eles com a aparição mais do que os fazendeiros locais.

Por carregarem os eleitos o perfil de pobreza, humildade e sofrimento, pode-se vincular a opção divina à Teologia da Libertação. Haja vista que, ao ocuparem a terra santa e desfrutarem, com mais intimidade, da presença da divindade, foram retirados da posição desprestigiada em que se encontravam, invertendo-se a hierarquia tradicional. Ademais, a aparição começou a acenar-lhes com a resolução de seus problemas específicos e, ao mesmo tempo, referir-se a categorias políticas, como nação, povo e ricos de outros países. Assim, a figura dos pequenos, daqueles que as primeiras mensagens afirmavam que participariam do Reino, foi explicitamente associada aos marginalizados e oprimidos do local e, num segundo plano, aos do país.

> Do Brasil, é a [aparição] mais importante, porque Jesus Cristo descerá no coração de vocês e eu levarei vocês ao céu por esta semana. [...] porque minha vinda aqui, na terra, é exclusiva, principalmente, aos brasileiros. [...] O primeiro país a transformar será o dos brasileiros, porque todos são perseguidos pelos ricos de outros países. [...] Deus também ama a riqueza, mas não a riqueza que vocês querem. Ele ama a riqueza de Deus. Por isto, não quero que entre nada de riqueza aqui, neste lugar sagrado [...] não existe ninguém mais que ninguém (trecho da mensagem de 14/12/87, registrada em fita cassete).

Na verdade, a partir dessa aparição, quando as figuras deixaram de ser apenas nomeadas e passaram a ser definidas, aqueles que não se enquadravam em seus termos se afastaram. Por conseguinte, ao lhe ser fixado um sentido hegemônico, a manifestação tomou outro caráter, revelando explicitamente o contexto sócio-político em que surgiu: um momento de grande tensão estrutural. Foram alguns determinados grupos, então, que deram início à construção do mundo novo e dele participaram.

Gradativamente, a perplexidade dos primeiros contatos com o sobrenatural foi substituída pela sua compreensão. As figuras lançadas no ar adquiriam sentido nas mensagens posteriores e nas interpretações, e passaram, então, a dar sentido ao viver dos fiéis. É nesta dinâmica de interação entre os dois padrões discursivos que o mito vivido por eles se concretizou e continua a fazê-lo como realidade cotidiana. Assim, foi o preenchimento da fala oracular com conteúdos históricos e circunstanciais que marcou esse período da aparição, no qual se reviveu novamente o Gênesis, quando Deus transferiu o seu poder de nomear ao homem, fazendo-o também criador.

Uma comunidade milenarista ou eclesial de base?

Na mesma semana de 14 de dezembro de 1987 e sob a orientação da Senhora, os escolhidos agruparam-se na antiga morada do Sr. Antônio, a qual passou a ser denominada Casa Mãe. As acomodações eram precárias e estavam em péssimo estado. Porém, nada foi empecilho. As refeições eram fartas, realizadas coletivamente e através do trabalho comum, uma vez que o comércio e o dinheiro estavam proibidos na terra santa. Os homens usavam alguns cômodos e as mulheres e crianças, outros, independentemente do grupo familiar.

Se, por um lado, os princípios do parentesco foram assim implodidos, por outro, foram refeitos e ungidos de sacralidade. Além das quarenta pessoas serem aparentadas, Nossa Senhora, a grande mãe, estipulou relações de compadrio entre elas, determinando quem eram os afilhados (crianças e jovens) e seus respectivos padrinhos, bem como os deveres e as obrigações mútuas. Na verdade, já de início, encontrou-se revelada a típica e ideal comunidade campesina no mundo novo – onde as relações sociais se guiam pelos princípios do parentesco, da reciprocidade, da honra e da hierarquia, além de comida, terra e trabalho serem categorias nucleantes de significados e interconectadas, que expressam uma relação moral entre os homens e deles com a natureza.

Se a comunidade é a cápsula protetora do campesinato, como diz Woortmann (1990), ela o é por se constituir numa ordem moral, postulada pela reciprocidade entre famílias consideradas iguais. É a noção de reciprocidade que permite entender a campesinidade em sua dimensão mais geral. Ressalta-se aqui o espírito de reciprocidade, que se firma pela recusa ao negócio, em oposição ao que a modernidade individualista construiu como o fetiche da mercadoria (Mauss,1967; Sahlins, 1978; Polanyi, 1971). Por isto, no interior da comunidade, não se assalaria e, pela mesma ética, não há comércio. Este é a negação da reciprocidade e do trabalho, indiretamente, da própria campesinidade. Afinal, mais que objeto de trabalho, a terra é o espaço da família; mais que uma resposta a uma necessidade prática, o trabalho representa uma ocasião social, festiva, cujo significado simbólico é a reprodução da comunidade; e, mais que a permuta de objetos entre indivíduos isolados, a troca se dá entre famílias e entidades hierárquicas. Por esta perspectiva, vê-se que a troca é capaz de restaurar, simbolicamente, um tempo mitificado e trazer para dentro desse tempo a modernidade, o tempo de transformação (Motta Santos apud Woortmann, 1990). O elemento central da troca é a comida e seu valor social não se limita às suas qualidades alimentícias, envolve também suas qualidades como linguagem – uma linguagem ritual que fala do pai, da família, do trabalho, da honra e da hierarquia.

Sobre essas bases, surgiu a comunidade no santuário, que de imediato recebeu a tarefa de construir rapidamente uma capela, assinalando a santidade do lugar. Nela, ocorreria a primeira "maravilha" do Reino: o nascimento de uma criança descendente de Davi. Em busca de apoio, os camponeses procuraram primeiro o padre, o Frei Joaquim, quem os orientou desde o começo, conversou com as videntes e ministrou-lhes a confissão. Na verdade, ele sempre divulgou as aparições marianas para os seus paroquianos, explicando como eram os cenários em que elas se davam (em campos e árvores, de preferência), quem eram os videntes (especialmente as crianças) e quais os procedimentos (atos de reverência) a serem adotados diante de uma aparição. Contudo, a sua aceitação inicial modificou-se quando foi perdendo o controle sobre o acontecimento, pois queria que este se mantivesse restrito a algumas pessoas, o que não ocorreu. Seu afastamento agravou-se no episódio da construção da capela. Sem saber como deveria posicionar-se ante esta solicitação, o frei mandou os devotos procurarem o bispo na capital mineira. Porém, este, além de se colocar contra, proibiu-os de fazer a capela e determinou que o pároco local se opusesse ao fenômeno, reprovando-o publicamente. Dizem que, por medo de ser enviado a um asilo dada sua idade avançada, o frei obedeceu. De sua parte, os camponeses retornaram desapontados, sentindo-se abandonados pela Igreja, conforme aconteceu nas demais aparições.[7]

A partir de então, Nossa Senhora restringiu o fenômeno aos leigos. No entanto, ela não se separou da instituição; ao contrário, estava ali para renová-la, salvá-la do Mal e pedir aos fiéis que a transformassem. Continuou dizendo aos devotos que participassem dos sacramentos e abençoando especialmente os sacerdotes presentes à aparição, além de ordenar-lhes que a divulgassem. Nesse momento, a Virgem indicou que apenas a participação individual dos padres no mundo novo era bem-vinda e reforçou a sua autoridade sobre a Igreja, o que implicava afirmar que a sua palavra era a verdade.

Uma das maneiras pelas quais Maria colocou-se acima da Igreja foi na revelação de três segredos às videntes, os quais jamais poderão ser contados a ninguém, nem mesmo aos padres. Diante deste fato, por um lado, a aparição foi mais uma vez vinculada à tradição, reafirmando sua autenticidade, pois o discurso apocalíptico das antigas aparições se organizou em torno dos segredos (cf. Steil, 1995). Entretanto, por outro lado, ela rompeu com esta mesma tradição ao negar ao Papa, em nome da Igreja, o habitual lugar de guardião e legítimo intérprete dos seus segredos. Além disto, a Senhora de Piedade não deu a estes segredos a conotação de profecias referentes ao fim do mundo; eram somente profecias.

Este duplo movimento de afiliação e ruptura da tradição, realizado pela manifestação mariana no interior mineiro, talvez explique a pergunta que se fazia o Pe. Francisco Pires ao refletir sobre o tema junto à Comissão Episcopal de Doutrina (CED) da CNBB, em maio de 1988. Ele estranhava o tom escatológico que as recentes assim chamadas aparições brasileiras pareciam apresentar, uma vez que não condizia com a imagem da mãe de bondade, misericórdia e paciência, aqui cultuada. Afinal, a Maria brasileira, como é confirmada em Piedade, aproxima-se muito mais

7. Essa atitude reforçou o fenômeno como uma real aparição, pois segundo a história oficial das manifestações européias, em quase todas (como a da Rosa Mística, em 1947 na Itália, e a de Fátima, em 1913, Portugal), a instituição perseguiu os videntes nos primeiros anos. Esta posição não era consenso entre os padres nem emanava oficialmente dos papas.

da personagem do *Auto da Compadecida*, criada pelo autor pernambucano Ariano Suassuna, inspirado na devoção popular, do que da atemorizadora Nossa Senhora de Fátima. Assim, é possível que o referido caráter escatológico das aparições nacionais se devesse à necessidade de pertencer à tradição para serem reconhecidas.

Após esse momento de separação da Igreja, Piedade dos Gerais abrigou claramente um fenômeno do catolicismo popular. Nossa Senhora passou a estar ao alcance do fiel, sem a mediação de qualquer especialista eclesiástico ou da instituição. Seu culto foi totalmente organizado por leigos e suas mensagens ficaram sujeitas à interpretação exclusiva por parte dos praticantes, os quais manejam, de modo prático e por tradição, esquemas de pensamento e de ação referentes ao sagrado. É a partir dessa privatização das relações dos homens com a divindade que se reconhece a prática religiosa popular (Oliveira, 1997).

> [...] temos que colocar a Igreja numa transformação, a transformação da fundação de Jesus Cristo. [...] vocês todos, que estiveram participando aqui, verão o caminho de Deus e que a Igreja está vivendo o Anticristo. E, vocês devem lutar pela salvação da Igreja e, principalmente, por essa paróquia. [...] Minha vinda aqui, neste lugar, é para esclarecer a dúvida de todos, porque realmente a Igreja não sabe nada. Está vivendo o Anticristo!
>
> – "Antes de Cristo?! Ela falou isto, gente. Eu não sei o que significa isto, não", diz uma das videntes.
>
> [...] Deus decidiu que ou os padres aceitam ou não aceitam, porque eu, realmente, estou aqui, neste lugar, presenteando a todos vocês [...] Lá, deve fazer uma capela imediatamente... Nesta capela acontecerá coisas maravilhosas [...] Portanto, eu lhes aviso, não precisam pedir ajuda dos padres, dos bispos, dos papas. Por que o que está acontecendo aqui, neste lugar, depende do povo e de Deus. Só o povo e Deus pode esclarecer... (trecho de um momento da aparição de 18/12/87, registrado em fita cassete).

Já que não puderam construir uma capela, ergueram um humilde rancho. Pensavam que, nele, nasceria a criança à qual a Virgem constantemente se referia, o filho de um casal da redondeza, cuja mulher estava no período de dar à luz e seu esposo se chamava Davi. Pensavam, também, que aquelas quarenta famílias reunidas separar-se-iam após os acontecimentos que tornariam realidade o Reino de Deus. Entretanto, por mais que procurassem respostas, ainda não entendiam claramente as enigmáticas falas oraculares.

Veio o Natal, o Ano Novo e nada de extraordinário aconteceu, nem as mensagens falaram a respeito. Só em fevereiro de 1988, quando alguns devotos começaram a se envergonhar diante dos incrédulos, chegou a boa nova: a criança já havia nascido e inaugurava o tão esperado mundo novo. Deveriam comemorar, portanto, com muita alegria a chegada do Grupo da Fraternidade, que era exatamente a comunidade dos moradores do santuário. A Senhora estabeleceu as normas desse recém-formado grupo e distribuiu os papéis de seus integrantes naquele significativo 14 de dezembro de 1987. Ali, naquela data, os fiéis pouco compreenderam, mas, à medida que as pessoas foram assumindo posições na comunidade, tanto espontaneamente quanto a partir de novas falas, é que puderam desvelar o sentido daquela importante mensagem e constatar que o mundo novo, nela anunciado, havia de fato surgido.

No mundo novo, um lugar central foi destinado ao grupo: ser peça fundamental no plano divino da segunda salvação da humanidade. Da mesma forma que o "sim" dado por Maria há dois mil anos foi um serviço prestado aos homens, atenderam ao chamado da Senhora para ajudar o semelhante, o que implicava auxiliá-la em sua atual missão: preparar seus filhos para que todos, sem exceção, alcançassem o Reino de Deus. Na realização dessa importante tarefa, coube ao grupo cumprir a mensagem no santuário e propagá-la no contato com os romeiros. Além de procurarem viver os valores centrais do cristianismo como os primeiros cristãos e ainda divulgá-los, mantiveram-se em orações, vigílias e sacrifícios, intercedendo pelos pecadores e em favor da humanidade. Diariamente, comungavam e liam a Bíblia, refletindo suas passagens em comunidade e encontrando nelas sua própria história. Nem por isto abandonaram as práticas do dito catolicismo tradicional, participando de folias, por exemplo. Deste modo, acreditavam já estar recebendo Jesus no coração e evidenciando a amabilidade e bondade de Deus. O Grupo da Fraternidade situou-se, assim, num ponto intermediário entre Deus e os demais seres humanos, mediando até mesmo a relação dos de fora com o sagrado. Por desempenhar tão grandiosa missão e ocupar esta posição especial, o grupo foi santificado não só pelos demais devotos, mas também pela Virgem, que sempre o abençoou com inúmeras graças desde a fundação.

> Não tenham medo, porque Deus vai olhar por tudo. Eu e meu filho, Jesus, estaremos sempre com vocês. Não precisam temer nada, porque não vai faltar nada. Vocês têm que viver com a pureza das crianças no seus corações [...] Agora, vou dar uma benção muito importante para todos os que foram chamados (trecho da mensagem de 14/12/87, registrada em fita cassete).

Após se mudarem para o santuário, esses camponeses não mais se preocuparam com a competição, nem com a crise econômica. Conheceram a fartura material e suas necessidades básicas foram supridas mediante os mutirões e do trabalho coletivo e, num segundo momento, pelas doações dos romeiros. Enfim, seguindo a orientação da Virgem, viviam feito crianças: só pensavam no presente, não mais no porvir. Estavam certos de que o Senhor, um pai tão generoso, jamais lhes deixaria faltar algo.

Concomitantemente, tudo o que era provocado pelo Mal foi banido do mundo novo: a opressão, o egoísmo, a ganância, a dificuldade financeira e a propriedade privada na divisão de terras local – uma vez que a prometida Reforma Agrária das mensagens sob a figura do triunfo, estava ali concretizada nesse pequeno espaço. Afinal, ao fundar o paraíso na Terra para os marginalizados como o seu próprio Reino, a divindade colocou-se contra a situação vigente, na qual o poder concentrava-se nas mãos dos ricos e exercia-se de modo explorador e sem oferecer proteção aos mais pobres.

Apresentam-se aqui imbricadas duas formas religiosas do catolicismo popular, consideradas habitualmente distintas (Oliveira, 1985 e 1997). A primeira delas é encontrada justamente no campo, onde as concepções religiosas constituem a referência básica para a leitura do cotidiano. Tais concepções regulam as relações sociais campesinas pelo modelo celeste: os homens não são iguais, os poderosos devem proteger os fracos e estes lhes devem lealdade e submissão, revestindo a prática da dominação de um dever moral. As relações de dependência que ligam o camponês impotente ao senhor poderoso constituem o modelo objetivo das relações entre o devoto e o santo, bem como a base sobre a qual o imaginário popular constrói o conjunto de representações e práticas do culto aos santos. Na Terra, essas alianças exprimem o código familial e estão revestidas do caráter sagrado do compadrio. Os ricos têm direito às homenagens e à prestação de serviços, sem que isso signifique corresponder com exploração econômica. Como seu fundamento é o grupo doméstico, rejeitam também as relações impessoais do mercado. Logo, o catolicismo estabelece os limites da dominação que a desigualdade encerra, tanto que, quando os camponeses se viram incapazes de uma ação prática sobre um processo de mudança social, irromperam movimentos religiosos rurais, que buscavam retornar à ordem cósmico-social por meio da ação simbólica de intensificação das energias religiosas. Esse mecanismo reside na concepção de tempo perene: desde a Criação até o Juízo Final o mundo é o mesmo, não havendo a dimensão temporal de uma História linear; mas nem por isto, uma História fatalista.

Desse modo, a mesma religião é reinterpretada, tornando-se veículo de protesto social. Ao ganhar essa dimensão contestatória e, no limite, escatológica, ela é capaz de mobilizar a coletividade para resistir à implosão das condições sociais do camponês. Mas, segundo Oliveira (*idem*) isso não gera um projeto social alternativo, uma vez que contesta o advento do capitalismo somente pela idealização do passado, como nos casos dos movimentos milenaristas de Canudos, Juazeiro e Contestado. No entanto, na aparição, cujo núcleo foi gerado por essas motivações do catolicismo rural (em confronto com a ideologia individualista e a ordem vigente), assistiu-se à construção de um novo mundo, num tom de esperança e alegria. Certamente, foi a influência de uma outra expressão do catolicismo popular, vinculada à "opção preferencial pelos pobres", que viabilizou a proposta libertadora da Virgem: a convergência de um projeto religioso com um projeto de sociedade. Foi ela quem possibilitou recuperar ali a comunidade campesina, sem restaurar um passado idealizado e rompendo com o particularismo do campo.

Presente na sociedade camponesa através das Comunidades Eclesiais de Base (CEBs) e de Pastorais Populares, essa espiritualidade centra-se na Bíblia, em celebrações à vida coletiva e numa congregação de fiéis, cujo caráter é leigo, apesar de ter relações orgânicas com a Igreja. Embora cada CEB tenha suas peculiaridades, todas integram o processo de renovação pastoral e transformação social: a caminhada. Nessas organizações, o Sr. Antônio, pai das videntes e dono da terra do santuário, era um membro destacado. É na função religiosa que os agentes leigos diferenciam-se, evangelizando por meio da reflexão bíblica em pequenas coletividades. A Bíblia suporta a idéia de que o mundo é onde a humanidade deve realizar os projetos de Deus, em especial construir o Reino de Deus.[8] Tal entendimento insere as biografias individuais numa história que passa pelas Sagradas Escrituras, pela comunidade e se universaliza, além de se opor ao aparente fatalismo do catolicismo rural (Oliveira, 1986 e 1997). Boa parte do projeto de salvação da Virgem de Piedade se encontra próximo desse tipo de catolicismo popular. Embora não haja total identificação da comunidade com as CEBs, é possível detectar uma utopia de sociedade que norteia sua práxis social e política. Ancorado nas mensagens de cada aparição e bebendo da fonte bíblica, este ideário recuperou o mito da libertação do povo eleito, motivando os camponeses a implodir a ordem vigente. Ali, a palavra de Deus é um referencial sagrado para a interpretação da realidade vivida, a partir da perspectiva radical de igualdade social e partilha.

Apesar dessa reflexão sobre a identificação do fenômeno com o catolicismo popular não pertencer à minha primeira pesquisa, através dela se pode acompanhar a ressemantização das principais figuras do núcleo de sentido tradicional para a visão libertadora no seio do Grupo da Fraternidade, bem como o desaparecimento da figura *segredo*, em torno da qual se organizou o discurso apocalíptico das antigas aparições. Além disso, pode-se monitorar a recepção do pensamento da Teologia da Libertação por esta comunidade campesina, produzindo uma síntese própria a partir da religiosidade pré-existente. Assim, o Mal deixou de ser tão personificado no Diabo como opositor sobrenatural encarnado, passando a representar freqüentemente na mensagem o sistema econômico de exploração e suas implicações. Deus, Maria e Jesus deixaram de ser apenas imagens de pura bondade, amor e misericórdia, tornando-se também sofredores, humildes e pobres. Do mesmo modo, deixaram de representar o masculino e o feminino habitual, num processo sutil de superposição de campos semânticos, no qual a fala mais recente não apaga a anterior.

8. Tal categoria teológica é concebida em oposição dialética à Igreja enquanto instituição, relativizando seu papel histórico. A Igreja é o sacramento ou sinal do Reino, o qual possui valor absoluto e transcendente.

Numa primeira leitura dessas figuras, observa-se que os papéis de gênero permaneceram os mesmos. Os homens à frente da aparição, em posições proeminentes, e as mulheres realizadoras de atividades menos prestigiadas e de âmbito doméstico. Logo, em alguma medida, o fenômeno reproduziu a hierarquia tradicional entre os gêneros e foi esta face conservadora que permitiu o seu desenvolvimento na cultura camponesa, no seio da qual a ideologia patriarcal é dominante e a estrutura familiar, sagrada (Brandão, 1992). Observa-se assim que Deus é reconhecido na mensagem como o pai e a autoridade máxima do cosmo, o que se confirma pelo modo como Maria diz: "Agora, tenho que ir, porque sou a serva do Senhor e eis que ele me chama." Por este lado, revela-se o feminino sacrificado, que se anula por completo em favor do masculino e ocupa o lugar simbólico designado por ele.

Contudo, numa segunda leitura, baseada nas práticas cotidianas do Grupo da Fraternidade, vê-se que esta experiência religiosa possui uma outra face, a qual contradiz o rígido modelo de definição de papéis, invertendo radicalmente os habituais arranjos entre os gêneros. Por conseguinte, é ela que retira as mulheres e as crianças da posição marginalizada e as coloca no comando do novo universo, dando margem a novas interpretações a respeito da mesma aparição mariana. Por esta face, que é transmitida de maneira subliminar, revela-se a liderança de Maria, como princípio feminino libertador e atuante. Os camponeses não apenas mencionam esta liderança, como também a expressam em suas atitudes e conversas.

Com a Mãe do Céu, o Grupo da Fraternidade estabeleceu uma relação extremamente íntima. Ela passou a manifestar-se várias vezes no mesmo dia para orientá-lo e acompanhá-lo nos mínimos detalhes, cuidando tanto do aspecto espiritual quanto ensinando atividades rotineiras e regras básicas de convivência. Nada se fazia sem a sua permissão. Na verdade, a estrutura nuclear dessas famílias campesinas implodiu e a Senhora se tornou a sua grande chefe. Sob seus pés, o comportamento dos patriarcas foi completamente modificado e o poder deles, obscurecido pelo dela. Enfim, era Maria, no papel de mãe e transmitindo a sua vontade pela boca dos videntes, quem dirigia o mundo novo. Deste modo, à frente dessa grande família campesina, a Mãe Celestial foi poderosa quando criticou e subverteu o mundo tradicional ao lhe apresentar novos padrões de comportamento, nas suas primeiras mensagens. Além disso, ela também se revelou suficientemente poderosa ao conduzir os devotos, pela mão, por esse longo processo de re-socialização e construção do mundo novo. Afinal, mais uma vez, suas palavras foram capazes de criar, ali, uma verdade e os elementos para a sua própria legitimação.

Curiosamente, a mensagem alterou sua feição ao se direcionar à organização da comunidade. Nessas ocasiões, deixava de ser tão hermética, para se tornar uma conversa entre a Virgem e os devotos; contudo, sem perder a sua característica oracular. Embora as principais figuras deste mito permanecessem presentes em tais circunstâncias, fornecendo à fala seu tom doutrinário, atuavam apenas como pano de fundo de um enunciado cuja finalidade principal era comunicar informações. Sem dúvida, estas informações também ajudavam a esclarecer as figuras, a desvelar os seus enigmas, pois eram indicações práticas para operacionalizá-las no dia-a-dia. Por isto, se afirma: "Primeiro Nossa Senhora fala, depois é que explica o que disse".

A mensagem da comunidade se mantinha, portanto, mais no nível da língua do que no nível do discurso mitológico propriamente dito. Vê-se que, por ser uma linguagem mais direta, ela permitia o seu entendimento literal, o qual era fundamental para essa fase de estruturação, a fase dos primeiros passos, do Grupo da Fraternidade. Ao mesmo tempo, era com esta feição particular que ela conseguia estabelecer a relação de intimidade e um profundo laço maternal entre a Senhora e os participantes da pequena comunidade.

> Vocês estão vivendo uma coisa incrível, uma coisa muito diferente mesmo [...] Então, as mensagens tenham que modificar um pouco [...] Às vezes, eu falo assim: "hoje, não vai estar apertado, Satanás não vai aparecer". Mas, Deus sabe que está apertado, mas não conta a mim para eu não contar a vocês e vocês não ficarem preocupados. Vocês estão entendendo como? Deus sente pena de vocês. Então, ele fica calado para mim. Por que, senão, se ele contar a mim, sabe que vocês sabem. [...] eu falo assim: "hoje, eu acho que não vai estar apertado". Mas, à tarde está. Vocês estão entendendo como? Então, atrapalha um pouco. Então, a gente tem que explicar o que aconteceu naquela tarde. É uma coisa muito confundida, mas que tem que ter calma, tem que ter paciência e tem que ser a serva de Deus. Por que eu mesmo, tem horas que estou bem pertinho de Deus, que sei muitas coisas sobre

Deus, e não entendo. Vou falar a verdade. Vocês todos, se não entenderem alguma coisa, pergunte a mim. Se eu não souber, eu pergunto a Deus. Por que daqui pra frente, meus filhos, é assim: tem coisa que Deus fala pra mim e fica voando, vocês tão entendendo como? Depois que passa uns dois dias, ou então duas horas pra vocês aqui, é que eu descubro o que é aquela coisa. [...] Às vezes, vocês ficam pensando: "as mensagens estão muito maravilhosas!" Não é nem o começo das maravilhas, meus filhos. Vocês vão ver maravilhas é nos tempos, na hora, que nós estivermos quase apreparadinhos, vocês estiverem entendendo alguma coisa. [...] Vocês ouçam estas mensagens, vocês dão uma confusão danada, perguntam a mim, não é mesmo? Vocês esclarecem. Para vocês verem, eu chamo a atenção do Grupo, eu chamo a atenção do povo dá gargalhada... É uma preparação. Não está bem diante dos seus olhos, meus filhos? Pois então, meus filhos, vocês são muito pequenininhos. Mas, vocês entendem as coisas, só que não chegou a hora. Se eu tivesse chegado aqui desde o primeiro dia e só ficado assim: "Oh! Deus é isto, Deus é aquilo!" Mas, primeiro, eu mostrei a bola negra que significa o mundo. Primeiro, eu disse que era mãe de vocês. Segundamente, eu disse que era Nossa Senhora. Depois, eu disse que ia dizer três coisas para as crianças, não é mesmo? Pois então, meus filhos, as coisas de Deus são vagarosas. Se fosse depressa, no segundo dia que eu tivesse aparecido: "é isso, é isso. Sr. Antônio representa isto, Sr. Antônio vai fazer parte de um Grupo." Não, aquele dia, eu sabia... Sr. Antônio ficava doido de verdade. As coisas de Deus são muito devagar, meus filhos. Vocês ainda é porque não conheceu... Acho que agora que vocês vão começar a conhecer. Sabe por quê? Por que vocês, às vezes pensam: "o Reino de Deus vai chegar aqui." Não, às vezes, ele pode chegar pro lado de lá. Às vezes, vocês pensam: "ele vai chegar lá do céu." Não, às vezes, vocês já estão pisando nele. É uma coisa que só depois da gente, numa preparação das verdadeiras mensagens de Deus, é que a gente entende. Vocês estão entendendo como? Antes não precisa tentar de jeito nenhum. O que vocês vão conseguir, até agora, pegar, é isso: que Deus tem que amar a ele de verdade, tem que ser fiel a ele, que precisa acabar com o Dragão. Portanto, vocês já lá vão apreparando para

Deus [...] No princípio, foi uma amostra do que é Deus, do que Deus significa. Depois, passou uns dias, formando o Grupo, nasceu o Grupo. Então, meus filhos, agora nós vamos ficar preparados para o que é Deus. Por que muitas pessoas, meus filhos... Eu estou ouvindo falar, que muitas pessoas pensam que meu filho, Jesus Cristo, é ressuscitado como ele foi para o céu. Olha bem, meus filhos. Se for desse tipo, nós vão ter que ficar aqui é anos apreparando vocês. Por que vocês são muito fracos. Tem apenas nem cinco meses que eu estou vindo aqui, e ainda muitas pessoas ficam querendo ver Jesus como ele foi ressuscitado. [...] Mas, o que eu tenho a dizer pra vocês é isto... Se eu disser, por exemplo: "Rinaldo, você não pode dar uma gargalhada, porque pode acontecer isso e isso com você." E, Rinaldo der, ele está desobedecendo a mim. Então, isso vocês sabem compreender, não sabem, meus filhos? Por exemplo, não deve pegar mentira, mentira é uma coisa que pode dar uma confusão danada. [...] Hoje, vocês vão fazer vigília, não vão? Hoje, vai ter no Grupo só estas pessoas que estão aqui, não é mesmo? Hoje, vai ser uma vigília que vocês ou reúnem um tempo, fazem até uma certa hora... Eu não estou obrigando vocês a fazer vigília. Vocês, meus filhos, o que eu tenho a dizer pra vocês é isso: vocês não conseguem brigar com o sono. [...] (trechos de uma mensagem de fevereiro de 1988, registrada em fita cassete).

A difusão da mensagem

Em fins de dezembro de 1987, a notícia do acontecimento saiu das imediações do município e se propagou por outros lugares. Por conseguinte, católicos de outras cidades e regiões foram fortemente atraídos ao santuário. A partir de então, reunidos em caravanas, começaram a participar das mensagens todos os fins de semanas, conferindo à paisagem um alto grau de sacralidade e criando ali um destacado centro de romaria.

À medida que o tempo transcorria e, conseqüentemente, a notícia mais se espalhava, surgiam fiéis provenientes de estados distantes e pertencentes a distintos grupos sócio-raciais: classe média urbana, favelados, ricos empresários, políticos, jovens, negros etc. Cada vez que apareciam, enchiam o Vale da Imaculada Conceição com carros, movimentos, orações, cânticos e, principalmente, com diversas concepções do catolicismo. A maioria era proveniente da Renovação Carismática, movimento desconhecido entre os camponeses.

De imediato, a aparição foi rejeitada pelos religiosos e animadores que orientavam as CEBs locais, por considerarem-na fruto do misticismo popular e da "ignorância religiosa", incompatível com a visão modernizadora e racionalizadora da fé. Os camponeses decepcionaram-se profundamente, pois, na sua opinião, Nossa Senhora só confirmava o que refletiam nas reuniões por eles promovidas, instaurando ali a verdadeira comunidade de base.

Foram os romeiros, aqueles desconhecidos e que não participavam da "caminhada" local, que os apoiaram. Com a intenção de aproveitarem a viagem e de ouvirem as mensagens de sábado e de domingo, as quais em fins de 1987 ocorriam a qualquer hora, alguns desses peregrinos improvisavam o seu pernoite no santuário. Levavam consigo barracas ou mesmo se alojavam em suas próprias conduções. Levavam também mantimentos, os quais eram doados ao Grupo da Fraternidade para a preparação das refeições coletivas, juntamente com outras doações. Assim, ao ajudar a suprir as necessidades do Grupo da Fraternidade e a manter aquele paraíso, sentiam estar cumprindo com os ensinamentos da Virgem e participando ativamente do plano de Deus para a segunda salvação da humanidade.

Gerou-se, então, uma dependência mútua entre os diversos grupos que constituíam o mundo novo. Na verdade, com a chegada dos romeiros, outras formas de reciprocidade, de se relacionar com o sagrado e de se inserir no fenômeno também despontaram: o Grupo da Fraternização, formado pelos devotos da região que não moram no Vale, mas com bastante freqüência participam de suas atividades, e os próprios romeiros, que são denominados de Grupo de Oração. Embora cada um dos três grupos elabore a aparição a seu modo, eles têm o objetivo comum de lutar pela conversão e salvação, além de estarem intimamente inter-relacionados, fazendo a manifestação acontecer e legitimando-a; tanto que é na intercessão deles que a Virgem de Piedade ganha vida própria.

Por um lado, à comunidade (composta pelas pessoas que residem no santuário, bem como na cidade e nos arredores de Piedade dos Gerais) cabe cuidar da "felicidade"[9] do fenômeno: sustentá-lo no dia-a-dia, oferecer explicações aos visitantes, acolhê-los e propagar a mensagem divina. Por outro lado, são os peregrinos que se encarregam de nutrir a aparição. Afinal, doam não só objetos materiais ao Grupo da Fraternidade, mas novas idéias, valores, interesses e, ainda, notoriedade, uma vez que provêm de diversos lugares e de vários grupos sociais. Enfim, eles fornecem novas interpretações às falas oraculares, dinamizando a manifestação, da mesma maneira que impulsionam ali a modernidade.

Todavia, se os romeiros são tão diferentes entre si, como podem ser atraídos por um único e específico fenômeno? Identificam-se com a comunidade campesina idealizada no santuário? A entrada de outros personagens em cena desencadeou uma série de mudanças no fenômeno; porém, foram estas alterações que os acolheram.

O ritual da mensagem

Sem dúvida, é o ritual que envolve a mensagem que oferece a preparação necessária aos peregrinos para amenizarem suas diferenças e poderem, então, experienciá-la envoltos num espírito de igualdade, o que permite à Senhora falar para todos, como nos primeiros meses. O peregrino deixa seu mundo cotidiano, no qual o sagrado é encontrado parcialmente, para entrar num mundo onde o tempo e o espaço históricos são qualificados e significados pelo tempo e espaço sagrados. Contudo, para os camponeses, este ritual não possui o mesmo valor nem a mesma eficácia. Afinal, enquanto os romeiros precisam atingir um estado especial para ouvir a Virgem, os devotos locais vivem o clima da mensagem como seu cotidiano.

Curiosamente, foi quando os romeiros chegaram que um rito específico para a aparição se fixou. Até então, o fenômeno ocorria sem duração, horário e local determinados. Porém, depois do primeiro semestre de 1988, o fenômeno começou a se dar no alto do morro onde aconteceu a aparição inicial, às 14:00 horas, nos sábados e domingos. Elaborou-se ali o rito atual, coroando o deslocamento já ritualizado dos

9. Por entender ritual como ato de fala (Tambiah, 1985), utilizo o termo "felicidade" no sentido de Austin, 1962. Para este autor, há "felicidade" no ato de fala quando a ação que ele desempenha é levada a bom termo.

romeiros, que deixam seus mundos para irem lentamente ao encontro do sobrenatural. Afinal, mais do que a distância geográfica, a distância deste deslocamento é simbólica (Fernandes, 1982 e Steil, 1996). É nessa difícil caminhada que deixam de ser seres comuns e se tornam personagens do mundo sagrado, aproximando-se cada vez mais de Deus. Por meio do ato ritual, os devotos se afastam da competição e das divisões sociais cotidianas e experimentam o mesmo sentimento de *communitas* do início do fenômeno. Em conseqüência, adquirem uma identidade única: a de peregrinos, que é, para eles, a representação da forma ideal de humanidade por estar permanentemente realizando a transição do profano ao sagrado.

Além disso, os fiéis de Piedade se espelham em Jesus Cristo e procuram reviver a "Via Crucis" no sofrido deslocamento que empreendem, vendo na paisagem a materialização de um texto mítico. É possível revivê-la justamente porque a peregrinação é ritualizada. Pelo cumprimento de cada etapa deste ritual, os devotos gradativamente se vão purificando das incertezas e das ambigüidades terrenas e ascendendo a um outro plano de expressão. Lentamente, vão demarcando um espaço sagrado, tornando locais e objetos mais próximos de Deus, assim como eles mesmos vão-se aproximando à medida que avançam no domínio do transcendente. Só após essa importante preparação, os homens, então, estão prontos para participar, compreender e se beneficiar do momento de máxima união com o sagrado, que é ouvir a mensagem divina.

Ao chegarem no pé da árvore onde se deu a primeira aparição, os devotos se reúnem, louvam e entregam flores e objetos aos videntes para que os ofertem à Senhora. De repente, em cima de um singelo palanque de madeira, os visionários caem de joelhos e olham fixamente para algum ponto do ambiente, indicando o início da visão sobrenatural sempre com as seguintes frases: "[um brilho] Vai ficando mais forte, mais forte, fortíssimo, mais forte... A sombra de Nossa Senhora! Apareceu!!!"

Desde de junho de 1988, os cinco videntes começaram a entrar numa espécie de transe sempre que vislumbravam a Virgem. Quer dizer, eles não mais respondiam a estímulos externos e perdiam totalmente a consciência nesses momentos, de modo semelhante aos videntes de Medjugorje, na antiga Iugoslávia. Porém, com a peculiaridade de que em Piedade, a vidente Marilda passou a transmitir a mensagem durante o ato da visão e em primeira pessoa, como se fosse a própria Maria falando, enquanto os demais visionários apenas a viam e a escutavam.

Depois que o Grupo da Fraternidade se organizou e os videntes deixaram de manter contato com os devotos no instante da aparição, a mensagem abandonou as características iniciais. Tornou-se uma fala inteira e ordenada, cujo caráter passou a ser formal e o conteúdo, desenvolvido de maneira articulada e rica em informação. Na verdade, dispôs-se numa longa estrutura discursiva, como um sermão, com princípio, meio e fim bastante nítidos; mesmo quando dirigida exclusivamente à comunidade do santuário.

Atualmente, as mensagens iniciam-se, sempre, com a saudação da Virgem aos presentes, dizendo-se a Imaculada Conceição e explicitando sua felicidade em estar ali. Depois, um tema específico é esmiuçado. Isto é, uma figura é colocada em destaque e definida, o que, fatalmente, leva-a a expor as demais figuras, uma vez que todas estão intimamente interligadas e se explicam mutuamente, embora estas apareçam num segundo plano, ajudando a elaborar aquela figura escolhida como central na ocasião.

No entanto, ao atribuir significados às figuras, Nossa Senhora não o faz com conteúdos advindos da situação local, do modo como eram conceitualizadas as figuras da mensagem, quando voltada para a formação do mundo novo em Piedade. Agora, apesar de muito mais retórica, a palavra divina assemelha-se à do seu início, quando se apresentava como fala de alcance universal, dirigida à humanidade, o que se adequa ao caráter heterogêneo do público na fase atual. De fato, as suas figuras voltam a ser preenchidas por noções abstratas e genéricas do catolicismo (amor ao próximo, fraternidade, igualdade, união), além de serem formadas por outras figuras e símbolos universais (a mãe, o pai e o ser humano, os dogmas marianos), sem nenhuma especificação concreta. Os dogmas e as crenças marianas tradicionais (como a imaculada concepção, a serva de Deus e a medianeira) passam a ser mais disseminados, dentro de um tom sofredor; não por exploração ou opressão social, mas por incompreensão da humanidade. Trata-se agora de uma Virgem às vezes moralista, que constantemente chora em suas aparições e que acalenta os fiéis cujo sofrimento advém dos corações.

Conseqüentemente, as figuras colocam-se de novo como significantes vazios, prontos para serem preenchidos com conteúdos históricos, ligados ao contexto social e ao tipo de catolicismo de cada grupo de romeiros que ouve a mensagem. É esvaziando-se que o discurso oracular recupera a capacidade das mensagens iniciais de promover a *communitas* ao ser enunciado, reforçando o espírito de igualdade que se havia estabelecido entre os diferentes peregrinos no deslocamento rumo à árvore onde ocorre a manifestação. Isso responde à grande variedade do público congregado.

Nessa parte do discurso, dedicada à definição da figura, Maria dá a bênção ao público e este lhe faz perguntas mentalmente, com as mãos elevadas em posição de recebimento e em meio ao cântico: "Dai-nos a bênção, mãe de bondade, Nossa Senhora de Piedade". As respostas às indagações pessoais se encontram, de forma enigmática, na própria mensagem. Para conhecê-las, basta cada devoto decifrá-las de acordo com a sua história individual. Por fim, a poderosa Virgem – que consegue falar simultaneamente a todos e ao indivíduo, ao planeta e à localidade – retoma o assunto principal, sintetizando-o em breves palavras, e se despede com grande pesar de ir embora.

Outra alteração importante no discurso oracular, que também contribuiu para a sua generalização, foi o retorno de Maria ao lugar de fala dos três primeiros meses: a transformação do mundo. Como já indicado, ao contrário das aparições européias, a Virgem vem a Piedade anunciar o advento do mundo novo, não a sua destruição. Esta é a sua tópica. Contudo, dentro deste tema há subtemas, os quais direcionam ainda mais a apreensão da mensagem. No começo, o objetivo da Senhora era conclamar os camponeses à conversão e à modificação do universo local; no segundo período, era orientar a estruturação do Reino de Deus ali; agora, ela retoma a subtópica inicial ao voltar a enfocar a necessidade de se transformar o mundo, não somente a região, e sim a Terra. Logo, Maria dirige-se à conversão da humanidade e, neste sentido, suas palavras devem ser apreendidas hoje.

Para a melhor compreensão das singularidades da mensagem nos três momentos do fenômeno, eis um exemplo comparativo entre eles: Em 03 de outubro de 1987, poucos dias após a primeira aparição da Virgem (19/09/87), a mensagem trouxe à tona a figura *reparação*, apenas nomeando-a: "Só o povo com suas orações pode salvar o mundo." Já em fevereiro de 1988, quando Maria conversava com o Grupo da Fraternidade, reaparece a mesma figura com mais detalhes e definições, composta por significados provenientes da situação local. Aqui, a Virgem ainda escrevia no ar com uma varinha:

> [...] tem que amar a Deus de verdade, tem que rezar por aquelas pessoas que não se converteram e não me aceitam aqui. Por isso, eu lhes peço, meus filhos, vocês, que já se converteram, ajudem a elas, rezem por elas, porque elas estão com orgulho, só querem a riqueza... Mas, não a riqueza de Deus. Nas orações, peçam por elas. Elas não sabem o que fazem e estão passando por uma dificuldade imensa. Outro dia, vocês me perguntaram se essas pessoas, esses fazendeiros, têm jeito. Têm jeito sim, basta vocês rezarem e todo o mundo vai ter jeito [...] (trecho de uma mensagem de fevereiro de 1988, registrada em fita cassete)

Novamente, no domingo, 01 de maio de 1988, a fala oracular apresenta a figura *reparação* aos peregrinos. Agora, Maria, já falando pela boca de Marilda, faz uma prédica, sem, contudo, referir-se aos dilemas locais:

VIDENTES: "Está ficando forte, mais forte, está muito forte, fortíssimo, mais forte... A sombra de Nossa Senhora. Lá vai ficando mais forte, mais forte... Apareceu!!!"

MARIA: "Meus filhos, mais uma vez, venho até vocês e estou muito feliz de estar aqui e ver tantos filhos que me amam. Mais uma vez, muito obrigado, de coração. De sua mãe que lhes ama muito, Maria, a mãe de Jesus. Meus filhos, eu tenho a dizer a todos vocês é isto: para vocês rezarem, rezarem de verdade, que será muito importante. Eu peço a vocês para sempre lembrarem que o mundo corre perigo. Mas, que todos vocês estão salvos. Meus filhos, Deus é amor, o amor que ele vai dar a todos vocês. Vocês são filhos de Deus, Deus é o pai. Vocês são a verdadeira família. Então, o que eu peço a vocês é isto: que eu estou falando as palavras de Deus para vocês, porque Deus manda. Agora, aquelas pessoas que não quiserem seguir as palavras de Deus, elas também serão salvas, porque o amor de Deus é muito grande e vocês devem orar, pedir, por todos. Mas, antes também, essas pessoas vão passar por coisas, coisas muito difíceis.

Por que Deus está dando forças. Deus está dando as graças. Deus está dando o seu amor, está dando o seu carinho. E, poucos estão preocupados. Mas, felizes daqueles que estão seguindo... Vocês são filhos de Deus. Vocês devem sempre lembrar que quem deu a vida a vocês foi Deus. Se Deus fosse castigar vocês, os primeiros que haviam pecado, Deus tiraria eles do mundo. Mas, ele nos deu seu filho único. Pensem bem agora. Então peço a vocês para orarem, para irem à missa, e sempre lembrarem que eu estou falando as palavras de Deus, porque Deus manda. Eu estou avisando, meus filhos! Estou preparando vocês. Jesus voltará, meus filhos, porque o mundo precisa. Está havendo mais desunião do que união. Vocês estão achando que são mais do que os outros. Os sete pecados capitais. Às vezes, acontecendo coisas... Matam a si mesmos. Matam a sua família. Então, meus filhos, eu estou falando a palavra de Deus. Estou alertando vocês, porque eu sou a mãe de vocês. Eu lhes amo muito. Quero enxergar só vocês na paz. Mas, meus filhos, eu peço a vocês para orarem. Muitas pessoas estão correndo da oração. Peço para orarem com a vida. Orar com a vida, meus filhos, é para Deus, orar devagar, refletir as palavras. Sempre lembrar: a oração é muito importante... Por que não adianta, não, meus filhos, vocês orarem depressa. Vocês estarem orando, mas pensando em outra coisa. Durante a oração, só pensar em Deus. Pedir perdão a Deus. Sempre lembrar que o mundo corre perigo. É tempo de pedir perdão. Todos vocês vão ser salvos, mas muitas pessoas estão na escuridão do pecado. Só lutando, só rezando por elas. Mas, Deus e as orações de vocês tocam no coração delas. Elas estão negando ao Pai. Estão achando o caminho errado, melhor. Mas, na hora que Jesus voltar, todos vão querer consertar. Eu estou alertando, para vocês não passarem por dificuldades. Quero que vocês sejam unidos, humildes, porque Deus tem toda humildade. Vocês são filhos de Deus. Vocês são semelhantes a Deus. Eu estou lutando, meus filhos. Deus também. O mundo está muito modificado: pessoas estão largando a Deus para irem para caminhos errados. Estão preocupando só por si, não com os outros irmãos. Peço para orarem com a vida, meus filhos. Muitos rezam. Outros não rezam. Por isto, eu lhes peço, meus filhos: ainda há tempo! Rezem! Peço para vocês entenderem que do jeito que o mundo está, só Deus. Deus está lutando por vocês, porque quem corre perigo são vocês. São os filhos de Deus, porque vocês são perseguidos. A luta, meus filhos, é aqui, na Terra. Ali, naquela casa, está formado um grupo, um grupo para união. Que todos fiquem unidos na oração. Então, por isto, Deus formou aquele grupo, o Grupo da Fraternidade. Eu peço a vocês, para vocês sempre lembrarem que todos unidos são fortes; desunidos são muito fracos. Eu peço a vocês e para aqueles que estão no Grupo... Peço a vocês para orarem com a vida. Meus filhos, Deus faz o impossível. Então, meus filhos, eu quero que vocês confiem em Deus, segurem na mão de Deus e ela os sustentará. Lembrem-se: poucos seguem a Deus, mas felizes daqueles que cumprem com suas obrigações e rezam pela humanidade. Agora, vou dar uma benção muito especial."

VIDENTES: "Começou [a benção]."

MARIA: "Mais uma vez, eu lhes agradeço. Peço a vocês para sempre lembrarem: não adianta fugir da oração. Ela ajudará a salvar o mundo. Todos unidos na oração será muito fácil. Aonde está a união, está Jesus, aonde está Jesus, está a mim. Guardem sempre estas palavras. Lembrem-se sempre: vocês são os servos do Senhor, vocês merecem tudo. Todos vocês são as mais belas e radiantes flores, por isto, orem por todos os irmãos. Eu deixo, dentro do coração de vocês, uma grande flor, uma flor que faz um ninho, uma flor que só pede perdão, uma flor que lembra toda a humanidade, que é a flor que é o coração da Imaculada Conceição. Peço para vocês orarem com a vida e digo a todos vocês que mais vale uma 'ave-maria' e um 'pai-nosso' rezados com a vida do que um rosário sem prestar a atenção no que está rezando. Digo também que vocês são as mais belas flores. Meus filhos, gostaria de ficar aqui com vocês, mas não posso, o Senhor me chama. Agora, tenho que ir. Eis aqui a sua serva, Senhor."

VIDENTES: "Ela lá vai sumindo. Bênção, mãezinha. Sumiu". (mensagem de 01/05/1988, registrada em fita cassete)

Acompanhando as transformações sofridas pela figura *reparação*, vê-se que, ao se dispor numa estrutura (com princípio, meio e fim), ao se tornar muito mais retórica e voltar a dirigir-se à humanidade, cada mensagem começou a apresentar-se como uma totalidade compreensível, de modo que os romeiros participam apenas de uma ou duas aparições e afirmam entender a Virgem. É claro que os peregrinos vivem uma preparação anterior ao momento da aparição, o que lhes facilita e lhes direciona a compreensão. Além disso, é possível imprimir as mensagens isoladamente em folhetos e gravá-las em fitas cassetes.

Vê-se que, nas duas primeiras fases do fenômeno, quando ele ainda se solidificava, foi necessário que as mensagens se dispusessem numa ordem temporal para que fizessem sentido aos devotos, levando-os então a implodir o mundo antigo e a criar o mundo novo em Piedade dos Gerais. Na verdade, já que cada aparição inicial reduzia-se à mera nomeação de uma ou duas de suas principais figuras, eram as próprias figuras que estavam sendo ordenadas à medida que iam surgindo. Contudo, depois de implantada uma nova história na tradição milenar da simbólica mariana, após as figuras deixarem de ser somente nomeadas e cada mensagem receber uma ordem interna ao se fixar numa estrutura discursiva, as falas oraculares se soltaram. Quer dizer, elas puderam ser apreendidas fora de um ordenamento no tempo e, por conseguinte, circular livremente e individualmente.

É em fenômenos de longa duração, nas aparições marianas mais recentes, como a de Medjugorje, que a mensagem vem assumindo esse traço massificador, pois é necessário que haja tempo suficiente para se estabelecer inicialmente uma história e, então, uma única fala oracular tornar-se reveladora da Virgem que ali surge. Na breve manifestação ocorrida em Fátima, que se restringe a apenas seis consecutivas manifestações, as mensagens dependem uma da outra, inviabilizando a compreensão da Senhora de Fátima e de seus dizeres, caso sejam separadas, por isso são sempre divulgadas em grupo, numa mesma história.

Em 13 de maio de 1988 (dia da aparição em Fátima), o fenômeno de Piedade reafirmou ainda mais a semelhança de seus moldes aos de Medjugorje, surpreendendo a todos com a manifestação de Maria fora de suas imediações, exatamente no interior de uma igreja, a de São Sebastião do Barro Preto, em Belo Horizonte. Convidadas pelo sacerdote desta paróquia para coroar a imagem de Nossa

Senhora,[10] as três meninas videntes subiram ao altar. De repente, ali, entraram em "transe" e pronunciaram uma mensagem. Este episódio deu início à peregrinação da própria Senhora por várias cidades brasileiras, assim como acontece com a Rainha da Paz, que aparece aos videntes iugoslavos onde estiverem.

Caminhadas Carismáticas?

Após ter assumido a referida feição, a Virgem começou a pregar a sua palavra de felicidade e esperança não apenas por intermédio dos romeiros ou da divulgação de suas mensagens em folhetos e gravações. Ela mesma, acompanhada por membros dos Grupos da Fraternidade, da Fraternização e da Oração saiu pelo mundo afora, manifestando-se em qualquer lugar em que for chamada e que Deus permitir. Na verdade, ela tem ido às localidades dos romeiros, pois estes é que organizam suas visitas fora dos arredores de Piedade e as subsidiam, conferindo-lhe a aura dos carismáticos.

Foi por meio dos romeiros e dessas aparições aos mesmos videntes em viagens, que a mensagem passou a circular livremente por vários grupos sociais, regiões do país e no exterior. Denominei essa nova fase da manifestação de seu terceiro momento, o qual se instaurou no segundo semestre de 1988, depois da estruturação do Grupo da Fraternidade, e, de certo modo, permanece até hoje.[11] Tais viagens, consideradas de evangelização, receberam a denominação de caminhadas, diluindo do termo pertencente ao universo das CEBs sua dimensão histórica e transformadora da sociedade.

Sem dúvida, essa desterritorialização dos fenômenos marianos recentes está diretamente ligada ao formato que, neles, a mensagem vem adquirindo. Afinal, como

---

10. A coroação da imagem de Nossa Senhora é um ritual muito comum em Minas Gerais, que ocorre durante todo o mês de maio, o mês dedicado aos cultos marianos. Em linhas gerais, este ritual consiste num cortejo de meninas vestidas de anjos, dispostas em fila, onde as primeiras levam a coroa, o véu e a palma para serem colocados na imagem, a qual se encontra no alto de um palanque, armado no altar de uma igreja.

11. ALMEIDA, Tânia Mara C. *A gestação de um mito: a aparição da Virgem Maria em Piedade dos Gerais*. Dissertação de Mestrado. Brasília: UnB, PPGAS, 1994.

cada fala oracular tem-se tornado uma totalidade em si, Maria pode manifestar-se uma única vez num local e ser compreendida pelos fiéis presentes. Logo, o que chamei de terceiro momento do fenômeno, na verdade, representa mais que um simples desdobramento de sua história; significa o desenvolvimento de um processo desencadeado nas aparições em geral.

Mas, qual é o mundo novo que hoje se desenraiza de Piedade dos Gerais, espalhando-se pelos diferentes locais por onde a Virgem o anuncia? Qual é o paraíso vivido pelos romeiros no Vale da Imaculada Conceição e tão mencionado na mensagem direcionada a eles? Por que é tão desejado por todos que se estenda a um universo maior? É ainda a comunidade campesina idealizada? As transformações ocorridas no Reino de Deus com o advento dos romeiros ao santuário e a apropriação das novas falas oraculares foram questões pouco exploradas anteriormente, sendo agora desenvolvidas nos dois próximos capítulos da presente tese.

Por enquanto, é suficiente afirmar as constatações do estudo anterior. Isto é, a adesão massiva de romeiros, particularmente dos carismáticos, em busca de uma relação clientelista com a Virgem e em meio a grande valorização da emoção e da subjetividade, impediu a perpetuação de seu tom revolucionário, potencializando-o enquanto uma utopia moderada e individualizada. Haja vista que os fazendeiros e os comerciantes locais se reaproximaram do fenômeno e dele muito se beneficiaram economicamente com a chegada das romarias.

Assim, ao núcleo originalmente gerado por motivações do catolicismo tradicional, sintetizado e viabilizado mediante as influências do pensamento libertador, foi agregada a Renovação Carismática, uma perspectiva de privatização religiosa independente das implicações sociais ou morais. Diferente dos dois tipos de religiosidade anteriores, sua ética e visão de mundo não ultrapassam as biografias individuais, sendo, portanto, considerada conformista em relação à ordem. Contudo, como mostro adiante, a presença desses devotos na aparição não foi suficiente para retirar dela todos as estruturas e os dilemas do mundo camponês, nem caducar o projeto social ali gestado.

Em suma, fazendo eco aos trechos bíblicos referentes ao poder divino de erguer universos que a palavra em si adquire, após Deus e o homem a terem possuído no Gênesis, Nossa Senhora de Piedade, que é pura palavra, tomou vida própria e saiu pregando o Reino de Deus por diversos lugares. No entanto, ao tomar vida própria, ela também foi capaz de recriar o mundo novo ali fundado, perpetuando-o em novas circunstâncias. Assim, vê-se que o fenômeno, com outros termos, volta novamente ao seu começo, ao princípio do princípio, onde Deus era o Verbo e dele surgiu o cosmo, com todas as suas variedades.

CAPÍTULO 4

As Vozes da Mãe do Silêncio em Piedade dos Gerais

A Virgem começou a falar no dia 19 de setembro de 1987 em Piedade dos Gerais, e não mais parou em treze anos ininterruptos. A última mensagem que presenciei ocorreu em 17 de dezembro de 2000 e tenho notícias de que a Senhora continua pregando normalmente. Mas, como tenho mostrado, durante todo esse tempo, ela não vem expressando-se apenas nas suas mensagens, mas vem falando e sendo falada através de vários devotos.

Na minha pesquisa inicial ocupei-me da mensagem em si de Nossa Senhora, a fala que sai diretamente da boca dos videntes, resumindo os primeiros resultados em parte do capítulo anterior. De algum modo, apesar de reconhecer a pluralidade discursiva do fenômeno, ressaltei exatamente a sua estrutura mítica, fonte unificadora da sua enorme plasticidade. Sem dúvida, esta perspectiva possibilitou-me ver a aparição como um momento de grande densidade simbólica, capaz de condensar significados e valores, antigos e atuais, da mesma tradição. Além disso, revelou-me uma Nossa Senhora vista localmente como um ator social, cuja presença no mundo tem impacto sobre os devotos, desencadeando ações que modificam suas vidas particulares e o contexto circundante.

Agora procuro por suas múltiplas vozes, aquelas que vêm ecoando para além dos limites do Vale da Imaculada Conceição pela boca dos múltiplos atores sociais que por ali passam. Procuro, na verdade, pelas identificações individuais e grupais em relação ao mesmo símbolo dominante, aquele que se vem esfacelando ao longo da tradição católica em inúmeras representações marianas e, em Piedade dos Gerais, se subdivide sob o manto de uma única Nossa Senhora. Empenho-me em apreender as associações díspares e até paradoxais de um poderoso símbolo religioso. Afinal, é no confronto entre a multiplicidade de falas distintas sobre ele que se materializa o acontecimento. Este não existe por si só, existe na proliferação de fragmentos discursivos, onde cada um é, simultaneamente, real e incompleto. Por serem interpretações dadas por atores diferentemente posicionados, nenhum deles recupera o evento concreto e na sua totalidade, mas o legitimam enquanto tal, preenchendo-o de sentido e tornando-o verdadeiro, de acordo com interesses, valores e noções particulares. Aqui, não há uma oposição entre texto e fato, na qual o primeiro seria concebido como mera representação do segundo. Ao contrário, as diversas leituras se encontram em contigüidade com a aparição propriamente dita, porque é nelas que esta se inscreve e ganha mundo. Há, entre tais termos, uma relação de imbricação, em que um compõe o outro.[1]

Neste capítulo, portanto, discuto as falas mais coladas ao fenômeno em si, aquelas que o trazem em primeiro plano, direcionando o olhar inicial dos receptores. Refiro-me aqui a dois discursos completamente diferentes, porém os mais próximos a Maria, numa sucessão de vozes encadeadas. Por um lado, aponto o meu próprio discurso, o qual conforma, limita, recorta e analisa a aparição, oferecendo-a nestas páginas ao leitor desde uma determinada perspectiva e transformando-me em sua co-autora. Trata-se de um discurso acadêmico e, também, ideológico.

Por outro lado, aponto o discurso dos videntes através de sua primordial mediação entre a Virgem e os homens. Por serem os instrumentos para a concretização da mensagem, é apenas por meio de suas vozes, suas expressões e suas vidas que a aparição se torna possível. Logo, na segunda parte, analiso sociologicamente os videntes, mostro quem são, suas trajetórias ao longo desses anos e seus posicionamentos ante o fenômeno.

1. Este tipo de fato foi analisado por Taussig (1987) ao se deparar com relatos, denominados de contraditórios, a respeito das mesmas manifestações marianas na Colômbia. Nestes casos, ele mostra que não há verdade a ser revelada, e sim, verdades, já que o fato se encontra onde as histórias se cruzam. Importante, aqui, é a discussão de um novo sentido de verdade, o qual não mais se refere ao que efetivamente aconteceu.

A Voz da Antropologia

"[...] tem gente que acha que a ciência dos homens dá conta de tudo, mas tem coisa que é só Deus." Fala de Nossa Senhora no primeiro dia de trabalho de campo (março de 1992).

A Evangelista

Em junho de 1992, ao final dos quatro meses de convívio com a comunidade do Vale da Imaculada Conceição, percebi a importância de me hospedar dentro da casa de quatro das principais crianças videntes para conhecer Nossa Senhora. Por várias vezes, ao perguntar-lhes sobre sua aparência física, responderam, além da identificação de outros traços característicos, que ela se parecia com uma mãe, que olhava todos com o mais puro olhar de mãe. Intrigada, fiquei algum tempo tentando elaborar uma imagem iconográfica compatível com estas respostas, até concluir o que, na verdade, era óbvio: a referência materna direta que possuíam para comparar o que viam nas aparições era a figura da própria mãe. Por conseguinte, poderia encontrar pistas para minhas indagações observando bem de perto o relacionamento cotidiano entre as crianças e sua mãe terrena, Maria José, ou melhor, Dona Tilica, por apelido.

Procurei o pai deles, Sr. Antônio, explicando-lhe que gostaria, antes do encerramento daquele meu período de pesquisa de campo, de mudar-me para sua casa a fim de acompanhá-los no dia-a-dia. De início, a necessidade de minha mudança não foi entendida, a qual me faria deixar um cômodo confortável, com banheiro privativo, uma pequena área de serviço, luz elétrica e, ainda, situado no centro da comunidade. Um tanto encabulado com minha solicitação, ele supunha que eu não ficaria bem acomodada em sua casa, pois era humilde, cheia de gente, com apenas um banheiro do lado de fora, sem forro no teto nem eletricidade permanente, bem como distante das demais casas. Insisti e ele, bastante reticente, pediu-me um prazo para pensar e também conversar com a esposa.

Poucos dias depois, dentro da sua cozinha e na presença de outras pessoas, o Sr. Antônio terminou o café que tomava, chamou-me e disse em voz alta que, finalmente, havia compreendido quem eu era e porque precisava estar junto deles na lida com o gado, nas plantações, nas prosas, nas refeições, enfim, nas atividades corriqueiras e na intimidade da família. Com um ar de muita satisfação por estar decifrando mais um estranho enigma da aparição em suas terras, deu-me permissão para que trouxesse minha bagagem, sendo que já haviam separado um quarto para me instalar. Sempre em busca da anuência nas expressões faciais de Dona Tilica, ele se virava a cada grupo de frases para o fogão à lenha, de onde ela habitualmente observava as cenas ali protagonizadas pelo marido.

– "Tânia, tive refletindo esses dias e descobri qual é a sua missão aqui, entre nós".

– "Como?!" – respondi, surpresa com a palavra missão, por sua conotação religiosa. Com ingenuidade, esperava que, após tanto tempo afirmando minha neutralidade científica por diversas maneiras, já tivesse marcado minha diferença e soubessem que pesquisava aquele fenômeno religioso em sua dimensão sócio-cultural.

– "Você é a nossa evangelista! Isto mesmo, você é Tânia, a evangelista!" – declarou em meio a risos, como se tivessem conversado sobre isso antes.

– "Como?!" – gaguejei, ainda mais surpresa.

E ele continuou:

– "Do mesmo modo que os evangelistas não viveram exatamente com Jesus, mas contaram tudo o que ele passou e ensinou na Terra, você não vai morar sempre com a gente, mas vai contar a nossa história pro mundo. Vai levar as mensagens que Nossa Senhora vem trazer aqui e as coisas das nossas vidas para outros lugares e para o conhecimento de outras pessoas".

- "É, é verdade... Quero contar a história de vocês em outros lugares e da maneira mais fiel possível ao que aqui tenho ouvido e presenciado" – comentei, agora, completamente perplexa com a bela e acertada explicação, em seus próprios termos, que havia encontrado para a minha participação como antropóloga em seu mundo.

Saí dali para arrumar minha mudança, envolvida por essas palavras. Curioso como aquele homem, de fato, entendera a especificidade da minha permanência entre eles, o que não é comum na prática antropológica. Sabia que não me voltava apenas para o extraordinário do fenômeno da aparição, conforme a maioria dos romeiros que no Vale chegava, mas também para os acontecimentos banais que os envolviam. A partir dessa compreensão, percebi que um lugar para mim havia sido encontrado, no qual depositavam a confiança em registrar e narrar suas experiências com o transcendente fora dali. Além de lisonjeada, senti-me com uma grande responsabilidade nas mãos.

Surpreendentemente, foi este o lugar que me deram em algumas situações, apoiando-se em mim para entender a si próprios e, até mesmo, beneficiando-se da minha presença no seu meio. Por exemplo, solicitaram que eu respondesse à Revista Manchete a respeito da matéria divulgada em 28/03/92, em que uma série de termos pejorativos descreviam o fenômeno, pois não se achavam capazes de redigir uma carta numa linguagem apropriada à imprensa. Comentavam a respeito de um certo distanciamento, no qual procurava sempre me manter, em crises do grupo. Apresentavam-me como pesquisadora da aparição aos romeiros ou ao público das caminhadas, procurando, no meu interesse científico pelo fenômeno, legitimá-lo como verdadeiro e importante para a humanidade. Por fim, na última vez em que lá estive, em dezembro de 2000, rememoraram uma série de passagens da aparição, tendo melhor compreensão de sua história, a partir de minhas indagações.

Em muitos desses momentos, tive dúvidas a respeito dos procedimentos que deveria adotar diante de suas expectativas e demandas. O que seria ético no ofício do etnógrafo? Qual era o meu limite de participação nesse fenômeno? Aquilo que representava para eles o fato de eu ser a "evangelista", era também o mesmo para mim? Como meus pares receberiam essa "missão"? Embora houvessem encontrado uma categoria nativa para designar o meu lugar junto deles, a qual se identifica com a vocação da Antropologia, da forma que a entendo, havia uma tensão quanto a isso. No decorrer dos anos, tal tensão vem sendo elaborada, transformando-se numa reflexão sobre o meu papel na aparição e, conseqüentemente, sobre a representação na disciplina – inquietações que aqui tenho a oportunidade de expor.

Recebi, portanto, a missão de ser a "evangelista", a relatora, a narradora – consciente, contudo, de que não reduziria meu trabalho a tal. Aceitei, na verdade, a responsabilidade de tornar inteligíveis os comportamentos observados em campo, e, sobretudo, revelar o fecundo imaginário que estava presente naquelas práticas e crenças relativas ao sagrado. Assim, não apenas por uma opção particular, venho procurando inscrever o discurso da Virgem de Piedade e os discursos dos diversos agentes envolvidos num texto etnográfico que introduza o leitor naquele mundo.[2]

A Voz do Silenciado

No fundo, assumi a incumbência a mim confiada, tentando manter o compromisso de não desmitificar a manifestação da Virgem de Piedade, por entender que o papel do antropólogo que estuda religião é tornar compreensíveis os fenômenos sem, contudo, desmitificá-los ou desvalorizá-los em sua capacidade de mobilizar os seus adeptos e dar um sentido pleno a sua vida. Empenho-me desde o início da minha pesquisa em não ceder a interpretações excessivamente sociologizantes sobre o acontecimento e, ainda, em dar voz àquela Nossa Senhora que ali fala, no esforço diário por ser ouvida. Entretanto, tentarei fundamentar esse meu papel de "evangelista" enquanto proposta acadêmica, lançando mão de um dos textos seminais da teoria pós-colonial.

Por trás da atual crítica aos esquemas hegemônicos de interpretação e aos tradicionais relatos etnográficos, está em discussão a clássica questão da representação, que foi incorporada nas ciências sociais por meio da filosofia racionalista do século XVIII. Inicialmente, nos estudos sobre religião, sua marca foi deixada na busca por explicações científicas, de cunho psicológico ou sociológico, para se entender a religião. Por conseguinte, o mundo foi reduzido a um sistema de variáveis

2. Nesse intento, venho-me apoiando no artigo em que Rita Laura Segato (1991) propõe uma nova abordagem antropológica para fenômenos religiosos, como mostrarei mais tarde. Também, encontrei um exemplo inspirador para os meus propósitos no texto de Rubem César Fernandes (1990), no qual os acontecimentos, as nuances e a trama da biografia de um romeiro vão sendo narrados de tal forma que o leitor lentamente acede ao seu complexo e fantástico universo religioso.

racionais, excluindo do interesse científico o lado irracional, o não controlável ou ininteligível da sociedade: arte, religião e desejo (Ortiz, 1986).

Simultaneamente, o olhar do primitivo sobre si mesmo foi considerado incapaz da reflexão e do descolamento da realidade imediata, ao passo que o olhar do pesquisador europeu foi visto, por ele mesmo, como racional e com possibilidades de abstração ilimitada. Logo, o Ocidente se outorgou ser a única cultura apta a abrir-se para a compreensão do Outro; na verdade, dentro de um movimento de auto-desdobramento, continuou assim com seu projeto histórico de ocidentalização de todo o mundo dentro de uma forte estrutura de poder colonial e pós-colonial.

Émile Durkheim, em *As formas elementares da vida religiosa*, de 1912, estabelece esse horizonte interpretativo como um pilar da emergente sociologia ao explicar a religião por sua função social. Haveria nela uma base objetiva, a qual seria a própria sociedade: os homens, sem consciência, adorariam nos deuses os símbolos das suas coletividades até tornarem-se capazes de secularizar por completo as religiões, conforme indicava a experiência européia de modernização e que se propôs enquanto teoria universalizante. Se daí deriva a inexistência de um deus transcendente, a religião encontra lugar em qualquer sociedade, sendo um produto ou reflexo do social. Ao mesmo tempo, toda experiência religiosa passa a ser vista como um fato social específico de uma dada religião.

Anos mais tarde, mantendo viva essa tradição interpretativa também no meio antropológico, Edward Evans-Pritchard (1978) sustenta que a bruxaria entre os Azande só pode ser por nós entendida se considerarmos a sua função restauradora do equilíbrio entre os grupos que compõem aquela sociedade e, ainda, a sua transformação num idioma simbólico de explicação dos infortúnios e das tensões que ameaçam as relações sociais. Em suma, o autor quer dizer que bruxaria *stricto sensu* não existe, mas faz completo sentido como construção social.

Tal idéia tornou-se corriqueira nas ciências sociais em geral, por exemplo: para Berger e Luckmann (1974:34), os homens "impõem uma ordem significativa à realidade. Essa ordem pressupõe, no entanto, o empreendimento social de ordenar a construção do mundo"; e, para Pierre Bourdieu (1987:33), a religião realiza a "alquimia ideológica pela qual se opera a transfiguração das relações sociais em relações sobrenaturais, inscritas na natureza das coisas e, portanto, justificadas". Tal idéia tornou-se corriqueira também na teologia moderna, que foi dominada pela razão secular, trazendo-a como único critério legítimo de conhecimento. Assim, "as mediações sócio-analíticas limitaram o discurso teológico a se pronunciar sobre um mundo desencantado, dentro das regras e estruturas epistemológicas das ciências positivas" (Steil, 1995: 548).

Segundo Rubem César Fernandes (1986), aceitar a religião como construção social significa, antes, que as sociedades são vistas como: (i) "auto-referidas", uma vez que a simbolização do mundo estaria condicionada aos vínculos das relações entre os homens; e (ii) "auto-reguladas", por conterem dentro delas mesmas os princípios de sua ordenação, seja na continuidade ou na mudança. Desta forma, é possível interpretar a referência ao sobrenatural porque se está, no fundo, falando simbolicamente de si, de relações internas à sociedade.

Além disso, ver o sagrado como uma realidade produzida para se entender e se explicar o social traz ainda outras implicações, entre elas, a noção de que a religião é um sistema em equilíbrio. Em alguns casos enfatiza-se a estabilidade do campo simbólico e, em outros, a estabilidade do próprio símbolo. Ou seja, um sistema religioso é aquele formado por símbolos fixos e estáveis, os quais constituem a famosa "teia de significados" geertiziana, capaz de viabilizar o desvendamento de seus princípios articuladores. Assim, pressupõe-se uma unidade de apreensão de um conjunto de símbolos religiosos por parte de uma comunidade que, de alguma forma, também se veria homogênea: "não só uma unidade de apreensão, mas de uma apreensão conjunta dessa unidade" (Carvalho, J.J. 2001: 37).

Desse modo, não há qualquer espaço para se considerar a ambigüidade, a fissura, o conflito ou a existência de uma teia de símbolos mutáveis e inconstantes, uma vez que a religião seria justamente um instrumento ordenador do caos humano.[3] Também, não há espaço para se perceber um conjunto de símbolos relacionado a

3. Conforme Eliade (1962), o domínio do sagrado é poderoso e constitui uma realidade distinta. O sagrado tem o sentido de separação e definição. A santidade, escreve Douglas (1976), exige que coisas diferentes sejam inconfundíveis, distinguindo-as. Junto à idéia do sagrado como totalidade e ordem, os autores relacionam a consagração do mundo, o momento em que o território desconhecido, desocupado e caótico, é dotado de significado e é transformado simbolicamente em Cosmos, mediante a repetição ritual da Cosmogonia.

conjuntos diferenciados de pessoas. Contudo, as críticas a essas noções iluministas começaram a surgir no bojo da revisão filosófica e política sobre a narrativa ocidental, impulsionada pela visibilidade de outras culturas engajadas em lutas anti-imperialistas e pós-coloniais, bem como pelo deslocamento da episteme hegemônica.

No que se refere aos estudos antropológicos sobre religião, a prática etnográfica tem contribuído para essa mudança de abordagem, muitas vezes abalando fortes pilares da tradição epistemológica ocidental.[4] Ao se depararem, em seus trabalhos de campo, com questões indecifráveis dentro desse esquema reducionista de interpretação, alguns antropólogos têm revisto os limites disciplinares e o próprio discurso teórico-etnográfico. Afinal, por um lado, o procedimento interpretativo clássico leva-nos a ignorar parte da verdade nos relatos etnográficos, ocultando as evidências da experiência humana do transcendente. Por outro lado, leva-nos também a censurar parte do encontro etnográfico, menosprezando a experiência humana do antropólogo enquanto fonte real – e não anedótica – de conhecimento (Carvalho, J.J., 1993).

Rita Laura Segato (1991) analisa esse paradoxo que se estabelece ao tentarmos compreender uma crença na sua relação com a práxis social em termos que chamamos de relativos, isto é, relativos a uma visão particular, uma vez que seu adepto se entrega a ela de maneira absoluta e incondicional. Ao partir do recorte clássico da antropologia, o relativismo busca o sentido de um ato de fé tendo como referência um marco de significação determinado, constituído por "realidades distintas" (culturas, épocas ou paradigmas científicos), visto que a evocação do sagrado aponta para um sentido na sociedade, sendo este, sem dúvida, seu aspecto mais relevante para o cientista. Reencontra-se aqui, novamente, a idéia durkheimiana de que a crença deve ser entendida como fala, em que o dito é algo que está fora do ato de dizer e precisa ser decifrado. Logo, reconhecer uma crença religiosa passa necessariamente pelo pressuposto de que existem relações significativas entre ela e o contexto

4. Paul Stoller em *Eye, mind and word in Anthropology* (1984) e *The taste of ethnographic things – the senses in Anthropology* (1989) narra situações de feitiçaria que teria vivido em campo, sendo penetrado pela visão de mundo do outro e pelas suas percepções sensoriais. Simultaneamente, ele incorpora estas situações como parte integral na estruturação de sua descrição etnográfica e analisa o quanto contribuíram para uma revisão do seu olhar e pensamento racionais.

interacional em que acontece. E compreendê-la é atribuir-lhe significados, sempre compatíveis com e sempre traduzíveis ao universo de sentido do pesquisador. A autora não nega que se alcance a compreensão dos fenômenos dentro desse padrão, que, sem dúvida, possibilita a intelecção. No entanto, chama a atenção para a obsessão por interpretar, o qual toma o lugar da sensibilidade e do imaginário das práticas e crenças. Como resultado, impede-se que venha à tona a experiência da alteridade e do absoluto, empobrecendo a capacidade de significar e reduzindo o leque de sentidos possíveis no discurso teórico-etnográfico.

Alertada por essas considerações, testemunhar, registrar e entender a aparição foram os desafios a que me propus. Tentei, desde o início, limitar as interpretações excessivamente sociologizantes e pouco sensíveis às manifestações do transcendente entre os nativos – sem, contudo, deixar de explorar temas clássicos da compreensão antropológica. Considerei que o milagre mesmo se constituía apenas na fala da Virgem de Piedade e em sua estrutura, sendo a fala uma irrupção da novidade no mundo e não uma duplicação do mesmo numa simbólica previsível. E, sobretudo, tenho tentado fugir do pendor homeostático das interpretações, já que o fenômeno religioso de Piedade veio a transformar o mundo, minando suas bases tradicionais de convivência, e não a mantê-lo em equilíbrio.

Assim, ao contrário desse pensamento, que busca um plano desconhecido por trás das manifestações religiosas, expus os discursos sagrados da aparição instituindo um contexto social, situando os camponeses em meio a crises e transcendendo os limites das soluções previamente determinadas, numa atitude totalmente subversiva quanto aos ensinamentos de Durkheim e Weber.[5] É sensível a essa crítica que continuarei introduzindo uma inflexão na abordagem clássica das ciências sociais e dos estudos de religião, a qual pode repercutir até mesmo na teologia.

De acordo com o prognóstico de Steil (1995), a antropologia contribuiria com o discurso teológico, no sentido de afirmar sua autonomia perante as ciências positivas e libertar-se do círculo fechado do secular. Ao invés de opiniões fundadas na Teologia da Libertação interpretarem fenômenos, como os da aparição, como forma de

5. Thomas Csordas (1997), ao estudar a fundo o movimento carismático nos Estados Unidos, também encontra um fenômeno religioso que põe em xeque as clássicas leituras do sagrado.

alienação das massas e distanciamento dos problemas sócio-econômicos, pode-se ver, no encantamento do mundo, parte do contexto social e, no discurso mítico, um meio legítimo de produzir certa inteligibilidade do real. Ao invés de um esforço para des-mitologizar o discurso religioso, o autor, baseando-se em estudos como a minha dissertação, sugere que se tome o mito como uma narrativa que atualiza a mensagem cristã e o evento das aparições como uma "performance" da experiência humana da transcendência.

Se, por um lado, essa discussão põe em cheque a construção da autoridade etnográfica, revendo a posição privilegiada do antropólogo (aquele capaz de olhar e descrever todo o mundo do ponto de vista do pretenso lugar da verdade), por outro, não pretendo utilizá-la apenas para permanecer numa antropologia meramente reflexiva,[6] ou para fazer mais um exercício de expressão da subjetividade nos textos acadêmicos ou, ainda, para trazer à tona os critérios éticos de envolvimento pessoal do pesquisador com as populações estudadas. Afinal, essas têm sido as nossas opções, como bem aponta José Jorge de Carvalho (1999) em análise sobre a assimilação da crise do lugar seguro e inconteste do cientista social no Brasil.

Na verdade, de acordo com J. J. Carvalho, é preciso reconhecer e refazer urgentemente as condições históricas e políticas da construção de alteridades, submetidas a um regime de subalternidade e a uma visão que os considera em permanente equilíbrio, mesmo na produção do saber antropológico. Nesta perspectiva, nomeada de pós-colonial, a questão já não é apenas a voz nativa, como a do outro diferente, mas abandonar o olhar ocidental[7] enquanto referência dominante, substituindo-o por uma base comutativa e mais equânime de olhares. Isso implica em assumir o Outro com seus apelos e, conseqüentemente, a disciplina como uma arena onde valores se confrontam, obrigando-nos a lançar mão de uma gramática alternativa para a definição de princípios como solidariedade, fraternidade, justiça, entre

6. O olhar dos antropólogos ditos reflexivos discute e critica a autoridade do lugar hegemônico nos textos, porém sua teoria do poder é limitada ao campo etnográfico (a voz do nativo não é vista como voz subalterna).

7. Tal cultura ocidental tem como expoentes o olhar masculino, branco e europeu, construído nas colônias como o olhar universal.

outros, bem como levando-nos a definir a posicionalidade[8] e a situação do autor no jogo geopolítico de descolonização. Ou seja, o ponto central é realizar o deslocamento, a re-locação, do *locus* de enunciação do Primeiro para o Terceiro Mundo, fazendo transparecer o olhar e a voz marginal.

Gayatri Spivak (1994), crítica literária e autora destacada da nova teoria pós-colonial, levanta um ponto crucial: a capacidade do subalterno de se representar. Ou melhor, ela teoriza sobre quais são as possibilidades do subalterno de se subjetivar autonomamente, como o nativo constrói sua alteridade segundo o modo em que recusa, de um lugar subalterno, o olhar do colonizador sobre si. Seu texto já hoje clássico, *Can the subaltern speak?*, é uma tentativa de refazer esse debate extremamente complexo, que exige uma profunda articulação da teoria marxista com a psicanálise, somada à desconstrução derridariana. Isso implica, mais uma vez, em conquistar um espaço de enunciação, assegurar um lugar de discurso, entendido como o lugar privilegiado nessa luta por uma subjetivação igualitária.

A condição de subalternidade é, caracteristicamente, a condição do silêncio, a impossibilidade de subjetivar-se plenamente. No capitalismo, qualquer indivíduo que não controla os meios de produção precisa fazer-se representar entrando num circuito econômico e de poder, não como sujeito, mas como simples valor de troca. A própria Spivak explica, em dois trechos de uma entrevista, esclarecendo o polêmico texto acima, na Universidade de Columbia (EUA) em 1993:

"In other words, every moment that is noticed as a case of subalternity is undermined. We are never looking at the pure subaltern. There is, then, something of a not-speakingness in the very notion of subalternity. [...] So, 'the subaltern cannot speak', means that even when the subaltern makes an effort to the death to speak, she is not able to be heard, and speaking and hearing complete the speech act. That's what it had meant, and anguish marked the spot" (Ap. Landry, 1996: 289 e 292).

Vinculada à incapacidade do subalterno falar e ser ouvido, está a discussão de dois termos alemães utilizados por Karl Marx no *Dezoito Brumário de Napoleão Bonaparte* (1962) para definir o sentido de representar. *Vertretung*, que seria a representação enquanto uma procuração passada a terceiros, a mediadores e porta-vozes,

8. Termo de Stuart Hall, desenvolvido em *Cultural Identity and Diaspora*, 1996.

os quais seriam os únicos capazes de transformar em legítimas as reivindicações dos oprimidos.[9] Estes, por sua vez, devem inevitavelmente também se identificar, fazer parte ou estar implicados como membro da categoria genérica de seus representados ou ter afinidade com essa posição, para que defendam seus interesses e suas demandas. No caso de *darstellung*, a representação significa descrever, fazer o retrato, de alguma coisa ou alguém, no sentido de re-apresentar uma realidade. Este tipo de representação evoca o sentimento de empatia daquele que a realiza, pois exige fidedignidade entre a expressão e o original: o quê ou quem está sendo representado. Aqui, pode-se associar o sentido deste termo ao trabalho de representação produzido pelas ciências sociais, inclusive a ciência marxista.

Ao trazer essas noções especificamente para o campo da antropologia, vê-se que o etnógrafo possui recursos para servir de relator, o que sempre faz ao tentar tornar o Outro inteligível, mas ele também pode assumir o compromisso de servir como porta-voz dos silenciados. No caso de países periféricos, a exemplo do Brasil, vê-se que o etnógrafo encontra-se em posição de exercer essa representação privilegiadamente nos dois sentidos marxistas (*vertretung* e *darstellung*), por serem ambos, etnógrafo e nativo, sujeitos neo-coloniais. O intelectual é aquele que, por um lado, pode fazer a escuta da voz inaudível do oprimido, retirando-o do silêncio ao dar-lhe expressão no ato de inscrevê-lo num registro, o qual a historiografia durante tanto tempo desprezou. Por outro lado, o intelectual do Terceiro Mundo também está implicado, como subalterno, no seu próprio registro do Outro ao falar para a comunidade acadêmica.

Trata-se, na verdade, de uma cadeia de sujeitos interessados, com apelos e demandas, que começa pelo discurso silenciado do nativo, expresso nas mensagens de Nossa Senhora, e passa, impreterivelmente, pelo do antropólogo, somando suas vontades de falar e serem ouvidos. No caso da aparição de Piedade, esta cadeia é bastante nítida, sendo até mesmo estruturadora do fenômeno e da cosmologia que o suporta. O encadeamento, ali, opera em mão dupla, inclusive, se respeitarmos plenamente a voz nativa.

---

9. *Vertretung* seria, segundo aponta José Jorge de Carvalho (1999), a típica representação política das minorias ante o Estado Moderno, uma vez que só os mediadores podem torná-las atores legítimos de reivindicações.

Maria: a mãe do silêncio

Segundo a crença popular, os dogmas e o próprio fenômeno mineiro, Maria é a grande intercessora de uma sucessão de intercessores. Entre os homens e Deus, é ela quem Lhe faz chegar os pedidos da humanidade, assim como é ela quem vem à Terra anunciar a palavra divina. Já os videntes significam a possibilidade de se conhecer e ter acesso à Maria. O Grupo da Fraternidade percebe-se como uma amostra das coletividades do mundo inteiro, tanto que a possibilidade da salvação para todos só existe através de cada um de seus membros. Os demais devotos e romeiros que dali levam a mensagem para suas cidades, são também suas caixas de ressonância. Eu, na minha "missão de evangelista", vejo-me co-autora da aparição, encarregada da *vertretung* que Spivak teoriza, sem abandonar a *darstellung* habitual do cientista social.

Trata-se de um fenômeno discursivo, com representantes que advogam a palavra em várias direções. Por uma via, há inúmeros intermediários legítimos para se chegar até Deus, única fonte de todas as graças e o grande salvador da humanidade. Por outra, são diversos os mediadores autorizados por Deus que vêm revelar a sua palavra aos homens. É participando desse campo de representações, que eu também atuo de modo a não apagar minha presença política no texto, mas a instalar um lugar de fala, um valor e uma posição, tanto de subalterno do Terceiro Mundo como de intermediador; um representante de um fenômeno que, dentre muitas falas, também fala diretamente à academia, à nação e à Igreja, bem como fala sobre elas.

Contudo, o antropólogo não tem como missão apenas ser o canal de reivindicações, e sim, ser a abertura para que, através dele, emerjam com força e autenticidade os signos do universo simbólico por ele estudado. Signos estes que não apenas correspondam aos apelos, às necessidades e às demandas de grupos à margem do poder, mas também signos que expressem o bem, o belo, o sonho, a esperança, enfim, o próprio caminho da redenção[10] escolhido e trilhado até então pelo grupo silenciado.

10. Signos, estes que, muitas vezes (em especial nesse momento de globalização do mundo), são apropriados e incorporados pelo dominador de forma vazia, descontextualizada, ridicularizada, empobrecida ou menosprezada. Por exemplo, a aparição de Nossa Senhora em Medjugorje, na antiga Iugoslávia desde 1981, foi apreendida, universalmente, por movimentos católicos de massa como um mero emblema (Segato, 2003).

Na busca da positividade do silenciado, lembro-me exatamente de um outro evangelista, Lucas, aquele que mais se preocupou em dar voz a Maria. Na verdade, conforme mencionei no segundo capítulo, outros textos que poderiam incorporar o Novo Testamento foram dedicados parcial ou integralmente a ela. Porém, ao serem considerados apócrifos, permaneceram à margem do discurso eclesiástico oficial, condenando-a ao silêncio nas pouquíssimas frases bíblicas que falam a seu respeito; entre as quais se encontram as escritas por Lucas. Por isto, inclusive, tornou-se a mãe do silêncio, na concepção hegemônica da Igreja (Warner, 1985 e Paiva, 1990). Foi Lucas quem narrou a anunciação, a conversa entre Isabel e Maria, a chegada dos pastores e a apresentação do menino Jesus ao templo. Tão dominante é a personagem de Maria na narrativa do nascimento de Jesus, que alguns leitores da Antiguidade chegaram a se perguntar de onde vinham todos aqueles detalhes, pois não apareciam em outros relatos. O seu Evangelho se inicia com palavras que alguns padres consideram uma explicação: "Tendo muitos empreendido uma narração dos fatos que entre nós se cumpriram, segundo nos transmitiram os que desde o princípio foram deles testemunhas oculares e ministros da palavra, pareceu-me também conveniente descrevê-los a ti, Teófilo, havendo-me já informado minuciosamente de tudo desde o princípio, para que tenhas certeza das coisas em que foste ensinado" (Lc 1:1-3).

De acordo com Pelikan (2000), essas palavras introdutórias marcaram Lucas como o historiador entre os evangelistas. Ao falar de si mesmo, ele usou a palavra grega *parekolouthekoti*, significando que fizera pesquisas históricas, aproximadamente como os historiadores de hoje. As fontes usadas nessa pesquisa, em parte, eram escritas e incluíram "os muitos que empreenderam uma narração dos fatos que entre nós se cumpriram", aparentemente envolvendo outros escritores além dos autores das páginas do Novo Testamento. Além disto, as fontes abrangeram "testemunhas oculares e ministros da palavra", uma vez que Lucas não pertencera aos doze discípulos, nem mesmo fora discípulo de um deles. Porém, diz-se que fora aluno e médico do apóstolo Paulo, que chegara por último ao grupo dos apóstolos (Colossenses 4:14; 1 Coríntios 15:8). Então, quando Lucas empreendeu sua pesquisa para narrar a história desde o princípio, a quem ele ter-se-ia dirigido para conhecer os antigos acontecimentos? A exposição da história, escrita da perspectiva da Virgem

Maria, deixa implícito que ela se constituíra na principal fonte de informações entre as testemunhas originais e os seguidores do Evangelho. Somados a isso – e pelo fato de Lucas ser gentio e tanto em seu Evangelho como no livro dos Atos dos Apóstolos empregar um grego mais próximo dos padrões atenienses que o escrito em qualquer outra passagem do Novo Testamento –, seus textos, em alguns aspectos, parecem ter sido traduzidos de um original escrito em hebraico ou aramaico. Esse raciocínio levou os primeiros escritores cristãos a considerarem os capítulos iniciais do Evangelho de Lucas como memórias de Maria.[11]

De modo semelhante ao esforço de Lucas em narrar as belas lembranças de Maria, inscrevendo-as na história cristã, é que me coloco em face da aparição, já que, segundo agora entendo, o Sr. Antônio me interpelou em junho de 1992, convocando-me ao papel que, no seu vocabulário habitual, chamou de "evangelista". Para alcançar o meu propósito e responder à sua solicitação, lanço mão de várias estratégias teórico-discursivas que me possibilitem trazer o fenômeno à presença de meus pares, deixando Maria, a Mãe do Silêncio,[12] falar e anunciar-lhes a sua boa nova, como venho explicitando ao longo de todo este trabalho. Mais uma vez, a formulação de José Jorge de Carvalho parece-me adequada para descrever a tarefa a ser realizada:

> É claro que a tradição das narrativas orais possui um caráter fragmentário – essa é sua condição mais comum de apresentação. Porém são justamente esses fragmentos que falam da condição de subjetividade, que inscrevem as relações hierárquicas de poder que configuram nossa realidade. Aqui nossa estratégia é parcialmente inversa da estratégia pós-colonial: não a de revisar o quadro de significação (sempre caótico) das obras literárias já de prestígio consagrado dos países centrais, mas inscrever as obras (conjuntos de fragmentos) anônimas de nossas populações. E o ato de inscrevê-las não deve ser entendido como um ato neutro, puramente acadêmico. O efeito das

11. Diz-se, inclusive, que Lucas teria sido o primeiro pintor de ícones cristãos, tornando-se clássico o tema de Lucas pintando o ícone da Virgem Maria (Pelikan, *op.cit.*).

12. No caso da aparição mariana, a condição de mulher agrega-se, reforçando essa posição subordinada na assimetria das relações.

> narrativas deve fazer-se sentir, primeiro de tudo, no próprio etnógrafo: ele deve deixar-se impactar por um discurso que se apresenta como estranho, distante, inacabado, inadequado... porém desenraizado, pária, desimpedido, aberto à alteridade, com uma vocação irredutivelmente universalizante. (Carvalho, J.J., 1999: 38)

Contudo, não lanço mão apenas de estratégias teórico-discursivas para expor o fenômeno desse modo. Procuro também enveredar pela sua porta principal: as crianças videntes. Já segui anteriormente os passos de Arthur Miller, em *The Crucible* (1953), para mostrar a capacidade das crianças em determinarem e controlarem o universo dos adultos ao invocarem o contato com o sobrenatural. Afinal, há uma forte aproximação entre o caso relatado pelo dramaturgo e o que ocorre nesse interior mineiro. Em ambos os casos, vê-se a captação, por parte das crianças, de matrizes culturais circulantes em seus ambientes sociais e a sua tradução na forma de um discurso sagrado. Nas duas histórias, um grupo de garotas se encontra no centro dos fenômenos, estabelecendo o desenrolar dos acontecimentos e sustentando a sua ação dramática.

É esse mesmo gesto cristalizador e sintetizador de uma verdade coletiva operado pelas meninas que os aproxima, embora o registro ideológico destes dois casos seja completamente diferente. Entre várias distinções, a mais importante é que são dois núcleos de sentido opostos. Em Salem, a culpa; em Piedade, a inocência. No primeiro, a condenação, a punição; no segundo, a felicidade e a redenção para todos, irrestrita. Naquele, o adultério, a culpa adulta, representada pelo Diabo; no outro, a maternidade sem pecado da mãe, para quem todos os seres humanos são crianças. Se, no drama norte-americano, as protagonistas levam o povoado à comoção através do terror, no caso brasileiro, promovem a paz, a felicidade e a harmonia social, não gerando pavor nem sofrimento entre os camponeses. Em Salem do século XVII, pode-se ver, portanto, que o enraizado sentimento de culpa, a vontade de encobri-lo e a rigidez sufocante de uma sociedade geraram um fenômeno infernal. Os puritanos foram de encontro às trevas. Em contrapartida, em Piedade, a Senhora surgiu com a promessa da criação do céu na Terra. Os camponeses renasceram, de fato, para a glória, tendo boa parte dos seus problemas e conflitos mais proeminentes em setembro de 1987 superados.

Em suma, em ambas as sociedades, através das crianças, mundos novos foram erguidos. No entanto, em *The Crucible*, os personagens experienciaram a sua antiutopia, enquanto, no interior mineiro, as meninas propuseram e concretizaram um mundo utópico, como mostrei na dissertação e agora reafirmo por outros ângulos. De qualquer forma, os símbolos presentes no imaginário infantil, capazes de provocar essas profundas revoluções, falam pelo "todo" da sociedade, desempenhando o papel de mediadores e catalisadores do desejo coletivo.

Esse desejo vem ao encontro de uma outra instigante proposta de José Jorge de Carvalho (2000), qual seja, a de se ver a religião como lugar onde se exercita a fantasia. O campo religioso seria, então, entendido como o contato com os símbolos para o devaneio, para uma suspensão temporária da ordem racional e vigilante do mundo, e não mais apenas como um conjunto de símbolos para a comunicação. Inspirado na imagem da criança girando solta, livre, entregue, hipnotizada, energizada pelos giros nas rodas, o teórico introduz o plano onírico do símbolo religioso. Imagem infantil que tive a feliz oportunidade de encontrar no meu objeto de estudo, não enquanto uma metáfora para compreendê-lo, mas enquanto um fenômeno vivo.

A Voz dos Videntes

Os videntes foram, e ainda são, o centro e o princípio de tudo. Pelo dom de três meninas, Marilda, Íris e Juliana (respectivamente com 12, 10 e 8 anos em 1987), o encontro face a face com o sobrenatural se concretizou. Foram elas as intermediárias entre Deus e os homens na Terra ao transmitirem a mensagem trazida por aquela que também desempenha o mesmo papel intermediário no céu. Desde então, o mundo milagrosamente se encantou.

Mais quatro visionários surgiram em dezembro de 1987, todos crianças: Digão e Toninho, irmãos mais novos de Marilda e Juliana; Zé Mário, irmão de Íris; e Fabiana, prima deles. Todavia, Íris e Zé Mario perderam a graça da vidência no início de 1988. Diz-se que seus pais começaram a se preocupar com o assédio dos devotos e com a invasão dos romeiros em sua privacidade, resultando no seu afastamento do Grupo da Fraternidade e na proibição de irem ao santuário. Como o Deus de Piedade dos Gerais não obriga ninguém a nada, a vontade dos pais dessas duas crianças foi respeitada. No entanto, a Senhora afirmou que, um dia, Íris vai voltar a vê-la. Há, até mesmo, histórias sobre ela ter vindo em auxílio da garota em situações de dificuldade. De qualquer forma, Íris não a viu mais nas aparições públicas, embora continuasse sustentando que os demais videntes a viam realmente.

Restaram, assim, cinco visionários durante os três anos seguintes: quatro irmãos e uma prima. Por serem os mensageiros de Deus, eles se tornaram o pivô central do mundo novo e suas palavras adquiriram o status de sagradas. No entanto, ainda que todos sejam considerados praticamente divinos, cada um desempenha um papel na aparição, o qual foi sendo definido ao longo do tempo, no mesmo movimento em que a seqüência ritual foi sendo estabelecida.

Ao se ouvirem as primeiras mensagens, percebe-se nitidamente que a voz de Marilda se sobressaía às demais. As outras meninas a acompanhavam, pronunciando apenas o final das palavras ou as frases feitas (como a que, freqüentemente, abria e encerrava a mensagem: "Meus filhos, mais uma vez, muito obrigado de coração. De sua mãe que lhes ama muito, Maria, a mãe de Jesus"). E, em 14 de dezembro de 1987, na importante mensagem que anunciou o advento do mundo novo e convocou seus participantes, a Virgem nomeou Marilda a "vidente mensageira".

> [...] antes, escolherei uma criança para falar o que sente ao ver Maria. Esta criança é Juliana. Depois, escolherei mais uma pessoa para o que sente em ser escolhida a mensageira de Deus, Marilda [palmas]. E, depois escolherei mais uma das fiel de Deus, Íris [palmas]. E, as três juntas formam a corrente que acorrentará Satanás. (trecho da mensagem de 14/12/87, registrado em fita cassete).

A partir de maio de 1988, no altar da Igreja do Barro Preto em Belo Horizonte, Marilda passou a pronunciar as palavras divinas sozinha e em primeira pessoa, como se fosse a própria Virgem falando. Os outros videntes apenas as escutavam. Além disto, todos eles entraram em êxtase, perdendo o contato com o mundo externo. Quer dizer, depois dessa aparição, não interagiram mais com o público na hora da mensagem. Por serem mais novos, Toninho e Juliana viam a Virgem com maior perfeição e Marilda, por ser a mensageira, a ouvia precisamente. Já a missão dos demais era testemunhar a sua presença, ali, em corpo e alma (como se nota no procedimento de Íris que, embora longe do Vale, continuou afirmando a veracidade do fenômeno).

A vidência de outras crianças, portanto, legitima a mensagem falada por Marilda, reiterando que não se trata de uma criação humana: ela vem dos céus. Isto é imprescindível para a existência do fenômeno, a ponto de uma delas dizer-me: "Pra Nossa Senhora aparecer, tem que ter mais videntes pra dá força". O público também desempenha este papel de apoio à vidência, o que foi relatado por Marilda: "Eu converso com Nossa Senhora duas vezes durante o dia ou até mais, nas caminhadas. Mas, ela nunca conversou em particular comigo, porque ela vem para todos. Só aparece quando tem gente para ouvir."

Na condição de porta-voz de Deus, rapidamente, Marilda tornou-se a principal dentre os videntes, pois ela passou a deter o poder da palavra e a transformá-la em realidade por intermédio de sua voz e de seus gestos. Além disto, ao pronunciar a mensagem em primeira pessoa, com muita facilidade, o ouvinte confunde Maria com Marilda. Neste instante, parece que a Senhora toma o seu corpo para se exprimir, mantendo com ele não só sincronicidade de fala, mas de expressão corporal; o que coloca a menina ainda em maior evidência.

Ninguém compreende completamente o processo de transmissão da mensagem, nem mesmo a Virgem. Apenas Deus o conhece. Dizem que a Senhora tentou algumas vezes explicar da seguinte maneira: Ela fala no ouvido dos videntes, as palavras vão aos seu corações e saem pela boca de Marilda, que as declara no linguajar local – contudo, em ocasiões especiais, quando havia romeiros bolivianos no santuário, por exemplo, a garota teria falado em castelhano. As diversas entonações empregadas nas mensagens se devem ao fato de Deus moldar a voz da mensageira à maneira que o público precisa ouvir, "apesar de Nossa Senhora sempre falar manso e suave como uma mãe" (Marilda).

De fato, o coração do vidente é peça fundamental no processo de transmissão da mensagem, pois todas as crianças ouvem a Senhora da mesma maneira e o conteúdo é único; mas quando a repetem, separadamente, a mensagem se torna diferente. O coração, portanto, significa o "ser" de cada uma, o qual deixa a sua marca característica nas palavras divinas. Nesse processo, a individualidade da vidente é preservada; por isso, o modo de falar é de Marilda, distinguindo-se das mensagens do seu irmão Digão, seu substituto no Grupo da Fraternidade quando saía para as caminhadas. As falas dele são bem mais curtas, semelhantes àquelas do início do fenômeno, e são transmitidas em seu próprio estilo.

> Meus filhos, mais uma vez, eu venho aqui, onde está os meus filhos reunidos, orando e louvando a Deus. Eu venho aqui para lhes dizer nem que seja um segundo e agradecer a todos vocês, que estão aqui orando e louvando a Deus. Peço a todos vocês: paz, amor, união, fraternidade, porque o mundo, meus filhos, está precisando da paz, está precisando do amor que Jesus deixou. Jesus lutou, meus filhos, para a salvação de todos vocês, carregou pesada cruz. Não pesava a cruz, pesava o pecado de todos vocês, mas Jesus conseguiu, meus filhos, lutou e salvou a todos vocês. Agora está lutando, meus filhos, pedindo, meus filhos: orem o terço, louvem a Deus, tenham união, sejam irmãos. Meus filhos, todos vocês são irmãos. Não tem ninguém melhor que ninguém. Todos vocês têm o mesmo coração e mesma alma. Todos vocês são filhos de Deus, as portas do céu estão abertas para todos vocês, meus filhos. Deus ama todos vocês iguais. Deus quer o bem de todos vocês. Deus quer ver todos vocês na salvação, na união, na paz, na oração, meus filhos, porque o mundo está precisando, meus filhos. Eu estou pedindo a todos vocês aqui, mas não é a toa, não, meus filhos. Porque vocês precisam, meu filhos, do amor de Deus, da paz que Jesus deixou. Mas fiquem sabendo, eu sou uma simples serva de Deus, Maria Imaculada Conceição, a mãe de todos vocês, e luto, meus filhos. Nunca vou deixar um filho de Deus morrer na escuridão do pecado. Por isto, com todo o amor e carinho, eu agora vou vos dar a minha benção para todos vocês.
>
> (A benção)
> Meus filhos, eu dei esta benção para todos vocês, para que cada dia vocês possam seguir mais forte na caminhada de Deus. Eu agradeço a todos vocês. Se eu pudesse, eu ficaria mais com vocês, mas eu não posso. A luta continua, meus filhos. A minha luta aqui na Terra e com aqueles que já partiram

> e precisam do amor de Deus. Meus filhos, eu deixo o meu coração com todos vocês e levo o coração de todos vocês junto a mim. E fiquem sabendo, eu não obrigo ninguém de vocês a nada, eu apenas peço. Mesmo aqueles, meus filhos, que não querem amor de mãe, eu quero o amor de meus filhos. Eu amo a todos vocês de verdade e agora eu tenho que ir, porque eu sou a serva de Deus e ele está me chamando. (mensagem transmitida pelo vidente Digão em 01/06/92, registrada em fita cassete).

Baseados nessa questão é que os devotos explicam que o fato ocorrido com Marilda é distinto das religiões afro-brasileiras, embora a imagem da transmissão da mensagem seja por demais semelhante à incorporação de entidades nas religiões afro-brasileiras[13] e o público presente se expresse em termos comuns a elas para descrever a aparição.[14] Para os seguidores, Deus respeita a individualidade das pessoas, a qual se encontra no coração. Já o Demônio, que julgam estar no espiritismo, incorpora sem preservar a pessoa possuída.

No plano da sincronicidade corporal, Marilda exerce o papel de espelho de Nossa Senhora, dissolvendo a sua individualidade. Através de expressões faciais da menina, como o choro e o sorriso, sabe-se se Maria está alegre, triste ou terna na hora do ritual. Marilda e Maria, portanto, compõem-se mutuamente. Marilda é a possibilidade de se ter e de se conhecer Maria; ela é sua porta-voz, dá vida à sua mensagem e, ainda, incorporando-a, reflete a sua imagem (a imagem de Maria menina: "Eu já fui uma menina", dizia a Senhora nas primeiras aparições). Paralelamente, por Maria, Marilda se reconhece e é reconhecida, tanto que, após a sua

13. José Jorge de Carvalho chama a atenção para várias aparições no Brasil, nas quais os seguidores descrevem o acontecimento por meio da linguagem de possessão. "In many cases, such as in *umbanda*, the model of Afro-Brazilian religion most open to incorporate entities to its pantheon all the time, the Virgin is treated as just another entity of this vast supernatural pantheon" (2000: 08).

14. No período que estive em campo, ouvi, por várias vezes, romeiros perguntarem a que horas Nossa Senhora "baixa" ou quando Marilda "recebe" a Virgem. Além disto, a revista Manchete, de 28 de março de 1992 (número 2086) trouxe a seguinte frase: "No último domingo, a menina Marilda, a vidente número 1, fez uma pregação de 20 minutos como se tivesse *incorporado* Nossa Senhora (...)". (grifo meu).

manifestação, a garota ganhou nova identidade: vidente de Nossa Senhora. Através dessa relação íntima entre Maria e Marilda, que chega a fundi-las numa só pessoa, pode-se entender aspectos importantes da aparição. Porém, antes de abordar tal relação, é preciso saber quem é Marilda.

A vidente mensageira

Nossa Senhora nos fornece algumas pistas sobre Marilda em suas palavras, como por exemplo:

> [...] E, hoje, também de uma maneira especial, com muita alegria no coração, eu quero parabenizar a minha filha Marilda por esta data tão querida, o dia de seu aniversário. Ela que, hoje, completa seus anos de vida, quero desejar que ela seja muito feliz, que realize todos os seus sonhos, que a cada dia cresça mais no amor para com os irmãos, para com as coisas de Deus, para com todos aqueles que são hoje os seus irmãos, que são hoje a sua família. Que Jesus Cristo a protege sempre, conduza a ela, uma felicidade que ela realmente mereça e que, sempre, a cada instante, a cada momento, ela continue a ser aquilo que ela é. Porque a verdade é esta, pequenos filhos: ninguém, no mundo, deve ser o que o outro acha que ele deve ser [...] (Trecho da mensagem de 30/04/92, registrada em fita cassete).

A sua falecida avó paterna também pensava como Maria: "[...] ninguém, no mundo, deve ser o que o outro acha que ele deve ser [...]". Dona Côla, então, dizia o que era preciso, não importava a quem. Nunca mudou a sua opinião por causa dos outros e era alguém de "atitude" (palavra de Marilda). A infância inteira, a menina viveu ao seu lado. Pois sua mãe, com muito filhos e alguns constantemente adoentados, não podia dispensar-lhe a atenção necessária. Hoje, Marilda admira muito a avó e, com orgulho, afirma ser igual a ela. Em sua homenagem, a escola do Vale da Imaculada recebeu o nome de Maria das Dores Santana. Por ter sido católica fervorosa, bondosa e sofredora (estado, este, provocado pelo mau gênio do marido), a avó Côla era tida como santa. Era uma das poucas mulheres respeitada pelo Frei Joaquim, que tanto desprezava e inferiorizava a mulher. Reforçavam esta aura sagrada a sua grande sabedoria e o fato de ter sido poetisa e profetiza. Com freqüência, escrevia versos, contava casos e falava que o local onde moravam, um dia, ficaria repleto de gente, pessoas que ela "via" chegando de inúmeros lugares – o que de fato aconteceu a partir da aparição. Todavia, ela não previu apenas isto. Certa vez, ao voltar da cidade de Piedade, virou-se para Antônio e falou: "'Filho, vi uma moça que serve pra você casar.' E não é que acabei mesmo casando com a moça!" (Sr.Antônio).

De fato, Marilda se parece com Dona Côla. Além da menina ter concretizado a profecia da avó, reafirmando a sua santidade, Marilda tem, assim como ela, o domínio da palavra, o respeito religioso e a ascendência sobre seu pai. Haja vista que, aos doze anos, a garota conseguiu "domesticá-lo" por meio de sua vidência. Ele, que era severo, tornou-se dócil e passou a fazer tudo que a filha adolescente, na condição de porta-voz divina, mandava. A sua transformação foi tão profunda que, quando lhe perguntam se houve algum milagre no Vale, Sr. Antônio responde: "a minha conversão".

Diante disso, é interessante tecer algumas considerações seguindo o estudo de Ronan Alves Pereira, *Possessão por Espírito e Inovação Cultural* (1992). Aqui, o autor chama a atenção para o papel inovador dos estados especiais de consciência (transe, visão onírica, alucinação etc.), tanto em relação à vida do indivíduo quanto à da sociedade, pois, como venho afirmando, são modos especiais de conhecimento e meios para a reelaboração dos símbolos culturais. Nestas circunstâncias, o indivíduo é capaz de expressar suas vontades e necessidades interiores em um idioma público, compreensível às pessoas e, ainda, provocar transformações sócio-culturais.[15]

Normalmente, esses estados têm sido abordados como "respostas adaptativas" a situações de instabilidade pessoal e social. De acordo com Obeyesekere (in Pereira, idem), os conflitos intra-psíquicos, em especial as experiências emocionais dolorosas, são fonte propulsora da recriação de símbolos. Por isto, os estados especiais de

15. Concordo com a idéia de Pereira (*op.cit.*) de que o indivíduo não é um sujeito passivo diante do sistema sócio-cultural, embora as suas ações sejam moldadas e orientadas pelas convenções culturais e dependentes do contexto sócio-histórico. É verdade também que alguns indivíduos são mais inventivos do que outros.

consciência desencadeiam a mudança, mostrando-se um eficaz instrumento terapêutico para o indivíduo e para a sociedade lidarem com seus problemas – tese em consonância com as proposições de Victor Turner (1974), as quais nortearam as minhas primeiras interpretações do fenômeno.

A aparição de Nossa Senhora de Piedade corrobora tais afirmações. Através das mensagens iniciais, sabe-se que os videntes haviam sofrido muito até então e foi, justamente, este sofrimento que os preparou para receber a graça da vidência.

> [...] E, as três [videntes] juntas formam a corrente que acorrentará Satanás! [gritos e palmas] Por que vocês três já sofreram muito. E, por isto, vocês três vão acorrentar Satanás. Porque, se não fossem vocês para amar a Deus de verdade e não temer quase nada, Satanás não seria acorrentado. [palmas]. (Trecho da mensagem de 14/12/87, registrada em fita cassete).

A partir da visão sobrenatural, de fato, o sofrimento infantil cessou. Com a conversão dos adultos, que em vários momentos representavam o próprio Mal, as crianças sentiram-se mais felizes. Entre várias novas situações, elas não mais apanharam, não mais foram à escola por vários anos, receberam atenção integral e determinaram o novo universo. A vida de Marilda, por ser a mensageira, sofreu uma transformação acentuada, num processo que pode ser considerado uma metáfora do que ocorreu com a vida da cidadezinha.

Da Marilda local a Marilda global: o percurso de uma comunidade campesina

Contam que, no passado, quando menor, Marilda era considerada "bobinha", embora muito inteligente. Facilmente se perdia em seus pensamentos e, imóvel, olhava o nada durante horas. Por isto, seus colegas de escola e seus primos mais velhos caçoavam dela e sempre a excluíam de seus programas, deixando-a só e, certamente, triste. Afinal, segundo Carlos Brandão (1992), a solidão não é um costume camponês. Nessa sociedade extremamente relacional, o solitário é definido como infeliz, coitado, estranho, misterioso, louco ou alguém que tem algo para esconder. A solidão é socialmente vivida e simbolicamente imaginada como um trânsito entre situações estáveis. É um estágio passageiro daquilo em que a convivência é um estado permanente e, por mediar presenças, afirma em si mesma o desejo do outro, o qual encarna um feixe de relações.

No entanto, após a aparição, a situação de Marilda inverteu-se. A menina, no Vale da Imaculada Conceição, passou a ser a pessoa mais importante e requisitada. Hoje, ela é a líder de sua turma de amigos e, bem-humorada, imita a todos com um certo ar de deboche. Entre eles, fala quando quer, como quer e está sempre em evidência, de maneira que Juliana, sua irmã também vidente, disse-lhe numa discussão, "você é muito convencida e exibida". Ela conseguiu integrar-se, ainda de forma única e isolada, no principal espaço social de participação comunitária na sociedade camponesa, o grupo de idade, e transcendê-lo ao interagir e ser aceita em inúmeras redes sociais de devotos que por ali circulam. Ela se tornou conhecida e bem-vinda nas mais diversas ocasiões, e convites para viajar e estar presente em eventos não lhe faltam. Em suma, todos querem a sua companhia.

Como lembra ainda Brandão (*op.cit.*) em relação ao universo campesino, o agrupamento de idade só concorre com o poder da unidade doméstica em tempo e valor, sendo que inúmeros deles são estáveis da infância à velhice.[16] Possuem caráter pedagógico, além de serem um permanente círculo de vinculação afetiva em todos os âmbitos dessa sociedade. São, na verdade, uma criação social autônoma de convivência entre pares por escolha mútua e de realização coletiva de experiências que apenas neles podem ser criadas e reproduzidas, podendo vir a assumir um caráter transgressor.

No mundo camponês, a forma mais típica e estável de associações religiosas no catolicismo popular origina-se numa família, numa parentela vizinha ou num grupo de idade antecedente, como ocorreu em Piedade. Contudo, chama a atenção o fato da aparição ter iniciado com meninas da mesma família e faixa etária quando brincavam juntas. Ou seja, ali, entre os muitos atos de subversão que o fenômeno carrega em si, foram as crianças que reatualizaram e relançaram a antiga tradição local. Normalmente, cabe aos velhos camponeses serem os portadores da memória coletiva, reproduzindo, rearranjando e recontando seus fragmentos para as novas

16. Em boa medida, o cotidiano familiar se resolve na ordem de tarefas e lazer dos seus grupos internos. Pai e filhos ou mãe e filhas trabalham juntos, porém, as idades e os sexos se aproximam nos demais momentos.

gerações. Entretanto, neste fenômeno, as crianças se tornaram suas guardiãs, ocupando o lugar habitual do ancião nas comunidades campesinas.

Além de guardiã, Marilda passou a ser a intercessora da intercessora, de modo que quando alguém quer indagar algo a Nossa Senhora, o faz através dela. Logo, ela está a par dos mais íntimos pensamentos e sentimentos alheios, como um padre em confessionário. Ela se tornou indispensável – "Sem Marilda, o Grupo não existiria" (informante). Em alguns casos, a menina não se restringe apenas a ouvir e a transmitir a questão à Virgem, ela também opina e decide. Por exemplo, uma senhora atormentada com o namoro de sua filha com um homem casado ansiava por uma orientação divina, mas a vidente lhe respondeu: "Não precisa nem perguntar a Nossa Senhora, porque isto é pecado." A senhora voltou desapontada, pois queria poder contar em detalhes o caso a ela, o que significava partilhá-lo com Maria. Porém, Marilda não tem tempo de ouvir calmamente a todos, em virtude da intensa solicitação em que vive.

A garota, por sua vez, na hora da mensagem, não tem tempo de contar tudo a Nossa Senhora. O instante em que os videntes conversam em particular com ela é no breve momento da benção, o que dura poucos minutos. Por isto, apenas pensam no nome das pessoas e Maria, conhecedora de tudo e dos seus filhos, já lhes dá as respostas.[17] Ao terminar a mensagem, eles têm que contar rapidamente os recados aos donos, senão, os esquecem. Inúmeros são os pedidos, mas, têm o poder de priorizar os que serão respondidos naquela aparição.

> "O povo sofre muito. Depois que comecei a ver Nossa Senhora, vi o quanto o povo sofre. Sempre peço a Nossa Senhora muita força e luz pra conversar com as pessoas. Só não entendo porque o povo vem me pedir pra rezar e fazer os pedidos pra eles" (Marilda).

Quanto a seus pedidos pessoais, Marilda disse-me que quase nada pede à Senhora e espantei-me ao ouvir numa conversa sincera em 1992 (destas que só o

17. As respostas aos devotos são também enigmáticas, que cada um entende à sua maneira: "Faça o que seu coração mandar", "reze mais, que tudo dará certo", "confie mais em Deus" ou "Eu estou te protegendo".

trabalho de campo pode proporcionar): "tenho muita fé com Nossa Senhora, mas fé mesmo eu tenho é com Jesus. Quando eu vou à Igreja, comungo e sinto a presença de Cristo, aí, eu tenho a certeza de que ele vai me atender" (Marilda). Esta afirmação me intrigou por algum tempo: se ela é privilegiada por ver e ouvir Maria, em corpo e alma, por que vai fazer seus pedidos a Jesus, com quem não tem o contato face a face?

Seguindo as considerações de Durkheim a respeito do sagrado, em *As Formas Elementares de Vida Religiosa (1989)*, é possível alcançar alguma compreensão. Uma vez que o sagrado está sempre separado do mundo profano, a relação com ele só se dá em momentos especiais e através de rituais. Isto leva a pensar que o fato de Nossa Senhora aparecer várias vezes durante o mesmo dia para Marilda fez dela alguém comum. Ela se encontra próxima demais à menina, chegando até a se misturar com ela. Logo, para Marilda, Nossa Senhora deve ter perdido a sua sacralidade.

Neste fenômeno, o sagrado se encontra em níveis diferentes, dependendo do modo como os diversos atores nele se inserem. Assim, ao passo que, para Marilda, a Virgem tornou-se uma pessoa comum, a própria vidente também é considerada alguém igual aos componentes do Grupo da Fraternidade. Alguns deles criticam suas roupas, o uso de maquiagem, o gosto por roupas da moda, o fato de não ir à missa nem rezar o terço diariamente. Embora não aprovem tais atitudes que, no seu modo de ver, depõem contra a santidade dela, nunca lhe cobraram. Ela está isenta de qualquer culpa.

Antigamente, quando garota, a responsabilidade recaía sobre a má orientação dada por seus pais e parentes próximos, os quais também nada sabiam por serem da roça. Hoje, maior de idade e com segundo grau completo, justificam seu comportamento considerando que, por guardar uma ranço da "bobinha" Marilda, ela se deslumbra com as novidades da cidade grande. Logo, chegam à conclusão de que ela ainda é uma camponesa ingênua, uma "roceira", que se deixa levar por atrativos fúteis – imagem que alimenta permanentemente a veracidade do fenômeno.

No dia-a-dia da comunidade, ela está acima de todos os comentários maledicentes, fofocas, raivas e sentimentos negativos. Em 1992, ela fazia trabalhos domésticos para várias pessoas de fora que se mudaram para a comunidade, como lavar roupa, passar e arrumar a casa. Seu serviço era considerado de excelente qualidade, pelo qual começou a receber uma remuneração, quebrando a determinação de que no Vale não haveria negócios.

Hoje, assim como outros membros do Grupo da Fraternidade, ela é dona de uma loja de artigos religiosos na cidade, mas fora dos limites do santuário.[18] A loja que mais vende, obviamente, é a dela. A compra do terreno e a construção do pequeno estabelecimento foi uma doação de um ex-traficante de drogas, ali convertido. As mercadorias iniciais foram doadas por outros romeiros, e muitas facilidades lhe foram concedidas: telefone, televisão, carro, o computador que chegará em 2001, passagens, roupas e, inclusive, o material para erguer sua confortável casa, inspirada nas quintas portuguesas, com dois andares, churrasqueira e piscina.

Assistir à televisão é o seu passatempo preferido. Há quem diga que a Virgem proibiu este aparelho no Vale, pois tira os fiéis da oração. No entanto, em 1992, duas casas (uma delas da irmã de Marilda), possuíam televisores, os quais eram ligados principalmente nos horários das novelas. Atualmente, várias casas possuem não só os aparelhos, mas antenas parabólicas. Diante da TV, os videntes sempre agiram como nas aparições, isto é, entram em sua magia e desligam-se da realidade. Eles não perdem a consciência do mundo externo, mas percebem-no como pano de fundo e não respondem a seus estímulos. A televisão exerce grande fascínio sobre Marilda. Embora, após a aparição, tenha-se tornado bastante conhecida através de uma extensa rede de informações dos devotos, quando adolescente desejava ser artista, pertencer aos meios de comunicação tradicionais e "[...] ser famosa como Leandro e Leonardo" (Marilda). Por gostar tanto de TV, nas copas do mundo as mensagens foram emitidas mais cedo, para se acompanharem os jogos de futebol.

Nota-se, então, que há controle nos horários das aparições por parte de Marilda e dos fiéis. Eu mesma testemunhei alguns casos, como o dia em que vieram pedir à vidente para que desse a mensagem após o jantar. Ela concordou e a aparição só aconteceu mais tarde que o habitual.

Porém, para os romeiros em geral, aqueles que mais doam os bens de consumo e estimulam a modernidade no Vale, nada disso tem valor. A garota está embebida

18. Lembro que nos limites do santuário não pode haver comércio nem negócios, embora boa parte dos terços seja confeccionada em suas casas.

numa forte aura sagrada, possuindo, portanto, todas as qualidades do divino. Nos fins de semana, quando o fluxo de peregrinos no santuário é maior, ela é apontada como a perfeição, assim como a própria comunidade do santuário: amorosa, piedosa, bela, caridosa, receptiva e disponível. O povo a assedia para pedir-lhe a bênção, para tocá-la, para pegar um pedaço de sua roupa e de seu cabelo – o que já a fez correr e se esconder numa outra fazenda e ser escoltada por policiais. Os devotos criam expectativas em relação ao seu modo de vida, vasculham o seu cotidiano e se apropriam de seu destino. Muitos esperam que ela se torne freira. Contudo, ela diz claramente não ter nenhuma vinculação com a Igreja institucionalizada, nem em relação às suas ordens, nem em relação aos seus movimentos internos. É totalmente independente de grupos religiosos, embora respeite e fale bem de todos. Além disso, desde seus quinze anos, namora um rapaz da cidade de Piedade. Seu namoro permaneceu não declarado por longos anos, apesar das pessoas desconfiarem. Provavelmente, Marilda receava quebrar a expectativa de determinados grupos quanto à sua pureza, maculando sua santidade.

Hoje, com vinte e oito anos de idade, está noiva, mas não pensa em casar-se enquanto Nossa Senhora aparecer e precisar que ela saia em caminhadas pelo mundo afora, pois diz convictamente que "ser vidente é uma missão, não uma profissão". Ela própria aventa a possibilidade de ter que permanecer períodos prolongados na Europa, conforme ocorreu quando lá esteve por dois meses, em 1998 e 2000, ou para lá se mudar. Além dos fiéis portugueses a venerarem, a última mensagem de sua *tournée* européia ocorreu em Portugal e a Virgem disse: "Meu coração imaculado triunfará aqui", dando margem a estes pensamentos.

Com freqüência, Marilda recebe cartas de fiéis que estiveram no Vale da Imaculada Conceição. Nestas, é comum que lhe relatem seus problemas e se queixem da situação da Igreja. Certa vez, uma senhora de São Paulo escreveu que os padres estão pregando pouco, que há cânticos católicos que se assemelham aos dos crentes e, ainda, exigiu que a menina tomasse uma providência: "(...) ela acha que Marilda tem poder, tem autoridade sobre os padres", disse um informante, morador do santuário. Contudo, não é de se estranhar tal carta, pois a mistura de Maria-Marilda é tão forte que, para muitos, a garota é a própria Nossa Senhora, a verdadeira Mãe da Igreja. Mesmo que o Grupo da Fraternidade reconheça que uma não é a outra, esta mistura também está presente no seu cotidiano e vem à tona em frases corriqueiras. Várias vezes, ouvi as pessoas referirem-se ao que Marilda (e não, Maria) ensinou na mensagem, perguntarem a que horas Marilda (e não, Maria) daria a mensagem etc. Assim, esta fusão entre Maria e Marilda foi construída e é reiterada em cada ritual da aparição.

> À noite, a mensagem foi do lado de fora da capela. Aos poucos, as pessoas foram-se posicionando, tomando seus lugares, ao voltarem da missa. Eu estava bem próxima do palanque, onde fui sendo espremida pelos que chegavam. Começamos a cantar quando Marilda despontou com um ar acanhado, mas, de forma triunfal, ela tomou seu lugar. Ao se mostrar, tive a nítida impressão que os presentes iam bater palmas, como se estivéssemos num espetáculo, esperando ansiosamente pela entrada da principal da noite – Maria. Só que, esta surge depois que Marilda já surgiu. Aliás, ela se faz presente quando a menina diz: "Apareceu!" e os fiéis gritam: "Viva Nossa Senhora!". Porém, a sensação que tive no instante em que a vidente entrou em cena, foi como se dissessem: "Apareceu! Viva Marilda!".
>
> A menina tinha um sorriso tímido no rosto, o qual também expressava orgulho e vaidade pela fama conquistada, mesmo que ela almeje um sucesso vindo de outro talento. Talento de cantora, que exibiu assim que se assentou no banco ao lado dos videntes de segunda classe e das crianças romeiras (os figurantes e coadjuvantes). Ela começou a cantar, como sempre, forte. Parecia desligada e passava os olhos em nós.
>
> De repente, ela caiu de joelhos iniciando a mensagem em meio à corrida de gravadores, que procuravam uma posição mais adequada para captar o som vindo do céu (Trecho do meu diário de campo em 20 de junho de 1992).

No santuário, antes de começar a mensagem, os fiéis se reúnem no local e louvam. Sem pressa, os videntes se aproximam e se posicionam ao lado de Marilda, a qual toma uma posição de destaque, seja em cima de um palanque de madeira erguido sob a árvore das primeiras aparições ou no interior da capela. Marilda, por gostar de cantar, normalmente puxa as músicas. Com um microfone, sua voz sobressai ainda mais. Não é um momento de concentração para os videntes, eles conversam e andam de um lado para o outro, enquanto os fiéis, na última hora, certificam-se de seus pedidos e lhes dão flores e objetos para segurar durante a aparição.

Num átimo, Marilda, à frente, cai de joelhos, olhando fixamente para um ponto. Os demais seguem-na, permanecendo todos bem juntos. Então, ouve-se a mensageira dizer: "Vai ficando mais forte, fortíssimo... Apareceu!". Ao final da mensagem o povo recita a "salve-rainha". Os videntes levantam-se, ao mesmo tempo em que os fiéis, que lhes pediram informações e agora curiosos, os interpelam em busca de respostas. O restante do público permanece em seus lugares e reza o terço. Os videntes não voltam para estas orações. Saem, falando bem pouco entre as pessoas que querem suas atenções, principalmente nos dias de maior fluxo de romeiros.

Anteriormente, em 1992, quando se retiravam, Sr. Antônio ou algum outro membro do Grupo da Fraternidade entrava em cena para fornecer longas explicações aos visitantes. A saída do ritual não era brusca. Lentamente, Marilda deixava o instante de maior destaque e fusão plena com o sagrado para retornar à sua rotina. Assim, depois de ter sido toda palavra, ela, aos poucos, se emudecia para o público e voltava à sua vida normal. Entretanto, conforme aponta Turner (1974), vê-se que esta agregação não pode ser realizada impunemente. O que uma vez se separou, o que uma vez se tornou diferente, pode ser agregado ao grupo do qual se distanciou, mas a um preço mais caro e com um peso, na diferença mais intenso do que na identidade. Por isto, Marilda não volta a ser apenas mais um mero componente do Grupo da Fraternidade. Com o passar dos anos, essa distinção foi transformando-a, dando-lhe a mesma facilidade de Nossa Senhora em se comunicar com um grande e heterogêneo público. Aquela menina tímida dos primeiros anos e, depois, jovem acanhada, tornou-se uma exímia palestrante adulta. Desembaraçada, firme e com bastante clareza de pensamento, ela freqüentemente toma a palavra antes ou após Maria, explicando as mensagens e todos os elementos da aparição para qualquer multidão do local, do Brasil e, até, do exterior. Assim, ela foi substituindo seu pai e outros membros da comunidade nesse papel de intérpretes, exegetas, bem como foi substituindo outras pessoas na organização das caminhadas e na recepção dos romeiros. Só não é dito que passou a dirigir o Grupo da Fraternidade, porque isto cabe à Virgem.

Entretanto, em meados de dezembro de 2000, percebi que há pessoas que gostam bem mais da sua palestra que da própria mensagem divina! Alguns romeiros relataram-me que entendem melhor Marilda do que as palavras oraculares ou que, quando ela explica, elas ficam compreensíveis. Neste sentido, um fato curioso ocorreu numa viagem a Araxá (MG). Membros da comunidade que a acompanhavam contam que, andando pela cidade, uma senhora a abordou, dizendo que havia visto a aparição na noite anterior e que não havia se convencido de que Maria estava ali. Marilda, então, respondeu que era normal que muitos não acreditassem, pois o fenômeno era muito simples, ele acontecia na simplicidade, na simplicidade que é Jesus. Enfim, ela foi encadeando uma idéia na outra e, ao término da conversa, a senhora chorava, emocionada, afirmando que acreditava nela.

Na verdade, esta simplicidade, definida como o próprio milagre, é a alavanca propulsora da retirada da vidente de determinado nicho tempo-espacial, lançando-a no mundo. Paralelamente, é essa mesma simplicidade que santifica o Grupo da Fratenidade, levando-o a deixar de ser uma comunidade de iguais para abrigar em si a total diferença. Por fim, é ainda tal simplicidade que impulsionou a inserção da cidadezinha camponesa na modernidade, fazendo-se conhecer em vários lugares e tornando-se um atrativo para vários grupos de romeiros. Logo, neste caso da aparição, quão mais local, maior a possibilidade de tornar-se global.

Os Outros Videntes

Depois do afastamento de Íris e José Mário em 1988, permaneceram cinco videntes até 1992: Marilda e seus irmãos, Digão, Juliana e Toninho, além de Fabiana, uma prima. Naquela época, os seguidores de Nossa Senhora preocupavam-se com a idade dos videntes, em especial a da mensageira que havia completado dezoito anos. Afinal, temiam que, ao se tornar adulta, ela perdesse a pureza infantil e, em conseqüência, a graça da vidência. Além disto, até então, nenhum outro vidente havia despontado como seu sucessor. Digão e Juliana, na ocasião com dezesseis e quatorze anos respectivamente, de forma clara começavam a mudar suas posturas diante do fenômeno: pareciam estar cansados deste papel, faltavam às aparições e não gostavam de ir às caminhadas. Eles já estavam vendo fracamente a Virgem, porque, segundo os fiéis, não valorizavam o dom que lhes foi concedido.

As pessoas até compreendiam Digão, justificando que, por ser homem e estar crescendo, seria natural que sentisse vergonha de sua vidência diante dos colegas. No fundo, sabiam que a identidade de "anjinho" exigia-lhe um comportamento condizente, o qual não afirma valores da simbólica masculina, como a competição e a sexualidade ativa, valores estes importantes para um homem em formação, numa cultura que tanto os prestigia. Já Juliana e Fabiana, por serem do sexo feminino, sempre foram vistas de forma diferente. Tem-se a expectativa de que elas se identifiquem com a Virgem Maria, pois "as meninas são mais ligadas às coisas de Deus" (informante), o que mostra que o processo de construção do vidente relaciona-se também à questão de gênero. Na verdade, de certa forma, os devotos percebem que a Senhora é um símbolo de feminilidade e inocência, o qual reforça atributos ideológicos do papel feminino tradicional: a pureza, a maternidade, a sexualidade passiva e monogâmica dentro do casamento. Contudo, nenhuma das duas despontou ainda como a sucessora da mensageira.

Atualmente, Juliana mora e trabalha com Marilda na lojinha de artigos religiosos. Faz terços para vender e os serviços da casa, além de auxiliar sua mãe também nas atividades domésticas. Em 2001, cursava o primeiro ano do segundo grau e, às vezes, demonstrava vontade de ir empregar-se em outra cidade. Já Fabiana, voltou a morar na cidade há uns seis anos, quando perdeu a vidência. Sua mãe justificou o fato pela necessidade de estudar, mudando-se do Vale da Imaculada Conceição pela dificuldade de deslocamento para a cidade à noite, turno de realização do segundo grau.

No período em que eu estava em trabalho de campo, na ausência de Marilda, Digão não dava mensagem pela manhã, apenas à noite e brevemente. Poucos membros do Grupo da Fraternidade compareciam a estes rituais, ninguém gravava e não lhe pediam nada. Estava explícito, então, que ele não possuía o mesmo poder de agregar o Grupo da Fraternidade que sua irmã, nem a vontade de estar ali. O mais curioso acontecia às quartas-feiras, quando seu pai se ausentava para participar da reunião da CEB na cidade: o rapaz não aparecia para possibilitar o fenômeno e sua mãe justificava sua falta com um mal-estar. Contudo, soube que, já nas vésperas, ele avisou que não mais daria mensagem naqueles dias. Enfim, em junho de 1992, ele declarou que havia praticamente perdido a vidência e que ouvia Maria com dificuldade. Ele não conseguiria, portanto, continuar sendo mensageiro, o que lhe proporcionava um semblante aliviado, sobretudo porque não sentia culpa. Para ele, foi Deus quem quis assim. Hoje, não gosta nem de tocar no assunto e raramente é visto. Se lhe perguntam algo, diz que se esqueceu praticamente de tudo. No dia-a-dia, ocupa-se com um pequeno pedaço de terra que pertencia a um de seus tios, o qual adquiriu com a partilha que seu pai fez em vida e o auxílio financeiro de Marilda.

Quanto a Toninho, foi depositada grande expectativa em relação à sua vidência, por ser o menor, o irmão caçula, que tinha cinco anos em 1987 e ainda era amamentado no seio materno. Contudo, nunca transmitiu nenhuma mensagem e, em 2000, deixou de ver a Virgem. Contam que, num dia, quando subia o morro para participar da aparição, sentiu-se mal e começou a chorar feito criança, pois foi-lhe revelado que havia perdido a vidência. O rapaz entrou em forte depressão, perdeu o sentido da vida e insistia na idéia de se matar. Tamanho foi o medo em relação ao seu suicídio que Marilda levou-o para sua casa e os irmãos se revezaram na vigília constante de seus atos. Foi medicado, parou de estudar (cursava o primeiro grau) e de trabalhar numa venda na cidade. Hoje está melhor, viaja sempre a convite de romeiros, mas não lhe agrada conversar sobre o período em que era vidente.

Na verdade, nenhum dos videntes possuía, na qualidade de porta-voz, a identificação com Maria e o carisma de Marilda, não ocorrendo a substituição imaginada no transcurso desses dezesseis anos. Logo, o processo de tornar-se vidente mensageiro deste movimento religioso está intrinsecamente relacionado ao conceito weberiano de carisma. Tal conceito caracteriza a forma de autoridade baseada num dom, legitimado socialmente. Isto é, o carisma é a qualidade extraordinária de um indivíduo, que o distingue das pessoas comuns ao ser investido socialmente de poderes sobrenaturais, divinos (Weber, 1968). Diante disto, o indivíduo é visto pelo seu grupo social como um líder, podendo, então, fundar um novo universo.

No processo de tornar-se "vidente fundador", Marilda foi dotada dessa capacidade extraordinária. Mas, como salienta Bourdieu (1987) na mesma tradição weberiana, esta qualidade é menos uma propriedade ligada à natureza de um indivíduo singular que uma relação social. O líder carismático é acreditado e seguido porque ele incorpora valores que representam interesses dos adeptos e, através da manifestação de sinais e provas, reforça a crença de que a concretização de tais valores é algo possível. Ainda, num desdobramento da teoria de Weber, Csordas (1997) discute a fundamentação retórica do carisma. Para ele, o carisma é um modo particular de eficácia interpessoal, um processo intersubjetivo, coletivo e performativo.

Por isso, a aparição da Senhora de Piedade não é um fenômeno de motivações individuais e sim, culturais. Os estados especiais de consciência são institucionalizados e modelados de acordo com o contexto sócio-cultural. É verdade que, no primeiro momento, os símbolos são gerados no inconsciente individual. Contudo, uma vez gerados, eles passam a existir em nível público como símbolos culturais e, portanto, o indivíduo precisa dialogar com o social. Se não corresponder às expectativas do meio, ele não recebe legitimidade nem apoio emocional. É necessário que ele aprenda, no caso, a ser vidente, a transmitir as mensagens divinas e a elaborar seus pensamentos, ações e sentimentos nos termos do idioma cultural.

Assim, ao manipular elementos públicos/culturais, Marilda teve a capacidade de criar, com base nas crenças antigas, novos grupos religiosos, doutrina, relações sociais, simbolismo etc. No entanto, isto só foi possível porque tais criações foram apresentadas como respostas ao desejo social de renovação do mundo local. Nesse processo de se tornar líder, Marilda adquiriu o carisma ainda de uma outra fonte: sua íntima relação e identificação com Nossa Senhora. Por ser quem é, Marilda facilmente encarnou Maria. Este é o ponto-chave de sua experiência religiosa, o qual lhe conferiu a qualidade de ser extraordinário e divino, deu-lhe acesso ao mundo espiritual e modificou a sua vida, a da sociedade local e de outros fiéis.

Os Videntes Marginais

Em janeiro de 1992, outras videntes surgiram, a maioria em idade de oito a doze anos e filhas de adeptos da Renovação Carismática. A princípio, eram duas romeiras, uma menina de São Paulo e outra de Brasília, além de quatro do Grupo da Fraternidade. No dia em que suas vidências se manifestaram, chovia bastante. Por isto, as estradas de Piedade dos Gerais, que são de terra, ficaram intransitáveis, obrigando os visitantes do fim de semana a permanecerem no Vale.

Boa parte dos fiéis, por causa do mau tempo, estava abrigada nas casas. Apenas algumas crianças brincavam na frente do refeitório. De repente, começaram a gritar, dizendo que viam anjos, mas ninguém lhes deu crédito. Só acreditaram no instante em que o cabelo de uma delas levantou-se, superando a lei da gravidade, enquanto a menina afirmava que um anjo o puxava. Surpresos, imediatamente, os adultos se aproximaram e rezaram em torno delas. Elas, no centro de uma corrente humana, descreviam figuras sobrenaturais e conduziam as orações e atitudes dos mais velhos. Ficaram mais de três horas sob chuva grossa e ninguém se resfriou, pois a água que caia do céu, diziam as crianças, era benta.

Quanto às outras videntes de fora, tive conhecimento apenas do que se deu com a de Brasília. Ela continuou tendo as visões em sua casa. Nos momentos de êxtase, ordenava à mãe e à avó, as únicas ao seu redor que sabiam de sua graça, que cumprissem tarefas realizadas no Vale, como andarem descalças, fazerem vigílias à noite toda, caminharem pelas ruas orando etc. Com bastante dificuldade, as adultas tentavam fazer tudo, mas não entendiam o motivo de Nossa Senhora lhes colocar em situações tão incompatíveis com a vida na capital do país. Logo, começaram a duvidar desta aparição de Maria e, pouco tempo depois, as visões da garota cessaram.

As meninas pertencentes ao Grupo da Fraternidade, porém, passaram a ver a Virgem juntamente com os videntes iniciais. No entanto, as quatro recém-videntes também a viam, sozinhas, em momentos diversos daqueles que se tornaram oficiais. Do mesmo modo que os primeiros visionários, elas vislumbraram o Bem e o Mal personificados por alguns meses. Do contato com a Senhora, não havia mensagens propriamente ditas. Mas, indiretamente, através da descrição do quadro para elas formado e de pequenas frases soltas, o divino se comunicava, como nesta ocasião:

> Almoçamos e, ao meio dia, fomos para uma "gruta" rezar o rosário. Éramos um número reduzido de crianças e adultos. Chegamos a uma "mesa" improvisada com bambu repleta de flores. Foi só iniciar as orações e algumas meninas viram Jesus e Nossa Senhora.
>
> Enquanto uns rezavam, outros indagavam às videntes, que não se encontravam em êxtase, várias coisas. Uma moradora do Vale insistia muito para que elas perguntassem à Virgem questões de sua vida particular, tanto que uma vidente se encheu e lhe respondeu: "Nossa! Você não se cansa de fazer pedidos?"

De repente, as meninas saíram correndo deste local em direção a visões de Maria, de presépios etc, que lhes surgiam em cima de morros e no meio do mato. Nós fomos atrás, rezando, pisando no brejo, conversando e caindo. Tentávamos acompanhar a energia infantil até que elas nos mandaram seguir para a capela. Lá, outras pessoas se juntaram a nós e elas começaram a ver o coração de Jesus, o Espírito Santo em forma de pombo e encheram um copo com água, dizendo que era o sangue de Jesus. Depois, dirigiram-se a uma casa onde viram Nossa Senhora chorando. Imediatamente, a emoção tomou conta de todos, levando muitos também ao choro.

Voltamos à capela. Chorando, as meninas disseram que Maria estava triste porque havia alguém ali que não acreditava nelas. Nisto, uma das videntes, que estava ao meu lado, me fitou e falou algo como: "Nossa Senhora pingou uma lágrima em você". Eu estremeci, pois a fala indicava que o descrente era eu, tanto é verdade que me perguntaram se eu acreditava no que acontecia. Meio desconcertada, não enfaticamente, respondi que acreditava, mas ficou explícito que minha crença era relativizada. Senti então, os olhares de condenação por estar fazendo Nossa Senhora chorar.

Não me contive e fui atrás da vidente saber exatamente o que havia se passado. Ela me disse que Maria iria me curar e as pessoas interpretaram como se fosse uma cura espiritual.

Já passavam das 15:00h quando as visões terminaram e as pessoas começaram a se dispersar em meio a comentários sobre o ocorrido. Discutiam uma "teoria da vidência". Alguns adultos, para minha surpresa, receavam que estas crianças estivessem inventando ou que o Maligno estivesse atrapalhando a aparição de Maria. Acham que essas meninas não têm ainda a maturidade de Marilda para discernir quando é, realmente, a Senhora ou o Mal tentando se passar por Ela.

Confesso que me senti aliviada quando percebi que vários devotos duvidavam do fenômeno. Assim, o incrédulo que provocava a tristeza em Nossa Senhora podia ser qualquer um de nós. (trecho do diário de campo em 18/03/1992).

Como o eixo central desse novo fenômeno perpassava os mesmos temas do anterior, a princípio os fiéis pensaram que se tratava de mais uma manifestação de Nossa Senhora de Piedade. Porém, nele havia um grande espaço para perguntas pessoais (o qual se perdera nas aparições oficiais), além da consagração de outros videntes e de outros locais no santuário. Ele estabeleceu, por conseguinte, um novo ritual, reelaborando o fenômeno tradicional. Suas inovações, então, passaram a constituir diferenças significativas entre o antigo e o novo e a gerar muita polêmica a seu respeito.

Todavia, o novo fenômeno não conseguiu unir o Grupo em torno de si, conforme acontecia no rito oficial, pois as videntes não tinham o carisma de Marilda. Por tratar de aflições particulares e solicitar os fiéis boa parte do dia, tirando-os do trabalho coletivo, levantaram duas suspeitas: era invenção das crianças ou obra do Maligno. Mas, já que as meninas também tinham a visão junto com os primeiros visionários no ato da aparição oficial, o que as legitimava como videntes, descartaram a hipótese de mentira. Era, então, coisa do Diabo.

Eles acreditaram que, nesses momentos, o Demônio se transfigurava em Nossa Senhora para ser adorado, semear dúvidas e causar confusões, levando à perda da fé na verdadeira aparição e à desunião. Para não caírem nas ciladas do Mal e sentirem-se seguros, começaram a realizar testes. Por exemplo, deve-se pedir à figura da Senhora, no instante das visões duvidosas, para dizer que é "Maria, a Imaculada Conceição" ou outra frase que expresse dogmas ou crenças a seu respeito. Também é aconselhável pedir-lhe para beijar a cruz do terço e se ajoelhar diante do Cristo que está nela. Se for Nossa Senhora, ela o faz sorrindo e, se for o Maligno, ele dá uma gargalhada horrenda e desaparece. O Mal pode fazer-se passar por Maria, mas não tem força para pronunciar o seu nome e não resiste ao terço nem à imagem de Jesus Cristo. No entanto, depois de fornecerem um enorme receituário, paradoxalmente, diziam que não se deviam julgá-las. Afinal, Deus pode manifestar-se nas mais diversas formas, inclusive, naquelas que escapam à compreensão humana. Por isso, diante das "coisas" divinas, a dúvida está sempre presente, condição essencial para o mistério.

De fato, como se não bastasse o problema provocado pelas quatro novas videntes, duas mulheres declararam ver Nossa Senhora em 1992. O espanto foi geral, principalmente por serem consideradas o reverso da pureza e da inocência das crianças. Ambas enquadravam-se no que os camponeses chamam de "prostituta". Uma era da própria região e mãe solteira de três filhos, cada um de um homem; além disso, dizem que já fez abortos, não se dá bem com inúmeros membros da comunidade e apresenta um certo grau de deficiência mental. Por esta razão, alguns sentem pena, outros zombam dela, mas ninguém leva a sério o que diz. A outra chegou bem no início do fenômeno, oriunda de uma cidade-satélite de Brasília. É negra, pobre, solteira e vive criando casos com as pessoas em geral. Diz-se que já manteve relações sexuais com vários homens e que seu jeito estourado é resultado da convivência num ambiente grosseiro, marginal. Normalmente, poucos dão ouvidos ao que diz, permanecendo quase sempre isolada.

Crer na vidência de adultos não é tão fácil quanto crer na dos anjinhos humanos.[19] Ao passo que as crianças são puras, estando portanto mais próximas de Deus, o próprio Demônio aparecia na forma de meretrizes no princípio do fenômeno. Logo, a vidência dessas mulheres poderia ser mais uma obra do Maligno para "tirar a fé do povo na Nossa Senhora de Piedade" (informante). Pensavam que os romeiros não acreditariam na veracidade da mensagem se, ao lado de Marilda, estivessem essas adultas com os "currículos" repletos de pecados.

No início, a vidência de outras crianças era importante para testemunhar a aparição de Maria à Marilda, legitimando o fenômeno. Agora, estes novos videntes tornavam-se um problema, causando descrença na aparição como um todo. É verdade que Nossa Senhora já afirmou que um dia todas as crianças irão vê-la de corpo e alma, o que facilita a aceitação de novos visionários infantis. Porém, com o passar do tempo, aprenderam que a mensagem não pode ser entendida literalmente. Assim, ao procurarem outros sentidos para as palavras divinas, lembraram que todos os presentes são chamados, com freqüência, de as "crianças de Deus". Isto deu margem para se pensar que os pequenos também são os adultos, homens e mulheres, genericamente.

Desse modo, alguns poucos começaram a crer nas adultas videntes, em especial aqueles considerados à margem no Vale: os pobres que vieram da periferia urbana

19. Isso mostra que o mesmo "estado especial de consciência" (cf. Pereira, 1992), num único fenômeno, pode receber diferentes interpretações e juízos de valor de acordo com o indivíduo.

e as mães solteiras, os quais não se identificavam com nenhuma corrente dentro do catolicismo. Afinal, acreditavam que Maria veio ao mundo para elevar os humilhados, os fracos e os pequenos. Contudo, para os outros que não aceitavam seus dons, elas foram consideradas videntes – principalmente para justificar aos romeiros – sob uma condição especial: a de representantes da personagem bíblica, Maria Madalena, a "prostituta arrependida".

Da mesma forma que as crianças chamaram a atenção para si, determinando e orientando a rotina do local por meio do fenômeno, as vidente adultas também se situaram nesta posição de destaque. Mais uma vez, portanto, a aparição de Nossa Senhora subverteu a estrutura dominante da sociedade antiga: quem estava à margem – antes crianças, hoje pobres, negros, mães solteiras e "prostitutas" – passou para o centro daquele universo social.

Quando os fiéis começavam a compreender os acontecimentos extraordinários e os sentidos pareciam se fixar, surgia um fato novo, como este das novas vidências. Este elemento, perturbador da estabilidade do sistema religioso, permanentemente enxertava-lhe enigmas, tensões e, em conseqüência, dinamismo. Entretanto, este movimento efervescente corria paralelo ao nível já ordenado do fenômeno e foi neste plano que tornaram a buscar novos caminhos para decifrarem o desconhecido. Na época, ao refletirem sobre a situação dos videntes, tinham em Marilda e nos primeiros videntes o modelo. Até mesmo os novos videntes se outorgavam esta condição, comparando-se com os primeiros: "Eu vejo igualzinho a Marilda" (vidente). Afinal, ninguém coloca em questão a visão da mensageira, pois além de possuir o poder da palavra, julgam que ela tem maturidade para discernir a aparição divina da do Mal, de modo que tudo o que a Nossa Senhora de Marilda diz é sempre acatado: "O Mal interfere até mesmo na própria mensagem. Se o vidente não for forte, que nem Marilda, ele entende a mensagem errada" (informante).

Ao estabelecerem essa comparação, o procedimento do vidente é fundamental. Esperam que os demais agraciados se assemelhem a Marilda, que não se envolvam em fofocas, não falem mal de ninguém, se dêem bem com todos, não mintam etc. Enfim, eles devem possuir os atributos divinos, como ela. Mediante as atitudes, tidas como as mais corretas para o papel no dia-a-dia e no momento da aparição, determina-se o que é ser vidente: "Ser vidente é ser boa para a mãe, rezar mais" (vidente criança).

Após legitimados no cargo, sua vida modifica-se bastante, como uma das videntes adultas expressa nestas frases: "Eu sinto que a minha vida mudou demais quando eu comecei a ver Nossa Senhora. [...] A minha vida era muito ruim, eu era muito judiada aqui. Eles pisavam em mim. Agora não, ninguém me humilha."

Todavia, não são apenas os videntes que determinam a rotina do Grupo da Fraternidade. Este, também, ao criar expectativas em relação ao vidente verdadeiro (o "santo"), manipulam os aspirantes ao posto, que fazem tudo para correspondê-las. Assim, como o reconhecimento social é fundamental para se construir a identidade, o Grupo consegue o que quer destas pessoas, inclusive a dita conversão das visionárias adultas.

No ano de 1992, o número de videntes aumentou consideravelmente. Num ritual oficial da aparição, cheguei a contar treze videntes e a ouvir Marilda reclamar: "Não tem lugar pra ajoelhar no meio desta videntaiada!". Havia aqueles que viam anjos; outros, só a sombra de Nossa Senhora; e aqueles que a viam de corpo e alma.[20] Assim, se por um lado a Virgem "nada" dizia, por outro, ela legitimava os novos videntes ao aparecer para eles nesses rituais oficiais. Ela acolhia a todos em seu seio e se colocava acima das divisões. Da mesma forma que sob a autoridade da Santa Madre Igreja convivem inúmeras divergências, a Virgem absorveu todos os videntes, impedindo a explosão do conflito na comunidade por vários anos. Conseqüentemente, neste movimento de agregação, o fenômeno se rearranjou, recebendo nova feição por um período.

Naquela época, "Maria união" estava presente nos ritos oficiais, que são o ápice da unidade entre os habitantes do Vale, entre toda a humanidade e entre esta e Deus. Nestas cerimônias, através daquelas que são a sua extensão – as videntes –, ela se revelava inteira: mãe, filha, menina, mulher, prostituta, sagrada e profana.[21] E, também, encarnava-se em Marilda, que, em meio a todos os videntes, nunca deixou de "ser" a própria Nossa Senhora de Piedade.

20. Também vão até o Vale, como romeiros, videntes de outras regiões. A maior parte deles passa incógnita, porque, segundo afirmam, sabem que a área é de Marilda e que Nossa Senhora ali aparece para o povo do lugar. Preferem, então, não se manifestar a causar desunião.

Contudo, como a crença nas novas vidências nunca fora unânime, gerando incertezas e fomentando antigos desentendimentos, conflitos irromperam aproximadamente quatro anos depois. A mulher que era da região e mãe solteira saiu dali em busca de um outro lugar para morar, mas havia deixado de ver a Virgem. Dizem que ela não tem paradeiro e que, de tempos em tempos, passa uma temporada no Grupo. Já a outra, um dia, foi convocada a uma reunião na capela, dirigida por um juiz aposentado, morador do Vale. Os presentes, representantes da nova elite ali instaurada, aqueles que vieram da cidade e possuíam fonte de renda própria, proibiram-na de permanecer ao lado de Marilda, pois sua pessoa denegria o fenômeno. Ela quis ir embora, mas não tem para onde ir, segundo falam.

No entanto, curiosamente, Marilda disse-lhe que Nossa Senhora a havia designado para uma missão de suma importância no Vale: a partir de então, ela seria a responsável pelo refeitório. Seria a guardiã da despensa, organizadora do cardápio, recebedora das doações em mantimentos, dirigente das equipes que fazem rodízio semanal na cozinha, fiscal para que nada deixasse de sair a contento, enfim, a provedora do principal elemento de reciprocidade nessa comunidade. Por intermédio dela, deveria ser sempre mostrada a face de Deus abundante, farta, inclusiva e benéfica. Desse modo, então, ela foi reabsorvida pelo fenômeno, ganhando um lugar de destaque e prestígio. Embora nunca mais tenha voltado ao rito da aparição depois da reunião, ela continua dizendo que vê Nossa Senhora de modo particular.

Recentemente, apenas Marilda e, às vezes, Juliana, encontram-se na posição de videntes. Todos os outros foram-se dispersando. Paralelamente, as mensagens enfatizam que devem aprender a ouvir Deus numa folha, num pássaro ou num irmão, o que os leva a pensar: será que as aparições vão acabar? Contudo, ainda que isto aconteça, uma comunidade irá permanecer viva no santuário, dando o testemunho de sua fé e mostrando ao mundo quem é a Nossa Senhora de Piedade. A esta comunidade dedico o último capítulo desta tese.

---

21. De acordo com Leach (1978), a representação da Senhora formaria um composto binário com seu próprio oposto negativo – Maria Madalena. Enquanto aquela simboliza a maternidade, a castidade e o sagrado, esta se liga à sexualidade, ao pecado e ao profano. Maria seria, então, a mesma pessoa mítico/religiosa de Maria Madalena no Evangelho, realizando-se nela todas as potencialidades da mulher.

CAPÍTULO 5

As Interpretações de Nossa Senhora de Piedade

No presente capítulo, dedico-me às demais leituras e inserções que se agregaram ao fenômeno a partir da abertura da comunidade campesina a outros atores, oriundos de diversos contextos sócio-culturais: as novas visões de mundo e novos estilos interpretativos, representados por estes membros recém-chegados ao Vale da Imaculada Conceição desde fins de 1988 e, num plano mais profundo, as identificações individuais ou grupais com relação ao mesmo símbolo.

Retomo aqui à aparição de Piedade desta perspectiva, depois de haver apenas indicado, ao final da dissertação, o momento em que grupos católicos mais institucionalizados e pessoas individualmente começavam a circular intensamente no santuário e esforçavam-se para criar uma identificação do fenômeno com seus interesses, valores e noções particulares. Na verdade, o trabalho de campo realizado na época encerrou-se justamente nessa fase da aparição e somente a continuação da pesquisa até o presente permitiu-me, agora, fechar um círculo mais amplo de compreensão do fenômeno.

A Recriação da Comunidade Campesina

À frente do Grupo da Fraternidade, que surgiu como expressão de uma sociedade camponesa idealizada, Nossa Senhora revalorizou no santuário princípios e atividades da esfera doméstica. Ali, a estrutura patriarcal teve seu lugar bem reduzido, sendo excluídas ou transformadas as tradicionais representações do masculino. Por exemplo, a instituição eclesiástica, cujos alicerces são a norma e o dever, foi afastada e importantes pontos de sua doutrina foram revistos, como a substituição da imagem onipotente e punitiva de Deus-pai pela imagem amável e misericordiosa, que beira a impotência.

Assim, uma ordem matriarcal foi instaurada, apoiando-se no prazer, na emoção, na sensibilidade, na fraternidade, na solidariedade, no acolhimento e na fertilidade – esta, no sentido de abundância. Por conseguinte, desde o início, chama a atenção a permissividade, a indulgência, a fartura e a determinação de se viver permanentemente em espírito de *communitas* no Vale da Imaculada Conceição, buscando implodir as hierarquias tradicionais e reformular os papéis dos indivíduos que lá se encontram, além de ligá-los por uma única identidade: filhos de Maria. Essa idéia é confirmada por Pedro Agostinho (1986), em seu comentário à obra de Victor e Edith Turner, *Image and Pilgrimage in Christian Culture* (1978): o autor indica que o dinamismo matriarcal está presente em vários fenômenos marianos ocorridos na Europa, atraindo romeiros provenientes de diversas unidades sócio-políticas e econômicas, e ainda, superando as suas diferenças.[1]

> [...] sendo a parte feminina em sociedades que enfatizam a patrilinearidade e atribuem aos homens impor disciplina a seu funcionamento, Maria representaria o termo compassivo, não disciplinador. E assim ela, estruturalmente inferior enquanto mulher, fraca mas compassiva e intercessora, representaria os valores da *communitas* complementares e opostos aos da *estrutura*; e estaria por isso excepcionalmente apta a personificar os valores nucleares e abrangentes do catolicismo, para além de quaisquer segmentações particularizantes. (Agostinho, *op.cit.*: 23)

Por isso, a presença de Maria, associada à emissão de suas mensagens por líderes carismáticos infantis, marcam substancialmente a singularidade deste fenômeno: o que poderia ter-se tornado uma rígida comunidade campesina, aos moldes de uma

1. Moisés do Espírito Santo (1988) confirma a idéia do culto a Maria encontrar-se mais desenvolvido em sociedades em que há forte dinamismo matriarcal. Prandi (1997) também aponta para o culto mariano estar presente em grupos de exaltação da feminilidade e do feminino, em detrimento de uma lógica centralizada numa figura masculina.

comunidade milenarista ou de religiosos fanáticos,[2] acabou originando uma comunidade com indefinição clara de regras e ordenação pouco rígida, características de uma utopia infantil e feminina. Logo, não só pessoas oriundas do contexto regional, como devotos advindos de diversos ambientes, sentiram-se atraídos por uma sociedade idealizada, cujo substrato era camponês, mas indicava a possibilidade de acolher a diferença.

A primeira das inclusões ocorreu após a chegada dos romeiros em meados de 1988. Muitos deles não se contentaram em apenas visitar o "paraíso" nos fins de semana e experimentaram o desejo e a esperança de serem convidados por Nossa Senhora para partilharem do Grupo da Fraternidade, que se alojava numa única casa, sob os divinos cuidados maternos, sem nada pagar e em espírito fraternal. Com este intuito, indagaram a Virgem sobre a possibilidade de permanecer. Ela não mais convocou nominalmente aqueles que queriam fazer parte dos eleitos. Suas falas disseram: "Faça o que o seu coração mandar, esta é a vontade de Deus", "Se for da vontade de Deus, tudo vai dar certo" ou "(...) este lugar aqui foi escolhido por Deus há muito tempo. Como aqui, neste lugar, está formado um grupo, um grupo pra união, um grupo pra fraternidade, todos os que chegarem aqui, sentirem vontade de ficar, é porque foram chamados por Deus. É muito importante, meus filhos, porque poucos ficam unidos. Mas, se vocês soubessem quanto é importante a união, a oração que vocês fazem, todos vocês queriam ficar." (trechos de mensagem de junho de 1988, registrada em fita cassete).

Ao decifrarem esses dizeres, cerca de vinte e cinco pessoas entenderam que tinham a permissão para residir no santuário, atendendo a um chamado do Pai. Apesar de possuírem uma origem rural, próxima ou distante, vinham de Belo Horizonte e os demais, da própria região, tendo feito, portanto, uma imersão no modo

2. Como exemplo, cito alguns dos mais conhecidos casos de milenarismo e fanatismo religioso no país. A figura de Antônio Conselheiro contra os conturbados acontecimentos da Guerra de Canudos. A tragédia ocorrida em Malacacheta (MG) no ano de 1955, onde alguns meeiros, membros da Igreja Adventista da Promessa e exaltados pelo ardor religioso da Semana Santa, mataram quatro crianças que julgavam possuídas pelo Demônio. A polícia acabou por liquidar os autores do crime. Há ainda, a "Revolta dos Mucker", ocorrida em São Leopoldo (RS), em que membros de uma colônia alemã aderiram ao fanatismo religioso liderados por Jacobina, uma controversa figura mística.

de vida urbano.[3] Embora sua memória do catolicismo do interior agrário possa tê-los atraído à aparição, sua religiosidade não mais se limitava a esta tradição. Nenhuma destas pessoas vinculava-se a um movimento específico dentro da Igreja e a maioria já havia freqüentado outras religiões, diferentemente dos camponeses locais que sempre tiveram o catolicismo como o único horizonte de referência religiosa.

Algumas delas advinham da periferia, eram negros favelados e aparentados entre si. Outros, brancos, que compunham a classe média na cidade, também resolveram ficar. As primeiras foram uma mulher grávida, ex-estudante de biblioteconomia e ex-sócia de uma pequena confecção de roupas, e de uma baiana, que lá chegou com duas filhas, dona de casa e ex-companheira de um engenheiro bem sucedido. Boa parte dessas pessoas eram mães solteiras e suas crianças. Além delas, vieram: uma senhora rica, uma jovem, filha de um deputado federal, e um casal, cujo marido era juiz de direito aposentado. A senhora, em seus sessenta anos, era artista plástica prestigiada e membro de uma tradicional família mineira, atuante na política de âmbito nacional e com negócios em diversos ramos como livrarias, fabricação de jóias e de alfinetes, comércio interno e externo de pedras preciosas, criação de gado e frigoríficos. Na capital, ela deixou seu marido e uma boa casa num dos bairros nobres. Depois que seus filhos se tornaram adultos, pensava freqüentemente em sair da insegurança, agitação e "stress" da cidade grande, mas não o fez até saber da aparição. Quanto ao casal, este não tinha residência fixa desde que o senhor se aposentou. Passava temporadas em suas propriedades de Belo Horizonte, do litoral e do interior do estado. Não se preocupava mais com os negócios de uma fazenda e de uma grande confecção de roupas, os quais estavam sendo gerenciados pelos filhos. Por fim, a moça, filha de um abastado deputado eleito pelo triângulo mineiro, vinha da capital mineira, após ter estado alguns anos assessorando seu pai em Brasília. Na época em que foi para o Vale, ela, que só possuía o segundo grau, não mantinha vínculo profissional ou estudantil.

---

3. Como expõe Regina Novaes (1997), nos anos 50, o Brasil tinha 70% de sua população no campo e 30% nas cidades, sendo considerado um país essencialmente agrícola. Hoje, estes valores se inverteram, existindo, nas periferias urbanas, uma população empobrecida que deseja terra para trabalhar. Quero dizer com isto que ainda haveria uma forte presença de uma vida campesina idealizada no imaginário brasileiro, o que teria contribuído para a atração exercida pelo fenômeno em pessoas residentes nas cidades grandes.

Todos esses recém-chegados já se haviam desencantado com a vida urbana. Para os favelados, na verdade, seu lugar de origem nunca foi encantado, afinal sempre sofreram privações de várias ordens. Para as mães solteiras de classe média, ele oferecera desilusões amorosas e a enorme responsabilidade de criar seus filhos sozinhas. Para os ricos idosos, ele não possuía mais atrativos. Pelo contrário, a crescente violência urbana os expulsava. E, em relação à jovem rica, esta parecia estar à procura de programas interessantes.

A apresentação desses novos membros do Grupo em classes sócio-econômicas é importante para revelar a variedade de buscas que encontraram seu destino na comunidade. A posição que ocupavam no seu contexto de origem, ou seja, o que abandonaram ao procurar uma realidade diferente, oferece uma medida das mudanças que estiveram dispostos a aceitar, inclusive de "status". Isto porque, como afirma Bourdieu (1987), tais posições são relacionais, quem é considerado rico ou pobre numa sociedade, inserido em outra, pode não ser mais.

Sem dúvida, a chegada desses citadinos traçou novos caminhos para o fenômeno, a começar pela dificuldade de entrosamento entre eles e os camponeses, os quais não estavam acostumados com a diversidade das metrópoles. Os piedadenses carregavam consigo fortes preconceitos raciais, repulsa às mães solteiras e muito desconforto perante estranhos, principalmente solitários, que se situam fora de feixes de relações. Por conseguinte, em princípio, reagiram negativamente à instalação de forasteiros em suas terras. No fundo, eles se opuseram mais aos negros favelados, ex-prostitutas e às mães solteiras. A seu ver, estes possuíam valores, padrões de higiene e de comportamento inaceitáveis; em especial, o fato de viverem em pecado, mantendo vida matrimonial sem o sacramento do casamento. Para os trabalhadores rurais, esta "sujeira" deporia contra a veracidade do fenômeno, uma vez que consideravam que somente deveriam residir ali os escolhidos de Deus, as famílias bem constituídas dentro de sua moral e de seus bons costumes.

De fato, a inclusão dessas pessoas reforçou a repulsa do pároco local, diante do seu rígido moralismo, tornando-o ainda mais afinado com a posição do bispo. Contudo, as mensagens desta fase começaram a pedir, com insistência, que os fiéis não abandonassem a Igreja e que participassem da missa diariamente. Diante da presença constante e intensa dos membros do Grupo da Fraternidade e dos inúmeros romeiros em sua igreja, ele acabou por calar-se, não quis mais conversar sobre o assunto ou emitir qualquer opinião.

De modo contrário, a chegada dos ricos urbanos à Piedade foi muito bem-vinda por todos. Representavam a grande conversão propiciada pelo fenômeno, um verdadeiro milagre da Senhora. Afinal, eles, que tiveram acesso à instrução formal, estudaram em colégios religiosos e conheceram vários lugares do mundo, abriram mão do conforto material, da riqueza (a qual havia sido associada a Satanás em momento anterior), para viverem em condições precárias. Esta atitude só poderia ser obra divina, o que legitimava a aparição. Para estes, segundo informantes, a Virgem falava: "Vocês deixaram o nada para terem o tudo. O muito sem Deus é nada, o pouco com Deus é tudo." Ademais, perante as pessoas mais abastadas da região, as quais se haviam afastado e desacreditado nas aparições em seu segundo momento, o Grupo da Fraternidade tornou-se bastante prestigiado. Quer dizer, os ricos urbanos, ao irem para Piedade não foram enquadrados na mesma posição social que os ricos rurais. Os da cidade, por possuírem saber formal, inclusive em relação ao próprio catolicismo, encontravam-se acima dos da roça na nova hierarquia social. Enquanto aqueles simbolizavam o desenvolvimento, estes representavam o atraso.[4]

Assim, ao classificarem os novatos dentro do universo camponês, as distinções simbólicas obtiveram um peso maior que as diferenças propriamente econômicas. Se, por um lado, as duas mães solteiras, oriundas da classe média, foram situadas abaixo dos "marginais" da região (que eram os membros iniciais do Grupo da Fraternidade), por outro lado, os ricos citadinos acabaram em posição superior à dos ricos fazendeiros desse interior mineiro, bem como em posição de destaque dentro da comunidade do santuário. Há mesmo evidências de que sua interpretação sobre a aparição foi a que se tornou hegemônica, versão que também serviu para a permanência dos demais grupos no fenômeno e, conseqüentemente, para a modernização de costumes e valores camponeses presentes na aparição.

---

4. De acordo com Bourdieu (*op.cit.*), os critérios utilizados para a definição de classe social, baseados apenas nas relações econômicas estabelecidas numa estrutura social, são insuficientes para a análise. "Inúmeras propriedades de uma classe social, provêm do fato de que seus membros se envolvem deliberada ou objetivamente em relações simbólicas com indivíduos das outras classes, e com isso exprimem diferenças de situação e de posição segundo uma lógica sistemática, tendendo a transmutá-los em *distinções significantes*." (Bourdieu, idem: 14).

Os ricos urbanos entenderam que Maria precisava deles ali, pois atribuíam a si mesmos, como também lhes era atribuído, maior conhecimento das "coisas" de Deus do que os camponeses, além de sua participação dar importância e credibilidade ao acontecimento. Deste modo, quando chegaram, passaram a desempenhar a tarefa de mediadores simbólicos da aparição, atuando como seus "intelectuais" (Ortiz, 1985) e ocupando, com isto, um lugar de grande poder na comunidade. Considere-se que, segundo relatam, a Virgem, no dia em que os parentes da rica senhora de Belo Horizonte (inconformados com a sua mudança) foram buscá-la, disse que a deixassem, porque ela era imprescindível para o Grupo e para o plano divino da salvação. Para esses novos exegetas, já que Maria vinha a Piedade para salvar todos os homens, o Grupo da Fraternidade, que era o Reino de Deus na Terra, deveria ser formado por, pelo menos, uma pessoa de cada grupo étnico e social existente no planeta. Por isto, a partir das mensagens mais genéricas, acreditavam que Deus reuniria ali representantes da humanidade inteira para viver em plena harmonia, paz e amor, iniciando por eles mesmos: o rico, o pobre, o negro, o branco, o mestiço, o camponês, o urbano, a mãe solteira, a criança e o velho. Esta heterogeneidade revelaria como é o verdadeiro Reino no céu e o viabilizaria aqui, uma vez que ele se estenderá ao mundo após a volta corpórea de Jesus.

Todavia, se o Vale era o começo do mundo novo para os seus primeiros membros e para os romeiros, quando alguns destes peregrinos tornaram-se participantes da comunidade, sérios problemas de convivência surgiram no santuário, exigindo a reformulação dessa leitura do fenômeno. A partir de então, sobreveio uma fase de confusão generalizada: alguns queriam mandar e outros não queriam obedecer; alguns faziam fila para almoçar, outros "avançavam" na comida; os camponeses resistiam a dividir o quarto com os negros; e, enquanto os da roça trabalhavam, os citadinos atrapalhavam – certa vez, por exemplo, uma porteira ficou aberta, o que provocou a morte de duas vacas. Num nível mais profundo, a confusão originava-se das diferentes interpretações que imputavam à mensagem: para alguns, "orar com a vida" significava trabalhar em prol da comunidade, para outros, sugeria uma atitude mais contemplativa; "penitenciar-se" para uns referia-se a privações corporais enquanto para outros, a atos de partilha e tolerância, por exemplo.

Por mais que buscassem orientação para o dia-a-dia nas mensagens, ao colocarem em prática os ensinamentos divinos, conflitos eram gerados. A mensagem, que agora não mais falava especificamente ao Grupo da Fraternidade, ao invés de ajudá-los, colocava-lhes outras dúvidas, mesmo aos "intelectuais" do grupo. Cada devoto, de acordo com seus interesses, suas concepções e sua formação católica, definia e vivia diferentemente as noções e os valores fundamentais que ali se proclamavam. Permanentemente emergiam sentidos diversos e opostos a partir de uma única mensagem. Por conseguinte, nunca tinham certeza se o que faziam e pensavam estava de fato correto, além de julgarem o outro sempre errado.

Contudo, traziam consigo a certeza de que, se apreendiam meias verdades, era porque estavam sendo preparados pela Virgem para desvelá-las gradualmente. Sabiam, pelo menos, que novos elementos do "Mistério Divino" lhes seriam apresentados em cada etapa da aparição, levando-os a reelaborarem as mensagens e as fases anteriores pelas quais haviam passado. Compreenderam, deste modo, que o mundo novo, experimentado pelos camponeses no início do fenômeno, era provisório e apenas parte de uma maior preparação para toda a humanidade alcançar a salvação.

De qualquer modo, as tensões atingiram um nível tão profundo que alguns antigos membros da comunidade entenderam que a Virgem lhes permitiu ir embora, voltando a ser colonos dos fazendeiros e ingressando no Grupo da Fraternização. Uma das irmãs do Sr. Antônio, que se retirou do Vale onde era moradora permanente, tornou-se vereadora e depois Secretária de Saúde de Bonfim, julgando que sua atuação no plano de salvação da humanidade era mais eficaz na sociedade mais ampla. Embora não fosse membro anterior das CEBs locais, para ela, a participação política estava intimamente ligada à dimensão religiosa e o Vale começava a perder espaço para a sua expressão.

Diante da realidade tumultuada que a pequena comunidade estava vivendo, sentiam que o pedacinho do céu, saboreado pelos camponeses nos primeiros meses da aparição, estava tornando-se um pedacinho do purgatório. Satanás, que tinha sido compreendido como a riqueza, o egoísmo, a exploração econômica e ainda tinha ficado fora do santuário na formação do Grupo, entra na terra santa juntamente com os novos personagens e vem como a discórdia, o desentendimento, a raiva e a tentativa de impor regras ao grupo. Conseqüentemente, a batalha entre o Bem e o Mal, que já havia terminado em Piedade, ressurge com força total dentro do Vale da Imaculada Conceição.

Assim, a leitura dos ricos urbanos sobre o fenômeno fez sentido da seguinte maneira: o desfecho da derradeira guerra entre Deus e Satanás passa a ocorrer e a depender diretamente da atuação do Grupo da Fraternidade no seu cotidiano, entendendo-se que, do mesmo modo que os seres humanos se tornaram pecadores através de Adão e Eva, e depois foram salvos por um único homem, hoje, a salvação de todos também será concretizada por intermédio de uma pequena amostra da humanidade: os eleitos. Logo, o Grupo da Fraternidade que, anteriormente, tinha apenas a missão de auxiliar Maria em sua vinda a Terra, vivendo as suas palavras de felicidade e divulgando-as aos romeiros, estava agora imbuído da tarefa de derrotar o Demônio no seio mesmo do próprio grupo. Por isto, foi denunciado que o Mal procurava se infiltrar na comunidade sagrada através de intrigas, discussões e desunião, uma vez que aquilo que acontece dentro do santuário repercute no universo inteiro. Se os moradores do santuário brigarem entre si, milhões de seres humanos, os que as pessoas em disputa representam no Vale, brigarão também; ou, se alguém deixar de rezar pela manhã, inúmeras almas, representadas por este devoto, permanecerão sem orações. Por conseguinte, todos estarão mais suscetíveis ao Demônio e este ficará fortalecido, conforme passaram a entender os genéricos dizeres da Virgem, como um aviso: "Enquanto eu venho ao mundo umas duas vezes por dia, Satanás vem umas quinhentas. Alertem-se!" (trecho de uma mensagem de outubro de 1988, registrada em fita cassete).

> [...] todas as pessoas vêm aqui por um chamado de Deus. E não há, no mundo, um lugar como aqui. O movimento *hippie*, eu tenho admiração pelo que eles pregavam: paz e amor. Mas, eles são uma fuga do mundo lá de fora. E, aqui, não. Estamos aqui para mudar o mundo lá fora, para converter e salvar a todos. Ninguém está aqui à toa, não. Todos têm uma missão aqui. (rapaz de classe média, oriundo de Belo Horizonte, integrante do Grupo em 1992).

O Grupo reafirmou sua posição de intermediário entre Deus e a humanidade. Não mais, porém, enquanto um paraíso na terra, em tom de alegria e glória para os vencedores, mas sim enquanto local de provação, sacrifício e penitência para seus membros. Por isto, a esperança de que dias melhores haviam chegado, libertando os camponeses da opressão no início do fenômeno, é projetada para o futuro, exatamente quando os novos e heterogêneos eleitos derrotarem Satanás ali e, de modo indireto, no planeta. Quer dizer, quando se aceitarem em suas próprias diferenças e nas que estavam ainda por vir, tornando-se, paradoxalmente, iguais.

> Amar o que é igual a gente é fácil... Aí, Nossa Senhora mandou essa negraiada pra gente aprender o que é o verdadeiro amor, como lá vai só chegando gente esquisita pra cá... Difícil é amar o que não é igual. Amar aquele favelado, aquele drogado, aquele que nem sabe quem é seu pai, sua mãe. Mas, este é o amor de Deus. (camponês em 1992).

Uma Comunidade Mística Carismática?

Embora a mensagem divina houvesse alterado completamente a sua feição a partir de maio de 1988 (quando os videntes passaram a enunciá-la num estado semelhante ao da possessão), nos momentos de crise aguda do Grupo da Fraternidade, a Virgem voltou a falar-lhes numa linguagem bem mais objetiva. Segundo os nativos, tal fato se deu apenas umas quatro vezes e em momentos em que os romeiros não se encontravam presentes – momentos sobre os quais me referirei nas próximas páginas. Porém, nota-se que tais falas foram suficientes para reelaborar o mundo novo dentro da sua realidade e para solucionar seus conflitos proeminentes, novamente, através da promoção de outros estados de *communitas* entre os fiéis.

A primeira ocasião em que Maria tornou a manifestar-se numa conversa direta com a pequena comunidade deu-se em julho de 1988, quando ela a redefiniu espacialmente. Ou seja, depois de quase um ano morando todos na antiga casa do Sr. Antônio e em duas barracas de *camping* armadas pelos membros novatos, a Virgem permitiu que a rica senhora de Belo Horizonte construísse ali a sua casa, a fim de que pudesse cuidar melhor de seus problemas de saúde. Deveria ser um barraco feito em mutirão, com o mínimo necessário e sem luxo, apenas um cômodo com banheiro, sem eletrodomésticos.

Dias mais tarde, em mensagens genéricas, outros devotos, inclusive pertencentes aos Grupos da Fraternização e de Oração, entenderam que também haviam recebido a mesma autorização. Embora muitos não fossem residir no local, sentiam-se participantes do Reino de Deus e representantes de outros grupos sociais do planeta, uma vez que ajudavam a manter o Grupo da Fraternidade. Entre estes encontravam-se: um cirurgião plástico e a esposa, oriundos do Rio de Janeiro; uma alta funcionária aposentada do Banco Central, de Brasília; o irmão fazendeiro da rica senhora de Belo Horizonte, juntamente com a mulher; e a família do dono de uma oficina mecânica da região. Boa parte das pessoas distantes de Piedade pertencia à Renovação Carismática Católica ou era simpatizante, pois a vinculação desse movimento religioso com o fenômeno de Piedade foi, no início, bastante fácil.

Com base no extenso estudo sobre os carismáticos de Thomas Csordas, *Language, charisma, and creativity* (1997), nota-se que valores e elementos por eles cultuados podem ser identificados na aparição. Ou seja, a busca por espontaneidade, intimidade e a sacralização do *self* dentro de uma organização comunitária aberta e acéfala, onde as lideranças são temporárias e baseadas nos carismas pessoais, conduziu-os até o Vale. Além disto, pelo fato de serem marcados como uma religião da "palavra" (Csordas, *op.cit.*: 158), em que o centro da performance ritual se desenvolve lingüisticamente, as mensagens diárias de Nossa Senhora exerceram um grande fascínio sobre eles.

Com a vinda desses moradores, no fim de 1988, vários modestos barracos foram erguidos em mutirão, formando uma rua no Sítio Barro Vermelho e, ao mesmo tempo, as famílias campesinas saíram da habitação comum que ocupavam e voltaram a se estruturar de modo nuclear. À medida que a privacidade dos participantes da comunidade e o seu espaço físico privado aumentavam, inversamente, diminuíam os atritos. Contudo, as refeições e algumas atividades (orações, trabalhos manuais, plantios, entre outros) do santuário permaneceram realizadas de forma coletiva.

Tal situação também contribuiu para a solução dos problemas do Vale ao ter favorecido o crescimento de sua população, a qual se tornou flutuante. Por um lado, a Virgem deixou de nomear seus participantes, bem como de conceder-lhes licença para entrar e sair do local após a estruturação do Grupo da Fraternidade, o que ficou a critério do devoto, deixando o *self* divinizado falar. De acordo com essas últimas mensagens, a pessoa saberia em seu coração quando era "chamada" por Deus e qual era a sua missão dentro desse plano de salvação. Então, o fiel só permaneceria ali se estivesse sentindo-se bem.

Por outro lado, as novas instalações individuais puderam abrigar mais fiéis, multiplicando o número de romarias e de moradores temporários. Em 1992, o Vale da Imaculada Conceição contava com um refeitório, banheiros para visitantes, uma escola municipal, uma capela e outra maior em construção, além de cerca de duzentos habitantes. Sem dúvida, isto gerou um clima agradável entre eles, uma vez que facilitou a formação de pequenos e diversos grupos dentro do próprio santuário, onde os membros mais fixos puderam expressar as suas diferentes religiosidades e encontrar seus pares, bem como os visitantes em relação à população ali estabelecida.

Na verdade, irromperam inúmeros grupos de oração e práticas religiosas, cuja orientação advinha da Renovação Carismática. Era comum, nos dias de grande fluxo de romarias, ver pessoas rezando em línguas, fazendo rituais de cura, bem como louvando coletivamente com fervor e executando coreografias decoradas. Enfim, a efervescência deste "catolicismo de massas" (por isomorfia com a cultura de massas, cf. Oliveira, 1997) tomou conta do fenômeno. À frente deste movimento, surgiu no Vale uma série de padres, liderando seus paroquianos em caravanas. Estes foram os representantes eclesiásticos, por decisão pessoal, que apoiaram abertamente a aparição, contribuindo para a incorporação de um misticismo apoiado no milagre e em fortes doses de subjetivismo e emoção.

Do mesmo modo que novos e diversos tipos de participantes passaram, então, a chegar espontaneamente ao santuário, a ocupação do local foi-se dando de forma desordenada, pois erguiam suas casas onde sentiam vontade de construí-las. Neste movimento, só reservaram intacta metade da propriedade para o irmão do Sr. Antônio, o sócio do sítio naquela época. Os cômodos não possuíam escritura, já que, além de se encontrarem em terras alheias, a Senhora avisou, numa das mensagens objetivas, que não pertenciam a ninguém em particular e, sim, à humanidade. Tudo era de todos. Por isto, deveriam manter sempre as portas abertas aos de fora, aos fiéis dos arredores e ao próprio Grupo.

> Uma coisa que o Grupo tá precisando é fechar a boca. Vem muitas pessoas aqui... Nós pegamos e falamos: "Ó, vocês tá vendo aquela casa [casa-mãe] ali? Aquela casa um dia vai virar só luz. As outras eu acho que não foi escolhida." Meu Deus! Se existe as outras casas... Será que nós iríamos construir uma casa se não fosse

> a vontade de Deus? Muitas pessoas querem construir uma casa aqui e não vai pra frente de jeito nenhum. Tudo que elas fazem é pra trás. Só aquela pessoa que está disposta a construir uma coisa aqui para servir não somente para ela, mas para o outro, vai, vai pra frente. Mas, se nós queremos a coisa boa só para nós, nunca vai, nunca. [...] porque nós aqui não devemos pensar: 'Vou construir só pra mim.' [...] saber que, aqui , no Grupo o que não for para todos nós, não é para nós entrarmos, não. Mas, o que for para servir para os outros, vai pra frente. Então, o significado de tudo isto é a união, é o amor, é a oração. (trecho da mensagem de 30/06/89, registrada em fita cassete).

No entanto, alguns romeiros e pessoas do Grupo da Fraternização começaram a perder estas identidades específicas quando foi possível passar meses na comunidade. O mesmo ocorreu com alguns membros do santuário, já que puderam ficar temporadas fora de lá. Conseqüentemente, surgiram dificuldades entre os fiéis em reconhecer a própria forma de inserção no fenômeno e também em demarcar, de modo rígido, as fronteiras entre os três Grupos: o da Fraternidade, o da Fraternização e o da Oração, imbricados profundamente. Além disso, os contornos desses Grupos ficaram ainda mais fluidos, e muitos dos problemas da comunidade se dissiparam, depois que a Virgem começou a aparecer fora das imediações de Piedade dos Gerais para levar a sua palavra ao conhecimento de um número maior de fiéis, geralmente acompanhada de representantes dos três Grupos. Nossa Senhora e os participantes do santuário tornaram-se verdadeiros peregrinos, empreendendo deslocamentos rituais quase toda semana, quando deixavam o seu mundo rotineiro para irem a lugares onde se tornariam especiais diante da presença do sagrado. Com esta atitude, Maria inverteu os papéis dos novos andarilhos em relação aos dos romeiros e criou, entre eles, um estado praticamente constante de *communitas*.

Por um lado, afinal, os membros do Vale são convidados justamente por aqueles que os visitam aos sábados e aos domingos para irem até suas cidades e até suas paróquias, quando o convite parte de padres. Nessas localidades, após todo o percurso da viagem, na qual as suas diferenças vão sendo lentamente amenizadas, eles são absorvidos por um clima de festa (muita alegria, fartura e solidariedade). São recebidos de maneira igual à que acolhem os visitantes: em pequenos grupos, hospedam-se nas casas dos anfitriões, os quais são em sua maioria carismáticos e se preparam durante semanas para estes dias. E, ainda, são tidos e apresentados ao público externo como os escolhidos de Deus para viabilizarem o seu plano de salvação da humanidade.

> [...] em Piedade, está formado um grupo, porque é preciso. Vocês estão enxergando que poucos estão na união, poucos estão na fraternidade... Então, Deus formou um grupo de fraternidade, de amor. Um grupo para orar, para ir à missa, para participar uns com os outros, para ajudar a salvar vocês, meus filhos, porque vocês correm muito perigo. (trecho da mensagem enunciada em 18/07/90 na cidade de Vasconcelos, MG, registrada em fita cassete).

Por outro lado, os membros do Vale sabem que o crescimento do fenômeno e, por conseguinte, a conversão de outros seres humanos depende da boa impressão que causarem nas caminhadas, pois se eles estão mais próximos de Deus como os seus eleitos e participando diretamente da aparição, é porque melhor encarnam o modelo de perfeição da humanidade, Jesus Cristo. Isto lhes exige corresponder à expectativa do Deus que revelam ao mundo: extremamente amável, generoso, humilde, misericordioso, bondoso, piedoso e desapegado às riquezas materiais. Nas caminhadas, as crianças devem comportar-se bem, os jovens e os adultos relacionarem-se em perfeita harmonia, além de colocarem-se em oração permanente. Enfim, "fora de casa" devem ser verdadeiros santos, como Maria lhes recomenda nesta mensagem, na qual volta a falar de modo explícito e firme com o objetivo de escolher os participantes das primeiras viagens e os orientar para as futuras:

> [...] e, hoje, como devemos saber, será o dia em que eu vou dizer o nome das pessoas que vão ir. Então, para ser dividido corretamente, eu vou tirar somente um jovem do Grupo da Fraternização, aquele que sempre gosta de tirar o terço, gosta de orar, para ele ajudar na oração. As pessoas gostam muito quando Sr. Antônio tira o terço, mas as pessoas gostam mais ainda quando um jovem tira. Agora, do Grupo da Fraternidade, ficou resolvido: dez crianças, dez jovens e dez maiores. Vou explicar: Dona Salete e Sr. Valdemar nem sempre vão juntos, porque nós aqui temos uma só missão, que é diferente da missão... Se um ou dois de uma família vai, o

> resto da família fica, porque senão só os casados retornarão e vão encher os dez lugares. Aí o Grupo da Fraternidade torna, assim, aquela encrenca, porque só estes que vão. [...] Eu olhei na participação, no dever, na humildade... As crianças, um alerta muito grande para elas. Nas caminhadas, todas as crianças atentas na oração e, na hora da palavra de Deus, não quero enxergar criança sentada, não quero enxergar criança mexendo no cabelo. [...] O que acontece com as crianças videntes é isto: elas, às vezes, por causa de não serem mensageiras, elas não querem atender a uma pergunta do próximo, porque elas pensam: "eu não sou mensageira". Mas, as crianças precisam atender, porque nós, no lugar que nós estamos indo, as pessoas lá vão só aumentando. E será que Marilda sozinha vai dar conta de todas as pessoas? Não dará não. [...] As crianças escolhidas para ir foram as crianças que vão completamente para cantar, orar e refletir a palavra de Deus. [...] As crianças que vão, vão com amor e humildade. [...] Eu não escolhi somente do lado de cá, as brancas, não. Eu não escolhi somente a de cor diferente, não. [...] todos os jovens que vão, vão de dois em dois. Não tem nada disso, não, Marcone. Você vai para rezar, não é para mostrar que é bonito não. [...] Agora, se muitas pessoas ficaram revoltadas, porque eu não escolhi a elas, aí eu vos digo: eu não escolhi estas pessoas, não. Foi Deus. [...] Eu tô vendo tudo. Na viagem, eu estou mais perto de vocês. E, aqueles que ficarem, saibam usar a palavra de Deus. (trechos de uma mensagem em 1988, registrada em fita cassete).

A apresentação do modo de viver ideal do Grupo da Fraternidade é, portanto, mais um valioso elemento para que outros acreditem na aparição, por isso a regra determina que viaje um representante de cada conjunto de pessoas do Vale. Afinal, se a paz reina numa comunidade tão heterogênea, só pode ser obra de um Pai pacífico, generoso, indulgente com todos os seus filhos e múltiplo: pobre, rico, negro, branco, camponês, citadino. Da mesma maneira, a Senhora que sai viajando pelo mundo para pregar a sua palavra, juntamente com uma comunidade que ela mesma criou e dirige, só pode ser um modelo de mulher forte, múltipla e independente; ainda que se mantenha, aparentemente, submissa ao Senhor.

Contudo, ao se deslocarem do Vale, não é apenas uma encenação da comunidade perfeita que as pessoas mostram ao mundo; elas, de fato, conseguem superar problemas cotidianos, experienciando uma de suas *communitas*. Tal estado, por conseguinte, imbui o Grupo da Fraternidade de santidade, o qual "dá um verdadeiro testemunho positivo", como dizem, reafirmando a existência do sagrado em Piedade dos Gerais e revelando-o nos diversos tipos ideais, encarnados em seus componentes.

Naturalmente, esse ambiente sagrado deve ser igualmente vivenciado nos fins de semana, quando os devotos, que o presenciaram nas caminhadas, vão à Piedade sob a condição de romeiros. Em tais ocasiões, não se fala em problemas da comunidade, todos os membros se tornam bons anfitriões e se unem em torno do mesmo objetivo: acolher os peregrinos tão bem quanto foram recebidos nas suas cidades. Porém, não se trata de uma mera encenação dos habitantes do Vale, pois a chegada dos visitantes realmente dilui as tensões do dia-a-dia ao transformar o sábado e o domingo num momento especial para todos. Por outro lado, é esse contato permanente e ritualizado com os devotos de fora que possibilita às pessoas mais próximas a Maria superar problemas rotineiros e, ao mesmo tempo, lhes confere uma aura sagrada, confirmando-os como homens perfeitos e o povo eleito. É exatamente tal contato que faz brotar nos visitantes o desejo de participar da salvação da humanidade pelo lado de dentro do santuário e traz, paradoxalmente, novos membros, novas diferenças e novos conflitos para o interior da terra santa.

> O pessoal aqui só quer saber de romeiro. Se a gente fala que vai ficar mais de um mês, que nem eu, eles viram a cara pra gente. Eles ficam com medo da gente ficar de vez. Quando a gente vem aqui, no final de semana, a gente acha que todo mundo é santo. Mas, até pra viver num cantinho do paraíso é difícil. Se eu pudesse, eu criava asa, vinha aqui, ouvia só a mensagem e voltava pra trás. (visitante que pensava em morar no Vale em 1992).

> Se você disser que vai morar aqui, aí tudo fica diferente. Quando eu era visitante, abriam os sorrisos para mim. Agora, torcem o nariz. (membro novato em 1992).

Embora, na teoria, a pequena comunidade esteja aberta à diferença e afirme ser ela necessária para se cumprir o plano de Deus, na prática, o novato significa uma ameaça à frágil situação estabelecida, uma vez que o princípio da ordem não é ali valorizado. Logo, até o desconhecido ser absorvido e classificado pela comunidade, de modo geral, esta lhe é hostil. Ao retornarem ao santuário para se fixarem definitivamente, os novos integrantes deparam-se com uma realidade bem distinta daquela dos fins de semana e das caminhadas. Descobrem preconceitos, fofocas, brigas, competição, enfim, um lugar de provações.

Com efeito, apesar de buscarem viver num estado permanente de *communitas* e cada aparição diária promovê-lo, seja dentro ou fora do santuário, os devotos se dispõem numa estrutura social – a qual muitas vezes é vista como o que precisa ser eliminado, o Satanás dentro do paraíso. Porém, não há sociedade sem estrutura social (Turner, 1974); Maria a reformulou, no mesmo movimento em que solucionou problemas gerados por ela. Em outros termos, ao redefinir espacialmente o Grupo, ao favorecer o crescimento e a flutuação da sua população e ao realizar as caminhadas, alguns conflitos foram diluídos e outros emergiram. Enquanto isto, o Reino está sendo sempre reelaborado e, nessa fase, tomando feições de uma comunidade mística carismática, marcada pela bricolagem de formas de catolicismo popular, pela importância dada ao *self* sagrado na experiência religiosa e pela reafirmação de uma comunidade desinstitucionalizada, fora do controle clerical (cf. Steil, 1999).

Se o advento de moradores urbanos deu um novo fôlego ao fenômeno, no referido momento já se esboçava, entretanto, a sua nova divisão social: os ricos citadinos passaram a deter o poder de interpretar o sagrado, alguns dos primeiros camponeses saíram e integraram o Grupo da Fraternização e os pobres urbanos foram marginalizados. Após o desmembramento do Grupo em vários cômodos, tornou-se visível esta organização: os negros favelados, sem condições de construir suas próprias habitações, continuaram amontoados na "casa-mãe" e casas grandes foram erguidas para abrigar uma única pessoa ou para serem utilizadas somente no período de férias dos devotos que moram distante. Logo, apesar da Virgem condenar a propriedade privada, afirmando que ninguém é dono de nada, de algum modo, ela ressurgiu num ambiente de maior privatização do próprio sagrado e do fenômeno como um todo.

Reproduziram-se ali as hierarquias sociais da sociedade mais ampla, tanto no cotidiano do santuário como nas caminhadas. Os que têm posses contribuem financeiramente com a comunidade e recepcionam os romeiros, ao passo que apenas os pobres urbanos e os poucos camponeses que ficaram fazem trabalhos braçais na lavoura, na cozinha e na limpeza. Por possuírem carros e recursos para as despesas do deslocamento, os ricos urbanos sempre participaram das viagens, permanecendo mais tempo fora do que dentro do Vale. Além disto, assim que Maria parou de organizar as caminhadas e de nomear os seus integrantes, eles começaram a decidir quando partem e retornam, qual o percurso a ser feito e os seus acompanhantes, e aqueles que não lhes forem benquistos não usufruem de seus automóveis. Quando chegam às cidades, são eles que contam a história das primeiras aparições, falam a respeito do conteúdo das mensagens e sobre sua vida em Piedade.

Assim, embora a convivência de vários segmentos sociais sob o manto da mesma Senhora possa ser lida como uma crítica ao mundo externo, a qual se manifesta nas mensagens e no estado permanente de *communitas* do Grupo, a divisão social da sociedade externa ali se espelha. Apesar dos romeiros esporádicos não a perceberem, uma vez que só mantêm contatos fugazes com a aparição, é tal organização social que produz conflitos dentro da comunidade a partir de 1992.

A solução desses problemas, novamente, cabe a Maria. Conforme indicado no capítulo anterior, filhos dos negros favelados e das mães solteiras, bem como "prostitutas", começaram a afirmar que viam a Senhora de Piedade no meio da semana, portanto durante a ausência dos videntes originários nas suas viagens a outras localidades. Estas visões traziam um discurso contra a injustiça social, ocorriam fora das manifestações já estabelecidas e em horários que retiravam os pobres das tarefas que estivessem realizando para a comunidade, provocando assim grande polêmica a respeito de sua veracidade. Ainda que, nas aparições legítimas, a Virgem não se pronunciasse sobre estes acontecimentos, ela os absorveu, aparecendo para estes novos visionários nos ritos oficiais.

Nessa fase vê-se que a utopia inicial, que inverteu radicalmente as hierarquias tradicionais, colocando no centro do mundo novo os marginalizados da região, deu lugar a uma utopia moderada, fruto da inserção de grupos urbanos na aparição. Afinal, sua ética e visão de mundo eram bem diferentes das dos camponeses fundadores do santuário. Sem implicações sociais, não ultrapassam as biografias individuais, sendo, portanto, grupos conformistas em relação à ordem vigente.

Atualmente, uma comunidade mariana

Após o falecimento do pai do Sr. Antônio em 1994, efetuou-se a divisão da Fazenda Barro Vermelho entre os herdeiros, os quais entraram numa série de acordos, de modo que o terreno das primeiras aparições permaneceu com o Sr. Antônio. Este aproveitou a partilha do pai e fez a sua própria em vida, doando este terreno e o local em torno da "casa-mãe", onde o Grupo da Fraternidade se instalou, para o santuário. A partir de então, estabeleceram-se novas relações entre as pessoas, provocando o surgimento de uma outra configuração social e de grandes modificações na paisagem local. Sem dúvida, o fenômeno sofreu alterações profundas.

Uma das principais transformações principiou com a acentuada perda de liderança do Sr. Antônio e de seus familiares nesta fase recente. Camponeses da região, que já queriam deixar a comunidade, puseram suas casas à venda e aqueles poucos que ali permaneceram voltaram a trabalhar em suas terras ou para fazendeiros, fazendo do Vale somente um lugar para dormir. Hoje, o próprio Sr. Antônio só aparece na hora das mensagens, as quais continuaram a ser dadas apenas à noite durante a semana e nos poucos dias em que Marilda não se encontra em caminhadas.[5] Então, é nas poucas aparições semanais, nos instantes de comunhão comunitária, que se vêem os camponeses reunidos, ainda se identificando com o fenômeno. Contudo, em dezembro de 2000, vários afirmaram sentir saudade dos primeiros meses do fenômeno e da vida fraternal que ali experienciavam.

De modo totalmente desordenado e sem qualquer infra-estrutura básica, várias moradias continuaram sendo edificadas, o que pode resultar em sérios comprometimentos futuros, confirmados pelo *Inventário de Proteção do Acervo Cultural do Município de Piedade dos Gerais*: "À medida em que vão surgindo novos moradores, fiéis ou necessitados, o Vale vai perdendo aos poucos a qualidade ambiental. A ocupação desprovida de planejamento pode acarretar problemas de ordens diversas, como por exemplo, o 'caos' sanitário" (2000: 33). Hoje, somam cerca de cem residências, distribuídas, ou melhor, amontoadas por quatro ruas paralelas de terra.

5. Sem substitutos para a vidente mensageira, as viagens longas como as da Europa (cerca de dois meses em 1998 e 2000) deixaram o Grupo sem mensagens.

Possuem energia elétrica – paga em separado, quando anteriormente era rateada entre as pessoas de acordo com as possibilidades de cada um –, porém, falta água tratada e rede de esgoto, comprometendo a saúde dos pobres que ali vivem permanentemente. O crescimento da cidade e do Vale em direção um ao outro praticamente os ligou, transformando a imagem bucólica dos antigos sítio e fazenda "Barro Vermelho" numa quase periferia urbana.

Até o momento da doação do Sr. Antônio, já havia ocorrido a transferência de casas de um membro a outro, sendo o pagamento equivalente apenas ao material da construção, uma vez que a mão-de-obra era produto de mutirão e o terreno, alheio. Contudo, ainda que tal doação não tenha sido individual, as edificações tiveram uma alta valorização. Muitas passaram por melhorias significativas: receberam mais quartos, sofreram ampliações com um segundo pavimento, ganharam garagens e cozinhas particulares, foram decoradas com cores variadas e estilos diversos, além de terem sido gradeadas. Tais reformas não foram realizadas em trabalho coletivo, mas pela contratação dos serviços de membros do Grupo ou de profissionais das redondezas.

Por parte de Nossa Senhora entenderam que não havia mais o impedimento a esse tipo de negócio no Vale, esquecendo-se dos habituais mutirões. Afinal, as mensagens permaneceram com sua feição genérica, centrando-se na liberdade individual e na indefinição de regras claras, expressas em frases do tipo "Faça aquilo que seu coração mandar. Esta é a vontade de Deus", "Deus manifesta-se em cada um de vocês" ou "Se for da vontade de Deus, tudo dará certo". Ao lado disto, em decorrência da forte influência da Renovação Carismática no fenômeno, o "self" divinizado acabou levando várias pessoas, dizendo-se inspiradas pelo Espírito Santo, a colocarem-se como verdadeiros veículos de transmissão dos desígnios divinos. Instaurou-se um ambiente de mal-estar, acusação e competição, em que uma interpretação pessoal procurava se sobrepor às demais, determinar a vida comunitária e tornar-se hegemônica.

Diante desse quadro tenso, cada devoto procurou levar sua vida isoladamente ou em pequenos grupos, restringindo ao máximo os trabalhos conjuntos. Estes foram mantidos somente nas atividades ligadas ao refeitório, aos cuidados com as crianças e à arrumação da capela, setores que condensam o sagrado e atraem a especial atenção dos romeiros, alvos de suas doações. Ainda assim, estabeleceram sistemas de rodízio, nos quais eram quase sempre os mesmos devotos que, de tempos em tempos, ocupavam-se dessas tarefas.

Esses devotos eram aqueles integrantes pobres que tinham apenas sua força de trabalho a oferecer, como dádiva à cadeia de reciprocidade que caracteriza a aparição. Do mesmo modo, só contavam com sua força de trabalho para sobreviver, logo, por prestarem serviço aos mais abastados da comunidade e da cidade ou, ainda, à prefeitura municipal, se adaptaram bem ao rodízio. Alguns destes fizeram do Vale sua morada por necessidade, por não terem outro lugar para viver. São ex-viciados, ex-alcoólatras, mendigos, idosos, ex-prostitutas, portadores de deficiências físicas e mentais, entre outros. Os que têm condições de trabalhar e conhecem algum ofício, empregaram-se como professoras primárias, diaristas, lavadeiras, babás, pedreiros, serventes e motoristas. Dizem também que há aqueles que permaneceram traficando drogas, cometendo furtos e se prostituindo, bem como assediando sexualmente as crianças da própria comunidade.

Um santuário totalmente permissivo, aberto a quem queira entrar, tornou-se um lugar visado por pessoas que não têm na fé a sua motivação principal para ali se instalar, tal como procurados pela polícia, que se fizeram passar por fiéis e se esconderam em seu meio por algum tempo. Depois de episódios desta natureza e de outros, como namoros entre romeiros e membros do grupo, moradores preocupados com a reputação do santuário e os bons costumes tentaram estabelecer normas para o ingresso de novatos e de conduta no santuário. Por exemplo, não fumar, não trajar roupas inadequadas, permanecer em estado de oração, não ouvir músicas profanas, e que aqueles que ali desejassem morar fossem convidados por algum membro e permanecessem na sua casa até construir a sua própria.

Este esforço, porém, foi em vão, uma vez que, quando alguém desce o morro do Vale, ninguém o põe para fora, independentemente dos modos ou das roupas – ainda mais sem ter para onde ir –, bem como ninguém admite nenhuma direção considerada humana. Afinal, as mensagens sempre foram claras em relação às missões individuais, ao "chamado" único que todos ali carregam consigo, participando do plano de salvação da humanidade a seu jeito particular. Somente algumas determinações foram acatadas, as quais só tiveram força para se impor legitimamente por terem sido formuladas por Marilda, a vidente mensageira. Foi por volta de 1995, já com vinte anos, que ela tomou a frente da comunidade, sendo aceita como a legítima representante da voz de Deus no santuário e, conseqüentemente, a mediadora da liderança explícita e reconhecida da Virgem. A primeira medida que tomou foi acabar com a enorme dimensão alcançada pelos grupos de oração carismáticos, que, praticamente, se institucionalizavam no Vale, obrigando todos a alterar suas rotinas. Muitas vezes, esta obrigatoriedade não era nítida, ocorrendo através do patrulhamento sectário e da tentativa de fixar esta opção religiosa como a correta. Quando Marilda assumiu, finalmente, o controle da comunidade, ficou claro que estes grupos poderiam existir, desde que respeitassem a liberdade ali tão propagada e não quisessem dirigir o Grupo. A partir de então, deveriam esforçar-se por desidentificá-lo com uma comunidade carismática, firmando-a como uma genuína comunidade mariana. Outra medida consistiu em reunir todos os meninos criados pelo Grupo, sobre os quais falarei especificamente adiante, na "casa-mãe". Estes se encontravam dispersos entre várias casas, recebendo diferentes orientações e causando transtornos, como pequenos furtos e lidando precocemente com a sexualidade. As meninas, cuja presença é menor, permaneceram nas casas individuais. Para cumprir tal medida era preciso que os pobres desocupassem a "casa-mãe" e se transferissem para outras residências. Nesse instante, viu-se novamente a formação de mutirões para a construção de suas casas, uma vez que não podiam pagar.

Repetiram-se também os mutirões para a reforma da "casa-mãe", do refeitório, dos banheiros públicos e da capela pequena, bem como a finalização da capela grande. O material para todas as construções foi doado por romeiros e por membros dos Grupos da Fraternidade e da Fraternização, numa extensa rede de reciprocidade conclamada por Marilda e prontamente atendida. Membros do Grupo da Fraternidade que possuíam alguma renda passaram a dar, mensalmente, donativos em espécie ou em artigos necessários à comunidade. Estes, representantes da Renovação Carismática, acabaram por se recolher, organizando suas entusiasmadas práticas religiosas em lugares reservados, fora dos centros de convergência comunitária, e sem ser tão ostensivos. Começaram, também, a participar cada vez menos das refeições coletivas, alimentando-se isoladamente em suas casas, já montadas com eletrodomésticos e conforto.

Boa parte deles é formada por viúvos, solteirões, aposentados e pensionistas, homens e mulheres acima de quarenta e cinco anos. É comum passarem períodos fora da comunidade, a fim de buscarem suas rendas, supervisionarem algum negócio, visitarem parentes ou fazerem tratamento médico. Saem também da comunidade ao acompanharem as caminhadas, uma vez que não trabalham, tendo maior disponibilidade para viajar para outras cidades junto à vidente. Do mesmo modo, por não estarem envolvidos com as tarefas do refeitório ou da limpeza das capelas, possuem mais tempo para receber os romeiros e casas maiores para acomodá-los. Por isto, para o público externo, a aparição continua recebendo a sua interpretação como moldura.

Sem dúvida, a partir da vivência mais individualizada no seio do Vale da Imaculada Conceição, os atritos internos diminuíram sensivelmente. Contudo, de modo inverso, aumentaram os casos de depressão, manifestos em videntes e devotos, ricos e pobres, camponeses e citadinos, negros e brancos, jovens e velhos. Como um verdadeiro microcosmo do mundo, cresceram também os casos de alcoolismo e de violência doméstica, que acarretaram até mesmo separações entre casais unidos na comunidade, sob as bênçãos de Nossa Senhora na capela grande, em celebração de casamento civil e religioso, matrimônios que todos esperavam vir a ser exemplos de fé, especialmente porque dissolveram as divisões acima, aproximando uns dos outros.

Assim, o Mal tem a forma atual da depressão, da falta de vontade de viver, da apatia, do desinteresse, da incompreensão, do desrespeito pelo outro e por si próprio, da mágoa, da amargura, da falta de dignidade, da dor existencial, enfim, de temas decorrentes de um individualismo exacerbado, o qual hoje também está presente na sociedade mais ampla. As mensagens de dezembro de 2000 dirigiam-se exatamente a esta temática.

Em meio a tantas dificuldades nessa comunidade mariana, a esperança de concretização do novo Reino de Deus na Terra está depositada nas suas crianças. Aliás, desde as primeiras mensagens, a Virgem disse que elas eram as raízes do Grupo da Fraternidade e de todo o fenômeno, dando-lhes o lugar central. Além disto, afirmou que todas as missões particulares estavam ligadas a elas e que, somente por seu intermédio, se desenvolveriam na fé. Por esse motivo, atualmente, Marilda empenha-se tanto em apoiar e acompanhar bem de perto as crianças. No último período que passei em campo, ela se esforçava para organizar com eles um coral e contar-lhes, juntamente com outros antigos membros do Grupo, a história da aparição, para dar-lhes, inclusive, um sentido da sua presença entre eles, e recuperando os acontecimentos passados. No fundo, este movimento de rememorização servia a todos os demais devotos, auxiliando-os a encontrar ali a sua verdadeira missão.

De modo curioso, mais uma vez, deparei-me com o desempenho do papel de estimuladores do reordenamento da sua própria experiência com o sagrado. Por várias vezes, narraram os antigos eventos logo após as aparições, em momentos de efervescência coletiva, citando trechos de conversas que haviam ocorrido entre nós, eles e eu, naqueles dias e em outros, como nos que me incumbiram da missão de ser a sua evangelista.

"Vinde a mim as criancinhas, pois delas será o Reino de Deus."

Desde o começo, a imagem da criança está sempre presente no fenômeno. Nas primeiras aparições, a Senhora surgia constantemente com uma criança nos braços, ora era Jesus menino, ora a humanidade: as suas criancinhas. Enfatizava também que, se não fosse pelos pequenos, o fenômeno não ocorreria em Piedade dos Gerais, referindo-se às crianças em geral, não apenas aos videntes. Na especial mensagem de 14 de dezembro de 1987, falou do nascimento do filho de Davi, o qual veio a ser a recém-formada comunidade. E, nessa mesma ocasião, Maria deixou claro que estava ali para tirar as crianças do sofrimento e que, portanto, no Reino de Deus, seriam elas os primeiros privilegiados.

Em vários outros momentos, foi afirmada a divindade das crianças, definindo-os como anjinhos puros de alma. Em decorrência de tal sacralidade, cabia-lhes a primordial missão no mundo novo: destruir Satanás. Assim, onde uma criança se encontrar, o Mal ali estará enfraquecido. Compreenderam também que, de alguma maneira, todas as crianças verão Nossa Senhora, a começar pelos irmãos de Marilda, Digão e Toninho, que, a partir dessa importante aparição, se tornaram videntes. Logo, todos os pequenos eram videntes em potencial ou já estabeleciam algum contato com o divino, o que lhes reforçou ainda mais o status sagrado, eu lhes voz, prestígio e destaque no mundo novo.

> Os anjos já desceram sobre três crianças. Essas três crianças poderão me avistar, porque elas serão os primeiros privilegiados. Muitas crianças me

> verão e dirão: "eu amo a tu, minha mãe" [...] Vou escolher mais duas crianças que ajudarão os anjos aqui, na Terra, porque estas crianças sofrem muito, porque só Deus sabe o sofrimento delas. Agora, mais três crianças, que são anjos. Primeiramente, Rafael, Paulo e Antônio Augusto. Agora, mais cinco crianças, que sofrem, que passam dificuldades. Deus não aceitou isto e, por isto, lhes digo: daqui pra frente, Deus está com vocês. [...] e por isto, vocês vão acorrentar Satanás, porque se não fossem vocês para amar a Deus de verdade e não temer quase nada, Satanás não seria acorrentado. [...] Todas as crianças anunciarão a chegada de Jesus na Terra e farão um presépio para ele. (Trecho da mensagem de 14/12/87, registrada em fita cassete).

Certamente, era a antiga ordem, o mundo governado pelos adultos, o que lhes causava tanto mal, bem como os modelos de maternidade e paternidade com que cotidianamente conviviam e que, à sua revelia, determinavam suas vidas. Por isto, não é de se espantar o fato dos adultos terem sido freqüentemente vistos pelos videntes como representações do Demônio, em momentos em que perdiam a consciência da realidade, entrando num transe. Tais momentos começaram a ocorrer após a formação do Grupo da Fraternidade, como relatado neste episódio:

> Quando a gente foi lá, pra "casa-mãe", as meninas começaram a ficar em êxtase quase sempre que acordavam de um cochilo. Um dia, acordaram e não lembravam de ninguém. Eles só diziam que a gente – pai, mãe, tio, todo mundo – era a Besta. Eles batiam na gente e jogavam água. A gente não sabia o que fazer. Eu escondi, outros saíram correndo... Depois, é que o Jacinto descobriu as palavras certas: 'Eu não sou o Mal, eu sou um servo do Senhor!' Aí, os meninos pararam. (informante).

De fato, os videntes acorrentaram o Satanás infantil. Pois, Deus, Maria e Jesus apresentados pela aparição, redesenharam os padrões de masculinidade, de feminilidade e de humanidade e, com eles, os padrões de interação social do local. Afinal, norteados pelas imagens materna e paterna ideais para as crianças, os camponeses se transformaram em pais amáveis, alegres e bondosos. Estes, então, tornaram-se obedientes e não mais castigaram seus filhos (como faz o Demônio, o avesso da perfeição, com os seres humanos); ao contrário, agora só lhes dão "presentes". Além disto, as crianças passaram a viver ali o seu universo encantado, onde não havia estudo nem trabalho para elas.

Na verdade, é somente por meio das crianças que o mundo se encantou e a sua renovação se tornou possível. Quer dizer, é com base numa utopia infantil que se ergueu e se solidificou o Vale da Imaculada Conceição. Elas são o princípio do fenômeno e a sustentação dessa comunidade aberta à humanidade, fornecendo aos diversos grupos que lá chegam a projeção constante da matéria-prima para as suas diferentes expressões utópicas: a fala oracular.

O novo universo passou a girar em torno das crianças, a partir das quais definiram-se todas as outras missões coletivas e individuais. A primeira tarefa designada aos adultos no emergente Grupo da Fraternidade foi o reapadrinhamento de seus próprios filhos. Ou seja, Nossa Senhora refez as relações de compadrio a partir de uma lógica em que determinada pessoa era o padrinho de algumas crianças e cuidaria da sua higiene, normalmente, crianças da mesma faixa etária, reforçando os agrupamentos por idade da sociedade campesina. Outra pessoa era a madrinha de outro grupo de crianças e se responsabilizaria pela alimentação delas. Enfim, todos eram padrinhos de várias crianças e cada uma delas tinha vários padrinhos. Por conseguinte, todos os adultos eram repetidamente compadres entre si e a posição de pai e mãe de determinados filhos foi enfraquecida.

Habitualmente, Nossa Senhora falava para essa comunidade de pares, em pleno ápice da sacralidade, a respeito de uma criança que renasceria entre eles. Tal criança iria chegar em breve, representando o que viria a ser o Grupo da Fraternidade: o lugar da igualdade entre diferentes. Tais palavras não foram entendidas, apenas lhes fez sentido que, junto com esta criança, viriam outras do mundo inteiro. Deviam se preparar, abrindo seus corações para amar a todas e delas cuidarem.

Quando pessoas de fora da região começaram a chegar no santuário em meados de 1988, apareceu uma mãe pobre com uma filha de dias nos braços, a qual estava bastante doente e se chamava Renata, "a renascida". Sem condições financeiras de tratá-la, foi em busca de auxílio divino, mas acabou deixando o bebê com o Grupo da Fraternidade. De tempos em tempos, a mãe reaparecia, levava-o consigo para Belo Horizonte e, depois, retornava com ele, novamente adoentado e subnutrido. Por determinação de Nossa Senhora, uma das irmãs do Sr. Antônio e o seu marido ocuparam-se dele mais que outros membros da comunidade. Depois de muitas idas e vindas, Renata permaneceu ali em definitivo. Rapidamente, cumpriram-se as palavras da Virgem. A menina tornou-se o símbolo do fenômeno. Com freqüência, era apontada como a imagem dos inúmeros grupos que por ali passam, encontrando nela sua fusão, isto é, vêem na menina traços físicos indígenas, asiáticos, negros e brancos, como também nela vêem o movimento constante dos devotos, que estão ali, mas não são dali. Atualmente, comentam pouco a sua história, pois falam que ela se ressente de ser adotiva e seus pais de adoção já deixaram o Vale, mudando-se para a cidade próxima de Bonfim, na condição de membros do Grupo da Fraternização.

Depois de Renata, muitas outras crianças foram sendo levadas ao santuário em condições semelhantes. Às vezes, permaneciam meses, às vezes, anos ininterruptos. Contudo, só Renata está por perto desde o início, tendo marcado com a sua chegada uma nova fase para o Grupo, o seu próprio renascimento. À medida que crianças para lá foram sendo levadas, foram-se integrando aos grupos de afilhados dos primeiros moradores e, à medida que novos moradores foram sendo incorporados ao santuário, foram recebendo afilhados de acordo com a sua missão. No fim de 2000, havia cerca de oitenta crianças no santuário. Vinte e três meninos, oriundos da periferia de São Paulo, Belo Horizonte, Recife e cidades médias do sul mineiro, moram na "casa-mãe". Há outros meninos, em menor número, que moram nas casas de devotos, como as meninas. Estes são os casos de casais irmãos, bebês com menos de um ano e de deficientes mentais. Praticamente, todos foram abandonados, são ex-crianças de rua ou a família não dispõe de recursos para criá-los. Suas idades normalmente variam de meses a quatorze anos e, se ultrapassam esta idade no Vale, vão morar na casa dos jovens ou com alguém já estabelecido.

Há, ainda, várias outras crianças que vivem com suas próprias famílias. São os filhos dos membros do Grupo da Fraternidade. Apesar do sistema de apadrinhamento não se haver mantido com a mesma denominação, força e coesão anterior, em geral, os pais não cuidam apenas de seus filhos, mas se co-responsabilizam por todas as crianças do santuário, referindo-se a elas com carinho, importância e respeito. Percebe-se também, em geral, a felicidade, a solidariedade, o respeito e o companheirismo vividos entre todas as crianças ali presentes.

A grande preocupação de Marilda, agora, é oferecer-lhes uma boa formação educacional e religiosa. Diferentemente das primeiras crianças do Vale, que não estudavam nem trabalhavam, eles freqüentam a escola do santuário e desenvolvem atividades, como plantar, limpar, participar do coral e dos ritos religiosos. Ao lado disso, agora algumas dessas crianças são acompanhadas pelo Conselho Tutelar da Criança do Estado de Minas Gerais, por terem sido encaminhadas por este órgão. O motivo deste encaminhamento, segundo a vidente, é porque o Vale não só dá o pão, mas o essencial para uma criança: o amor.

As Missões Particulares

Até agora, mostrei a aparição dentro de seu dinamismo característico, mas por meio da sucessão de fases distintas, impulsionadas pela inserção de diferentes grupos no santuário. Tais grupos, de certa forma, foram vinculados a movimentos dentro do catolicismo popular e a sua articulação com o perfil do fenômeno foi indicada. Passo agora a tratar de vários tipos de religiosidade presentes no fenômeno, vinculados às missões individuais. É neste nível que se extrapolam as classificações sociológicas do catolicismo popular e emergem as sínteses singulares que cada participante ali realiza. Assim, podem-se revelar, mais claramente, as nuances e sutilezas de diferentes posições ideológicas em face do mesmo discurso mítico.

Interessa-me agora, portanto, a maneira pela qual os adeptos se apropriaram das mensagens de Nossa Senhora, agregando-se ao fenômeno e encontrando o sentido de sua vivência individual junto a ele e àquelas crianças. Seleciono aqui seis missões especialmente singulares, aquelas que claramente se distinguem no meio de todas e que, às vezes, se polarizam nas interpretações das mensagens. Por este motivo, pode-se dizer que são casos paradigmáticos e que possuem a capacidade de aglutinar em torno de si projetos e trajetórias semelhantes, representando-os de acordo, também, com a própria cosmologia do Vale, que vê nos membros do Grupo toda a humanidade.

Sem dúvida, trata-se de seis pessoas que participam há um longo período da aparição, inserindo-se, identificando-se ou dialogando com ela de modo permanente. Interessam-me, portanto, aqueles devotos que encontraram eco de suas vozes na aparição e nas crianças, seus caminhos de salvação; aqueles para os quais o fenômeno tem eficácia e, por conseguinte, ganha existência. Nas palavras de Claverie (1990), ao analisar a peregrinação em Medjogorje, são os casos de *réussite* de que aqui trato.

Todos os títulos das missões sugiram numa reunião do Grupo da Fraternidade em 09 de junho de 1992, na qual tentavam refletir justamente sobre o chamado de Deus a cada um dos presentes. De modo curioso, os que aqui agora apresento confirmam, hoje, com sua prática, os seus depoimentos passados.[6]

O Caminhante

"O caminhante" ocupa o lugar legítimo de um dos patriarcas fundadores do santuário, portanto é um dos grandes pais simbólicos de todos, crianças e adultos. Padrinho de batismo, de crisma e de casamento de várias pessoas, que estão sempre a lhe tomar a bênção. No dia-a-dia, é visto em sua lida com a terra e com o gado, rodeado por crianças, ensinando-lhes com o exemplo vivo.

Até Marilda despontar como a principal exegeta da aparição, ele era um dos maiores intérpretes das mensagens de Nossa Senhora, buscando sempre lhes atribuir sentidos que as vinculassem à Bíblia e às suas vidas cotidianas. Nas reuniões, ouve com cautela para, depois, opinar de modo sensato e apaziguador, com base em sua própria experiência, a qual é narrada com muitos detalhes. Com freqüência, a última palavra é sua, por provocar nos ouvintes profunda reflexão com sabedoria e simplicidade.

Pouco depois que cheguei ao Vale em 1991, conheci-o num encontro entre ele e romeiros na capela. Foi de sua boca que escutei, pela primeira vez, o drama fundante da aparição. Na sua versão, imensamente mais rica que aquela por mim narrada na Introdução, este drama adquire histórias secundárias, imagens poéticas, cenários e personagens elaborados em minúcias, além de um refinado bom-humor. A sua versão é a "verdadeira", tanto que, a partir dela, uma história mínima sobre o fenômeno se fixou e se legitimou como oficial, tornando-a um modelo a ser repetido pelas demais versões.

6. Informo ao leitor que serão aqui utilizados pseudônimos para me referir a tais pessoas.

A legitimidade e a autoridade de sua versão advém de outros fatores, que não a recuperação do evento real, como discuto na dissertação.[7] O motivo que o coloca nesta posição de relevo é o prestígio de seu papel social. Contudo, destaca-se também a sua capacidade de transformar o caos provocado pelo contato com o sobrenatural num discurso compreensível. É desempenhando esse papel de historiador da aparição que ele se tornou o porta-voz dos protagonistas, colocando a sua própria voz no concerto de tantas vozes. Como cronista e comentarista, foi ele quem primeiro inscreveu e textualizou o evento.

Seus relatos sobre as aparições iniciais indicam que o tipo de catolicismo, já presente em Piedade, apoiava-se num universo místico fantástico, povoado de seres pessoais e espirituais, em lutas polarizadas pelo Bem e pelo Mal. Todos esses seres, dotados de poderes sobrenaturais, possuem uma história particular, relacionam-se uns com os outros e interferem na vida humana. Sob a autoridade suprema de Deus, estão dispostos numa hierarquia e nada acontece a eles ou aos homens sem a permissão divina. A própria divindade é concebida enquanto tal por agir através de uma lógica relacional, cujo modelo é o do parentesco e o dom é o da partilha. Logo, não se trata de meras representações de um campo religioso racionalizado (Brandão, 1992). O eixo central dessa expressão do catolicismo popular reside na devoção aos santos, sem a intervenção de especialistas eclesiásticos. Por trazerem forte rejeição às relações impessoais e à exploração do mercado, tais concepções religiosas buscam retornar à ordem cósmico-social da sacralidade da família e da solidariedade entre ricos e pobres do tradicional mundo camponês. Para tanto, conforme apontei em capítulos anteriores, a dimensão do tempo é perene, não existindo uma "História Linear" (Oliveira, 1985 e 1997).

No entanto, de modo curioso, "o caminhante" já não mais se enquadrava nessa dimensão política do catolicismo tradicional, quando a aparição ali começou. Em 1987, participava ativamente dos encontros que uma religiosa, oriunda do Centro de Treinamento de Líderes de Brumadinho (MG), promovia na região. O objetivo desses encontros era solidificar e expandir as várias CEBs. Ele relata ter-se reunido com

7. ALMEIDA, Tânia Mara C. *A gestação de um mito: a aparição da Virgem Maria em Piedade dos Gerais*. Dissertação de Mestrado. Brasília: UnB, PPGAS, 1994.

a referida religiosa no dia seguinte àquele sábado, 19 de setembro, havendo discutido uma série de temas religiosos, dentro do pensamento da Teologia da Libertação:

> Aí, no domingo, tinha um grande encontro pra nós, lá em Piedade. Naquele encontro aconteceram muitas coisas que levou a gente compreender que os acontecimentos também eram do povo de Deus. Foi uma religiosa que dirigiu aquele encontro e o início foi: "Ó, eu tô fazendo um trabalho nas comunidades que eu tô passando sobre a comparação da semente com a palavra de Deus e com o Reino de Deus. Então, gente, muita coisa bonita saiu: que o nosso trabalho na Igreja começa, às vezes, pequenininho, feito uma planta, que tem que cuidar". Quando foi no final, a irmã tirou dois materiais e falou que era para dividir os grupos para meditar. A minha parte, por exemplo, pegou muito na conversão, sabe? [...] Agora, o de um outro grupo era a coisa mais importante, porque vinha assim a gravura, sabe? Então estava lá, na gravura, uma figura da Igreja. A Igreja toda torta e no ar. Um bocado de gente, não era todo o povo não. Um bocado de gente de gancho e de corda, puxando a Igreja pro meio do povo. Então dava a reflexão assim: que as pessoas que lutam pra Igreja... A Igreja está querendo voar, mas aqueles que ainda querem segurar a Igreja, estão puxando ela pro povo, não estão puxando ela só pra si, não. Gente! É o que Nossa Senhora diz, é o que Nossa Senhora faz. Nós somos este povo que busca a Igreja, busca a salvação pra todos nós. Não é, por exemplo, só pra gente, não. É pra todos, pra este povão de Deus, né? (trecho de uma fala do "caminhante", em 1992)

Nota-se, pelo trecho transcrito, que ele assume a postura de sujeito ativo e militante numa história. Influenciado pela CEB, vê-se em um momento em que é dotado de agência e que seu projeto, como povo camponês, tem lugar e possibilidade de realização. A partir dessa sua subjetividade histórica e sociologicamente situada, que passa pela comunidade e se universaliza, ele interpreta os eventos de Piedade e a mensagem oracular, opondo-se ao aparente fatalismo do catolicismo tradicional.

Por esse ângulo, percebe-se então outro aspecto relevante do papel de historiador que ele desempenha no santuário, ao inserir o fenômeno numa perspectiva histórica que se desdobra em direção a outro momento sagrado no futuro, o Reino de

Deus. A partir da emissão de imagens do catolicismo tradicional nas primeiras aparições, ele foi capaz de interpretá-las de tal forma que as retirou da moldura de um tempo perpétuo, em que o mundo não se modificaria desde a Criação até o Juízo Final. De modo concomitante, apreendeu-as numa outra moldura, cujo tempo é considerado o sacramento da eternidade, inspirando-se na Teologia da Libertação. Isto nos mostra que, para o "caminhante", viver plenamente os ensinamentos do Evangelho e os da Senhora não é uma exigência de ordem ética que impõe um comportamento social, e sim autêntica sacramentalidade. Por conseguinte, de modo particular, a ressemantização das antigas imagens do catolicismo, produzida por ele, não conduziu à dessacralização do seu universo, mesmo tendo por motivação recente as referências racionalizadoras e secularizadoras do pensamento libertador. Pelo contrário, a intensidade e grande freqüência com que Maria deixava no ar fragmentos herméticos, fez que este processo de ressignificação reencantasse o universo em novas bases, as quais buscam o sentido das mensagens na sua própria caminhada e no contexto social.

> Eu tava cuidando das vacas e ouvi uma gritaria: 'Papai, papai, papai!' Oh, as minhas meninas estão ficando doidas. Aí aquilo me balançou. Elas estão ficando doidas, por que essa gritaria?! "Nossa Senhora apareceu agora em outro lugar. Naquela árvore, lá em cima. Ela tá naquela árvore feito jabuticabeira e embaixo tá cheio de carneirinhos!" Aí, me reanimou outra vez, tanto que eu dou o testemunho pra vocês assim: As coisas de Deus são muito difíceis, mas o sentido ele tá junto. Por exemplo, o que me deu muita força? Justamente a aparição de Nossa Senhora junto com os carneirinhos, porque a gente sempre vê no presépio os carneirinhos. Jesus, no lugar que ele nasceu, estava a criação, né? Nossa Senhora, lá, em Fátima, aparece para os pastores. O sentido dos pastores, também, pastoreando as ovelhas. É tudo sentido, é as coisas de Deus. Aí, quando elas disseram assim: "Nossa Senhora está por cima da árvore e por baixo, cheio de carneirinhos". Então, ai, meu Deus! É Nossa Senhora mesmo. Aí, eu só pelejava pra identificar a árvore e não conseguia, porque a minha visão não alcançava. As videntes viam porque nada tira a visão delas. É um mistério. Pode colocar um compensado na frente que não impede delas verem Nossa Senhora. Mas, então, quando passou muito tempo

é que eu vim compreender. Nessa aparição, lá em cima da árvore, Nossa Senhora falou tudo o que eu tava perguntando. Eu perguntava assim: "Qual é a mensagem que Nossa Senhora tá trazendo aqui no mundo? O que é pra eu fazer?" Depois, eu senti assim, era o mesmo que ela dissesse: "Eu vou aparecer aqui para reunir as ovelhas". Agora, eu não vejo a Nossa Senhora, não, mas as ovelhas eu vejo. As ovelhas somos nós. Lá, embaixo da árvore feito jabuticabeira, com a cabeça pra cima, ouvindo as mensagens (trecho de uma fala do "caminhante" em 1992, registrada em fita cassete).

Na verdade, ele procurou decifrar, em cada fala oracular, o que lhe dizia respeito, sem desmitificá-la. Ele procurou pelo caráter responsivo da fala, no sentido backhtiniano (1997), ou seja, quis saber onde ele estava incluído e o que se referia a ele, enquanto pessoa e comunidade. Desse modo, conseguiu retirar as mensagens da sua literalidade, como provavelmente as veria o olhar do catolicismo tradicional. Ele conferiu-lhes o seu valor simbólico, ingressando num profundo movimento de exegese:

Depois, veio a meditação. Nossa Senhora começou a aparecer, a mostrar e a falar coisas... Então eu achava que aquela andarilha, que passou por aqui, tava leprosa, mas quem tava leproso era eu. Então, ela veio assim, refletir o que tá em nós. Veio o nosso reflexo nela, em Nossa Senhora. Então quando ela falou que tava com medo de ficar cega, que ela tava fazendo uma caminhada pra receber uma graça pra não ficar cega, é o mesmo que ela tivesse falando assim: "Vocês estão cegos das coisas de Deus! Vocês estão diante de Maria e não estão enxergando". Por quê? Porque estamos no pecado. Então: "Eu tô fazendo uma caminhada para uma aparição aqui, pra vocês não perderem esta luz de Deus, né?"[8] (trecho de uma fala do "caminhante" em 1992, registrada em fita cassete)

8. A andarilha a que "o caminhante" se refere passou por Piedade dois anos antes da aparição começar. Como não souberam o seu nome, espontaneamente lhe deram o nome de Míria. Depois, com o fenômeno, entenderam que ela seria Nossa Senhora travestida de andarilha, fazendo ali a preparação para os futuros acontecimentos. Por esta nova tópica, reinterpretaram todos os diálogos com ela e a sua presença entre eles.

Enfim, ele conseguiu conferir um novo sentido a cada mínimo episódio de sua vida após a aparição, confluindo todos para a sua própria história e a da sua comunidade. Isto mostra que o *kerigma*, aqui representado pelo momento fundante da aparição, não só desencadeia o devir, como é habitualmente estudado, mas também deslancha a reavaliação do passado e a reacomodação das memórias. Foi na imbricação deste movimento de ressignificação de um passado a partir da aparição, com o ingresso numa nova percepção da história, resultante de influências modernizadoras, que o fenômeno se erigiu. Sob a voz revolucionária e original deste camponês, fortes modificações surgiram na sua vida e na daqueles que participam deste fenômeno, concretizando ali a comunhão com Deus através do seu Reino na Terra e possibilitando a sua abertura à diversidade humana e à história presente.

A Sacrificada

"A sacrificada" era uma senhora, de aproximadamente sessenta anos, quando chegou ao Vale em 1998, junto com psicólogos da Universidade Católica de Minas Gerais para conhecer o fenômeno, julgado previamente de paranormal. Contudo, ela não se convenceu desta hipótese, pois a profundidade teológica e a beleza das mensagens não condiziam com a ignorância e o atraso do povo de Piedade. Se fosse um fenômeno meramente humano, pensava, ele deveria expressar em si as condições precárias de sua produção.

Foi num jogo que estabeleceu com os videntes que tirou a prova sobre a autenticidade da aparição. Ou seja, como supunha que as crianças não seriam capazes de transmitir suas perguntas, devido ao grau de complexidade, ela as formulava mentalmente e as respostas vinham nas mensagens. Ela checou os dogmas e algumas convicções católicas, como o fato de Maria ser criatura, não possuindo eternidade; ao contrário, por exemplo, do que enunciava uma falsa aparição na capital mineira, em que o fenômeno sempre terminava com a frase "Da sua mãezinha eterna." Do mesmo modo, outros ditos fenômenos marianos misturavam a manifestação da Virgem com a de Jesus. Para ela, não faz sentido Jesus ficar aparecendo, uma vez que ele já está de corpo presente na santa eucaristia.

Interna em colégios de freiras, quando menina e adolescente introjetou um conjunto de inabaláveis verdades da fé católica, professando o catolicismo que perpassa à tradição legitimada pela face conservadora da Igreja. Guia-se pela trajetória individual de sacrifício, oração e adoração a Deus, que foi levada pelos santos, não se importando tanto com os aspectos de suas vidas em comunidade, em razão do que, com exceção dos momentos rituais da aparição, raramente é encontrada em reuniões da coletividade e em mutirões. Some-se a isso o fato de possuir uma certa receptividade em relação à prática de ritos carismáticos, em especial ao cenáculo. Por outro lado, rejeita a excessiva busca de milagres em todos os acontecimentos banais, como a leitura de alguns carismáticos a respeito das graças de Deus, na chuva ou no brilho intenso do sol. Sua grande aversão dirige-se à Teologia da Libertação, devido ao seu cunho político-social, o que marca claramente sua diferença em relação aos primeiros camponeses. Contudo, sempre foi respeitada por seus conhecimentos teológicos e pela notoriedade que sua participação confere ao fenômeno, recebendo destaque e autoridade entre eles.

Depois de seu primeiro contato com o santuário, voltou sozinha e lá se fixou, assumindo o papel de ajudar o recém-formado Grupo da Fraternidade a entender o que Nossa Senhora vinha lhes falar, esforçando-se em sobrepor-se à voz revolucionária, representada pelo "caminhante", na posição da verdadeira exegeta da aparição. Várias vezes, normalmente quando este era ministro da eucaristia e acompanhava o padre nas missas aos domingos, ela o substituiu em seus contatos com os romeiros, semeando a sua leitura da aparição. Hoje, não mais ocupa este lugar, uma vez que Marilda se tornou a grande intérprete do Vale. Naquelas ocasiões, quase sempre se referia ao povo local com um olhar crítico e superior, bem como se referia à sua vida ali pelo ângulo do sacrifício. Além disto, numerosas vezes opôs-se à integração daqueles que considerava marginais e desajustados à comunidade.

Antes de mudar-se para o Vale, era artista plástica em Belo Horizonte, mas sua família pertence originalmente ao triângulo mineiro e possui significativa projeção no meio empresarial e político do estado e da federação. Desde o início, vários parentes a visitavam; porém, cerca de três anos depois, um de seus irmãos, seu marido, o filho e uma de suas filhas mudaram-se para perto dela. O filho, com leves distúrbios mentais, comprou uma chácara próxima ao Vale e lá vive sozinho, encontrando os pais de vez em quando. O marido comprou uma casa na cidade, mas, em pouco tempo, construiu uma outra ao lado da sua. Já a filha, recém-convertida, estava-se separando de um judeu, por este não aceitar casar-se na Igreja. Ela, então, foi morar com a mãe, levando seus filhos pequenos.

A chegada desta moça, jovem, bonita e bem sucedida causou muita admiração nas pessoas. O seu desapego e sua fé pareciam inabaláveis. Habitualmente, ela seguia de perto os ensinamentos da mãe. Contudo, era mais aberta à vida em comunidade e trazia consigo influências do movimento contemporâneo "Nova Era", o qual se centra numa espiritualidade transversal, permeável às formas sincréticas e difusas de religiosidade, sem fronteiras denominacionais definidas e destradicionalizadas.[9] Assim, era comum ouvi-la falar de Deus como energia imanente, despersonalizando-o, referir-se a tradições religiosas orientais e praticar a meditação. Além disto, por vezes compreendia as mensagens dentro de um ângulo psicologizante, pelo qual, por exemplo, os pecados eram vistos como limitações do ego humano.

Algum tempo depois de sua chegada, envolveu-se com um morador do Vale, cujo perfil sócio-econômico era bem diferente do seu, transpondo as barreiras entre os grupos internos à comunidade. Acabaram casando-se e tendo dois filhos. Na primeira gravidez deste matrimônio, ela se deprimiu, mas conseguiu reagir. Na segunda, ela recusou o filho depois do nascimento. Em depressão profunda, se isolou de todos, tendo seu marido e sua mãe assumido a criação das crianças até que constataram a necessidade de tratamento, mudando-se para Belo Horizonte há cerca de dois anos e meio, trabalhando em negócios de sua família. Hoje, ela, o marido e os filhos deste matrimônio voltaram a morar no Vale.

A vinda dos parentes da "sacrificada" para perto dela modificou por completo o seu comportamento, uma vez que expôs seus problemas e dificuldades, mostrando-a imperfeita, mais igual às pessoas, fato comentado por vários membros do Grupo. Foi em virtude da preocupação com a orientação espiritual a ser dada a seus netos, que ela se dispôs a oferecer o catecismo às crianças do Vale. Deste contato com as crianças, ela renasceu. Inicialmente, usou seus dons artísticos com a intenção de mostrar-lhes passagens bíblicas, o que acabou por levá-la a pintar, num quadro a óleo, a primeira imagem iconográfica da Senhora de Piedade. A partir deste

9. Ver os textos de Leila Amaral, *Sincretismo em movimento: o estilo de lidar com o sagrado* (1999) e *Nova Era: um movimento de caminhos cruzados* (1994).

retrato, baseado nas descrições dos videntes, outros retratos foram esculpidos em gesso, mas não são ícones da Virgem tão reconhecidos quanto a sua primeira pintura.

Ainda fazendo uso de sua sensibilidade artística, começou a preparar peças teatrais com as crianças para encenar a história do fenômeno a todos os devotos que por ali circulam. A principal peça até agora foi o drama fundante, estreada no décimo primeiro aniversário do acontecimento, em 19 de setembro de 1998. Nela, foi narrado o conto do Sr. Antônio, sem as críticas e as ironias a respeito da ignorância do povo do lugar, que ela habitualmente incluía na sua versão. De modo curioso, depois de pintar o quadro, fez para o santuário uma enorme cruz com Jesus crucificado em papel machê, a qual está exposta no altar da capela mais antiga e mais freqüentada por todos. Embora a clássica figura da crucificação evoque a dor da paixão, o semblante de Cristo é sereno e feliz, além de possuir, no rosto, os traços físicos da autora. Várias são as pessoas que indicam esta semelhança, o que parece mostrar o sacrifício simbólico sofrido por esta senhora, ou seja, o seu morrer, a sua transformação, nesta caminhada em direção a uma nova vida.

Sua significativa mudança também se expressa no discurso verbal, no qual tem evidenciado amorosidade e aceitação em relação à diferença, além de mencionar a esperança e a fé no devir, em vez de fazer qualquer alusão aos castigos do apocalipse. Sem dúvida as mensagens e a convivência em grupo vêm-lhe impulsionando a rever posturas, valores e princípios, mas a situação concreta que torna a prática cotidiana e a fala oracular repletas de sentido, para ela, é sua própria família. Afinal, ela não possui um projeto comunitário formulado, como o do "caminhante". Centra-se na sua biografia individual, tendo como contexto significativo suas relações de parentesco. Talvez tenha sido justamente a valorização do grupo doméstico e a sacralização das relações familiares, apresentadas no início da aparição pela idealização de uma comunidade campesina, que tocaram o seu coração, ouvindo nelas o chamado de Deus.

O Apóstolo de Cristo

"O apóstolo de Cristo" é um homem de uns trinta e nove anos, engenheiro agrônomo e ex-seminarista. Quando o conheci em 1992, era de pouca fala, austero e sisudo. Fazia pouco tempo que havia chegado ao Grupo da Fraternidade, oriundo do sul de Minas Gerais. A primeira vez, ele foi levado por sua mãe, numa romaria carismática. Embora não se identifique com este movimento religioso por sua dramaticidade excessiva, lá voltou novamente em outras romarias. Na verdade, pode-se dizer que sempre foi um católico autônomo em relação às tendências dentro da Igreja e sua fé se manifesta de modo introspectivo e reflexivo. Por um lado, a simplicidade e a sinceridade dos camponeses eram os aspectos que mais lhe chamavam a atenção no fenômeno; por outro, seu desinteresse pelo trabalho, recém-iniciado após a formatura, era a constatação do desencantamento com o mundo.

Nessas romarias, acabou encantando-se pela comunidade e passou a prolongar os períodos de visita ao Vale, até que resolveu permanecer. Foi morar com três irmãos de Monte Carmelo (MG), formando o grupo de rapazes que mais se dedicava à organização da infra-estrutura básica da comunidade naquela época: carregavam botijão de gás nas costas até a cidade, limpavam terrenos para a plantação, trabalhavam em mutirão na construção das casas dos pobres, participavam da cozinha, enfim, entregavam-se às necessidades coletivas. Além disso, estavam sempre presentes nos ritos religiosos, ganhando o respeito e a admiração de todos. Cada um a seu modo, em 1992, destacava-se, tanto que cheguei a pensar numa futura posição de liderança destes rapazes, pelas várias semelhanças entre suas posturas e as do "caminhante".

Contudo, cerca de quatro anos depois, dispersaram-se. Um deles voltou para Monte Carmelo para acompanhar os pais adoentados, retornando ao Vale esporadicamente. O outro casou-se com uma moça do local, constituindo o primeiro casal formado na comunidade e aqueles que primeiro montaram um negócio em Piedade, habitando ainda no Vale. Divorciaram-se recentemente, depois de um longo processo desgastante para o casal e para a comunidade. O outro irmão, que possui um carisma especial, agregando em torno de si vários tipos de pessoas, casou-se com a filha da "sacrificadas". Há cerca de dois anos e meio, mudaram-se para Belo Horizonte a fim de que ela se recuperasse da depressão. De sua parte, ele lamentava profundamente ter saído do Vale e todos acreditavam quando dizia que o seu coração ainda permanecia ali.

Quanto ao "apóstolo de Cristo", as mudanças, os namoros, os casamentos e os problemas conjugais dos amigos deixaram-no sozinho e achando que o trabalho desenvolvido com a comunidade havia perdido sua intensidade. Sentiu-se inquieto, acabando por pensar que, no seminário, haveria maior entrega ao semelhante e à vida religiosa. Assim fez, permanecendo dois anos como seminarista, mas realmente viu que seu lugar não era numa ordem. Sentia-se muito livre para se adequar a uma rotina e a preceitos institucionalizados. Sua missão era em comunidade e ouviu então um "chamado" preciso para que voltasse ao Grupo. Tão convicto estava que, ao conversar com o superior este lhe respondeu: "Se Nossa Senhora aparece lá, eu não sei. Duvido. Mas, que é uma obra de Deus, é. Afinal, a gente conhece a árvore pelos seus frutos, e você é um excelente fruto daquela comunidade."

Quando retornou, começavam a reunir as crianças na "casa-mãe", mas ainda não havia alguém determinado para cuidar delas. Marilda pediu-lhe que ali ficasse até encontrar uma pessoa definitiva para o papel, o qual pertencia a ele mesmo. Lentamente, foi percebendo que o verdadeiro sentido de sua vida encontrava-se no contato com as crianças. Na convivência com elas, tornou-se mais alegre, solto, sereno e livre de padrões pré-estabelecidos. Nessa caminhada rumo ao Reino de Deus, vem aprendendo e ensinando a ser um apóstolo de Cristo, abrindo-se à sua conversão.

No ano de 2000, sua missão era acompanhar, orientar, tranqüilizar, confortar, oferecer segurança, pôr limites, enfim, criar vinte e três meninos. Muitos destes saíram das ruas, da mendicância e do abandono, tendo conhecido uma vida dura na periferia das cidades. Por isto, quando chegam, carregam medo e ódio no olhar. Apesar do passado, é comum ver neles o companheirismo, a alegria, a solidariedade e o amor entre si e em relação às pessoas de modo geral. "O apóstolo de Cristo" diz que conseguiu transformá-los seguindo os primeiros ensinamentos de Nossa Senhora, por terem sido os fundadores da comunidade: ou seja, os meninos realizam as atividades do dia-a-dia juntos, os maiores ajudam os menores e o que ali se recebe é partilhado entre todos. Não assistem à televisão nem escutam rádio e, quando questionam a sua ausência, ele lhes responde: "vocês têm tantas coisas maravilhosas aqui para perderem tempo com o que vai lhes roubar a felicidade". Cumprem uma rotina que inclui orações, estudo, refeições, higiene, lazer, trabalho comunitário e reflexão sobre as mensagens e sobre a Bíblia. Apesar de vários membros da comunidade o auxiliarem nestes cuidados, com as tarefas escolares ou o tratamento de alguma doença, por exemplo, é o "apóstolo de Cristo" quem está à frente deste pequeno núcleo comunal.

Num episódio ocorrido em dezembro de 2000, percebe-se nitidamente esta sua posição. Algumas das crianças haviam-se preparado para receber a primeira eucaristia. Contudo, nos dias em que iria dar-se a celebração, o padre afirmou que os integrantes do Vale não eram seus paroquianos e que lá só havia desajustados, loucos, aproveitadores e marginais. "O apóstolo de Cristo", então, decidiu que não iria permitir que os meninos recebessem o corpo de Cristo sob estes dizeres. Para ele, era muito importante que o sacerdote os conduzisse com profundo respeito nesse momento de extrema importância para cada um deles. Contra a crítica de várias pessoas, para quem apenas importava o sacramento em separado de quem o ministra, ele sustentou sua decisão, a qual prevaleceu.

Foram as mensagens de Nossa Senhora que sempre o auxiliaram a decidir o rumo a tomar. Guiaram-no nos instantes de incerteza entre o seminário e o Vale, confirmando-lhe que a vontade de Deus se manifestaria e que, para compreendê-la, se mantivesse em estado de oração, penitência e jejum, reforçando sua fé. Guiaram-no também nos dias anteriores à polêmica sobre a eucaristia, enfatizando, por várias vezes, que os seres humanos fossem mais dignos. Foi, então, em nome da dignidade, sua própria, das crianças e da comunidade, que ele não permitiu a participação das crianças na eucaristia, sobrepondo um valor moral a um sacramento. Significou, também, uma opção pela liberdade que a dignidade oferece em detrimento de um preceito.

A Serva de Deus

"A serva de Deus" recebeu um nome especial no Vale por ter vivido no Carmelo, como freira, por vários anos. Conta que abandonou o convento por sentir necessidade de ajudar ao semelhante diretamente, sem mediações da instituição. Procurou durante anos por um lugar onde pudesse realizar essa sua entrega. Só sabia que não mais se adaptaria à cidade de São Paulo, na qual fora criada, porém não tinha um destino certo.

Um dia de 1992, soube dessa comunidade dirigida diretamente pelas mãos de Nossa Senhora. Já foi, na primeira visita, com a intenção de ficar. Em poucos dias, obteve dinheiro com a família para começar a edificar sua casa. Sentia fortemente o chamado de Deus e se maravilhava com as mensagens vindas do céu, entrando constantemente em estado de graça. Logo que a construção terminou, prontificou-se a cuidar de um bebê recém-nascido que havia chegado ao Vale. Várias outras crianças passaram períodos em sua companhia, mas a pequena menina mora com ela até hoje, chamando-a docemente de mãe.

Nos dois anos iniciais, causou conflitos com muitas pessoas em virtude de alguns comportamentos e costumes que trouxe do Carmelo consigo. Embora estivesse mesmo decidida a deixar a vida religiosa, e disto nunca se arrependeu, não sabia exatamente que missão lhe estava reservada no santuário. Assim, cumpria alguns votos na busca de encontrá-la, uma vez que era a forma de manifestar sua religiosidade até então. Passava semanas incomunicável, transitava vestida com o hábito, guardava jejum a pão e água por longos períodos, fazia orações ininterruptamente e, com freqüência, penitenciava-se.

Em relação à comunidade, ela não aceitava que membros do Grupo fumassem, cantassem músicas profanas, usassem roupas decotadas ou curtas, não se ajudassem, conversassem na hora da mensagem, faltassem à missa, enfim, procurava em vão por regras claras e por alguém que as fizesse obedecer, como quando integrava uma instituição total. Afinal, pode-se dizer que a liberdade e a permissividade do santuário são o avesso de um agrupamento encerrado sobre si mesmo ou qualquer tipo de radicalismo. Assim, ela estava sempre entrando em conflito, o que lhe rendeu uma antipatia generalizada na sua fase de adaptação à nova vida.

Com o passar do tempo, a situação foi-se modificando. O contato com as crianças, único grupo com o qual não entrou em atrito, auxiliou-a a ser mais maleável, tolerante e livre de padrões pré-estabelecidos. Para os pequenos de modo geral, ela lavava e costurava. Para as meninas que estavam diretamente sob seus cuidados, promovia todo o seu bem-estar. Por isto, seus maiores sofrimentos advinham de quando uma delas ia embora com algum parente que resolvia buscá-las. Às vezes, meses ou anos depois, retornavam doentes, sem estudo, subnutridas e sem orientação espiritual. Hoje, já aceita melhor esse movimento de ir e vir constante, tanto das crianças como do próprio santuário, sendo capaz de doar-se à situação que se apresenta no momento.

Assim, diz que foi aprendendo, a partir das mensagens, a viver o presente como as próprias crianças, bem como a discernir o efêmero do que é realmente importante. Norteada por esse pensamento, ela tomou sua posição no episódio da primeira eucaristia em dezembro de 2000. Para ela, "o apóstolo de Cristo" não deveria ter impedido as crianças de receber o sacramento, apesar dos dizeres do padre. Se Nossa Senhora ensina tanto que a salvação está na comunhão diária, como os meninos não poderiam receber Jesus já preparados? O fundamental é a eucaristia, é seguir os ensinamentos da Senhora, que é superior ao pároco; e a menina que por ela foi criada desde bebê participou da celebração, conduzida por sua mão.

Um Tijolo na Construção do Reino de Deus

Esta senhora participa da aparição desde os primeiros dias. Morava nas imediações da Fazenda e do Sítio Barro Vermelho, quando soube do acontecimento extraordinário. Ela, o marido e os três filhos adolescentes hospedaram-se na casa de sua irmã em Piedade para acompanhá-lo mais de perto. No entanto, no dia em que Nossa Senhora convocou os eleitos para habitar a terra santa, eles foram convidados. Prontamente obedeceram e para lá se mudaram. Por causa de muitos conflitos e maledicências, deixaram o Vale duas vezes, mas não agüentaram permanecer longe, voltando em seguida.

Por muitos anos, ela foi considerada a moça mais bonita da região, estando sempre em evidência. No santuário, ainda ocupa uma posição que atrai a atenção, principalmente a dos romeiros. Sua casa, pintada de cor de vinho e janelas amarelas, destaca-se no centro do cenário, bem ao lado da capela e em frente ao refeitório. Não há romeiro que não a perceba, e ela retirou todos os móveis da sala para facilitar o acesso das pessoas. Acesso este não só permitido como estimulado pela música cantada e tocada pelo filho mais novo, pelas fotografias de fenômenos sobrenaturais e de devotos que ali alcançaram graças, pelas fitas de vídeo exibidas sobre o fenômeno e demais aparições, além de vários artigos religiosos, os quais estão expostos como mostruários das peças vendidas por seus filhos mais velhos na suas lojas em Piedade e em Belo Horizonte.

Ao longo destes dezesseis anos de aparição, a vida de sua família modificou-se bastante. Seu esposo era estofador e possuía uma pequena lavoura, que acabou vendendo para construir a casa no Vale. Depois de um certo tempo de dedicação exclusiva à aparição, entenderam que era necessário progredir. Isto é, viajaram em muitas caminhadas, conheceram outros lugares e ouviram Nossa Senhora falar que o ser humano precisava se realizar, estudar e trabalhar para o seu próprio bem e o do seu semelhante. A partir de então, inaugurava-se uma nova fase para eles, abrindo suas vidas ao mundo externo. O filho mais velho, com a ajuda de parentes em Belo Horizonte, concluiu o segundo grau e lá arrumou emprego de bancário. O filho do meio, de beleza rara como a da mãe, conseguia algum dinheiro participando de eventos, como apresentador de festas agropecuárias ou como modelo nos desfiles de confecções da região. O filho mais novo, além de pintar imagens religiosas, canta e toca instrumentos, sendo também convidado a participar de festas. Com o dinheiro resultante destas atividades, e sem as abandonarem, os três rapazes abriram uma lojinha de artigos religiosos quase na entrada do Vale, obtendo um bom lucro. Pouco tempo depois, Marilda abria o seu próprio negócio, atrapalhando o deles e obrigando-os a se mudarem para Belo Horizonte. Contudo, agradecem à Virgem por isto, uma vez que na capital têm tido um êxito inesperado, fornecendo até mesmo mercadoria a Marilda.

Observa-se que alguns dos fundadores do fenômeno acabaram projetando-se de tal forma que superaram as limitações de suas próprias vidas anteriores. Por outro lado, outros que para lá se transferiram encerraram-se no lugar, tornando-se prisioneiros da aparição. Este é o caso daqueles que antes estudavam e trabalhavam, mas, por atenderem ao "chamado", abandonaram tudo, ali se fixaram e constituíram família, sentindo-se impossibilitados de retornar ao mundo exterior. Afinal, não têm profissão, não se capacitaram, não estão informados e não possuem mais o traquejo necessário à cidade.

No Vale, esta senhora é a grande propagandista dos filhos e de suas lojas. Sua maior satisfação é conversar, sobretudo se o assunto gira em torno deles. Ela interage facilmente com os de fora, acolhe-os em sua casa e mostra-lhes os artigos à venda, captando com rapidez o desejo do variado público consumidor. Sua outra grande satisfação é louvar a Deus, o que faz sempre antes das aparições, puxando os cânticos e as coreografias, no alto do palanque dos videntes. Quanto a isto, tem o orgulho de dizer que, bem antes do Pe. Marcelo, ela já praticava e disseminava a "aeróbica do Senhor" no Vale.

Claramente, ela assume que a sua missão é alegrar a Deus e as pessoas necessitadas; nada de rezar terços, cumprir mandamentos, estar em dia com os sacramentos ou trabalhar em comunidade. É louvando, então, que ela cumpre a tarefa que lhe foi confiada e que mostra a heterogeneidade do primeiro grupo formador do santuário. Embora o "caminhante" tenha tido uma forte ascendência sobre seus pares e os represente em boa medida, há uma série de nuances, diferenças e cisões entre eles. De modo algum formam um bloco monolítico, conforme alguns dos tradicionais estudos sobre campesinato tendem a afirmar.

É comum ver tal senhora cuidando de uma criança por algum período ou ensinando a todas as outras a cantar. Atualmente, tem ajudado Marilda na formação do coral. Contudo, o mais freqüente é ouvir as pessoas dizerem que ela mesma é uma criança, isto é, ela se deslumbra facilmente com as novidades, com a agitação dos romeiros no Vale e com a diversão que é participar de uma caminhada. É pelo aspecto lúdico, infantil, que ela se liga ao coração de Maria, participando da construção de seu Reino na Terra.

O Mensageiro

"O mensageiro" é um jovem português que, apesar da pouca idade, é um devoto de Nossa Senhora extremamente fervoroso. Ele está sempre à procura de suas manifestações no mundo. As da Europa diz conhecer todas, em especial aquelas da região alemã, pois vive e trabalha numa fábrica de alumínio na Alemanha há muitos anos. Em 1991, por intermédio de um amigo brasileiro, soube a respeito da aparição em Piedade dos Gerais. Assim, nas suas férias em junho do ano seguinte, não mediu esforços e convenceu o amigo a conduzi-lo até o Vale da Imaculada Conceição.

Por coincidência, eu estava em campo quando souberam que ele viria, e pude notar uma movimentação diferente entre eles. Falavam nisto com freqüência, preparavam a hospedagem e suspenderam as caminhadas por aquelas semanas. Sentiam-se importantes por ser ele um estrangeiro, por ser um estrangeiro do país de uma das mais conhecidas aparições e por ser a primeira vez que receberiam um estrangeiro que se havia deslocado de seu continente com o único intuito de conhecer o fenômeno. Outros fiéis do exterior já haviam por ali circulado, mas em aproveitamento de alguma viagem por cidades próximas a Piedade.

Assim que ele se viu diante da aparição, caiu de joelhos e, erguendo os braços, gritou: "Milagre! A Senhora está aqui!" Em momento algum ele duvidou da veracidade do fenômeno, ao contrário, maravilhou-se com a sua expressão. Afinal, em nenhuma outra aparição européia ele havia ficado tão próximo aos videntes, presenciado diretamente o êxtase da vidência e, especialmente, ouvido as palavras divinas em primeira pessoa e em primeira mão. Além disso, a sua estada no próprio santuário e no seio de uma comunidade tão calorosa, receptiva a todos que ali chegam e, ainda, fundada e orientada por Nossa Senhora, era algo inédito para ele, contribuindo também para o seu deslumbramento diante do que via.

Logo de início, soube qual era a sua missão neste segundo plano de salvação da humanidade: ser o mensageiro de Nossa Senhora de Piedade na Europa. Ele divulgaria a graça deste acontecimento entre o seu povo. Assim fez e, praticamente, todos os anos ali retorna com amigos, alemães, portugueses, espanhóis, entre outros. Alguns destes construíram casas no Vale e hoje passam longas temporadas junto à comunidade, reconhecendo-se como um dos seus legítimos integrantes. Por outro lado, em 1998 e 2000, levaram Marilda em caminhada a vários países europeus, onde encontraram uma excelente recepção em vários lugares leigos e religiosos (igrejas, conventos e seminários), com destaque para Portugal.

"O mensageiro" é um destes casos que já permaneceu até seis meses no santuário. Seu estilo de devoção diferencia-se em relação a uma religiosidade que se pode chamar brasileira. Ao passo que seu culto a Maria se reveste de uma formalidade e de um distanciamento próprios dos que se devem a uma rainha, os fiéis brasileiros, guardadas as distinções entre si, relacionam-se com ela num tom de intimidade surpreendente. Haja vista que as duas imagens da Senhora de Piedade, que ele mandou fazer em Portugal, vieram acrescidas de coroa de ouro na cabeça e de manto cravejado de pedras preciosas, sendo que Maria nunca se apresentou ali desta maneira. Em contraposição, tem-se a grande simplicidade e aproximação de Maria nas mensagens direcionadas à formação da comunidade, nas quais a Virgem contava-lhes piadas e zangava-se com os videntes que catavam piolho um no outro na hora da aparição.

Além disso, a sua fé se reflete num alto grau de sacralidade, existente nas práticas de rezas, promessas e romarias, bem como num respeito extremo aos sacramentos e à figura de seus oficiantes. Por isto, embora o atual pároco tenha repulsa aos adeptos do Vale, o que os leva a comungar pelas mãos dos ministros da eucaristia, o "mensageiro" conseguiu respeito pela sua maneira de receber a eucaristia: só aceita comungar ajoelhado, em posição de reverência e necessariamente pelas mãos de um sacerdote. O normal é que o padre e os ministros entreguem a hóstia nas mãos de cada pessoa, que a leva até à boca, no ato da comunhão. Contudo, para ele, o pároco abriu uma exceção, atendendo-o; talvez por ser estrangeiro, e não um camponês "atrasado", um marginal da periferia urbana ou um católico fanático, como considera o povo do santuário.

O traço que mais assemelha o "mensageiro" aos fiéis que habitualmente circulam pelo Vale é o de transformar-se num menino diante da mãe, ainda que, para ele, uma mãe grandiosa. Aos seus pés, ele volta a ser criança, a se emocionar, a pedir proteção, a se encantar com a sua presença e a se vincular à sua própria capacidade de amar. É a sua criança que ali toma lugar, tendo esvanecido os papéis sociais do adulto e as rígidas regras do seu cotidiano na Europa. Enfim, é a sua criança que se soma às outras crianças desta utopia infantil.

A junção dessas diferentes pessoas no Vale da Imaculada Conceição é suficiente para revelar, por si só, o forte caráter milagroso da aparição. Ali, Nossa Senhora de Piedade foi capaz de mostrar a centenas de adeptos o valor da vida comunitária num mundo moderno. Assim, se no meu primeiro estudo, o milagre foi enfatizado como a palavra, agora, o milagre encontra-se na comunidade.

O Milagre da Fé em Nossa Senhora de Piedade

Em linhas gerais, no meu primeiro estudo, testemunhar e registrar a aparição da Virgem em Piedade dos Gerais significou ter tido a oportunidade de acompanhar bem de perto o processo de cristalização de um mito, de um recorte mariano específico da simbólica do amor cristão. Nesta tese, porém, dar continuidade à história deste fenômeno significou acompanhar a sua dispersão numa série de discursos, muitas vezes conflituosos e opositivos, presentes entre vários atores sociais.

Anteriormente, busquei os fragmentos unificadores e a estrutura discursiva da mensagem oracular, o denominador comum que ligava o fenômeno à tradição católica e que, ao mesmo tempo, marcava o seu lugar singular de fala: a recriação do mundo, não o apocalipse, o que lhe proporcionou uma identidade própria ao ser ressemantizado. Assim, ainda que levantando críticas ao fazer antropológico habitual, constatando a circulação de diferentes devotos na aparição e realizando uma aproximação inovadora do sagrado ao privilegiar a fala oracular, permaneci no plano formal, congelado, da apreensão dos símbolos religiosos.

Agora, neste segundo momento, o foco de análise deixa a esfera da associação de significados hegemônicos a um conjunto de símbolos marianos estáveis. Na verdade, procura realmente se situar nos estilhaços dos significados predominantes e nas fissuras dos principais símbolos, portanto, no centro do dinamismo próprio ao fenômeno. Foi, por este ângulo, que me esforcei para recuperar a aparição, iniciando pela conturbada trajetória desta mitologia no discurso bíblico, passando pelos diferentes e conflituosos discursos presentes na Igreja e no aparicionismo, até atingir algumas das inserções particulares e apropriações individuais concretas que ocorrem em seu seio.

Por este prisma, vê-se que as pessoas, de modo geral, não se preocupam em diferenciar as devoções e práticas tradicionais das modernas, ou as carismáticas das libertadoras; transitam entre elas, tendo presente uma representação do Vale e de Nossa Senhora que engloba todas as manifestações possíveis do sagrado. Assim, as novas sínteses simplesmente alargam as fronteiras do catolicismo já existente e produzem uma abundância simbólica de modo que a fixação de um discurso dominante se torna cada vez mais difícil.

Segundo José Jorge de Carvalho (2001), muitas abordagens contemporâneas de processos religiosos também realizam esse mesmo movimento, começando por um modelo mais clássico, isto é, partindo do pressuposto de que há uma comunidade ou um grupo que se relaciona com um determinado universo simbólico estandardizado, coerente e fixo. Logo depois, tais abordagens extravasam exatamente o método utilizado e submetem a coerência e a fixidez encontradas a ampliações e quebras. Afinal, a insistência na normatização de determinada associação retira o símbolo da perspectiva dialógica, da consciência das pessoas e das múltiplas interações, projetando-o para um campo de associação automática, dentro de um suposto substrato social homogêneo.

> Há que introduzir agora uma ruptura nessa idéia de que todas as pessoas sonham juntas. A cada vez que surge um esfacelamento, uma fragmentação em subgrupos do mesmo símbolo dominante, já o que menos rende teoricamente é que ele seja um símbolo dominante e sim a análise da pluralidade de identificações individuais ou grupais em relação a esse símbolo. (Carvalho, J.J. *op.cit.*: 04).

Por isso mesmo, o estudo dos símbolos e dos ritos religiosos vem-se tornando muito mais complexo e tendo um grau cada vez maior de indeterminação nas respostas apresentadas a suas indagações. No fundo, ao se distanciar do senso comum hegemônico, a teoria pode conectar os símbolos e os ritos a outras esferas da realidade, como, por exemplo, às esferas ideológica, moral, política, estética e sexual, uma vez que o símbolo religioso nunca é somente religioso, mas está aberto à experiência individual e social na sua totalidade. Além disso, a nova proposta acaba por ressaltar a relação negociada do indivíduo com os símbolos coletivos, rompendo com o peso homogeneizador da memória e liberando-a para o devaneio e a imaginação, uma liberdade que, de acordo com o autor, também carrega inevitavelmente consigo o levante revolucionário de um ato blasfemador.

Neste sentido, o mito da aparição ressurge aqui não como um modelo cognitivo que dá forma às emoções, impele à interação social e é a chave para a compreensão da ordem social e natural. Diferente disso, é revelado na condição essencial de um vasto campo de ruídos na reprodução, transmissão e vivência das suas falas míticas, o que gera críticas e questionamentos permanentes à ordem pré-estabelecida e à autoridade eclesiástica, a começar pelos próprios videntes. Ou seja, ao enunciarem a simbólica mariana dentro de uma releitura particular, a partir da projeção de uma sociedade campesina idealizada, estes meninos fundadores do fenômeno foram capazes de proporcionar cisões e conduzir ao surgimento de diferenças e de novos quadros religiosos desde o início. Em seguida, cada grupo e indivíduo que aderiam ao movimento nele inseriam seus próprios projetos utópicos, consoantes, pelo menos, com a profunda transformação almejada por todos.

De certa forma, a capacidade que o símbolo possui de abrigar em si a polaridade semântica já foi apontada há bastante tempo por Victor Turner (1978 e 1987). Para ele, o sistema religioso, enquanto uma linguagem simbólico-ideológica, oculta algumas coisas e revela outras, legitima posições sociais ao mesmo tempo que cria condições para subvertê-las. Afinal, os símbolos não só refletem a estrutura político-social de uma sociedade, mas também contribuem para (re)elaborá-la. Desse modo, como afirma J.J.Carvalho (2001), o símbolo para Turner parece muito mais um paradoxo do que uma unidade, ainda que um paradoxo de fonte, de origem, de lançamento. Trata-se, na verdade, de significados que são disparatados e caminham em direção oposta, num movimento centrífugo dentro de uma espécie de uma única origem primária.

Por outro lado, a ambigüidade e os significados implícitos dos símbolos, gerados por essa sua natureza multivocal, permitem que sejam apropriados de maneira diferente e manipulados dentro de ideologias até opostas pelos atores sociais, sem serem exclusivos de nenhum deles. Mais ainda, têm a capacidade de absorver significados discrepantes, condensando e unificando o conflito sob uma só representação.[1] Em outras palavras, os símbolos são testemunhas não apenas do consenso ou da não-diferenciação das sociedades em que surgem, mas em outro nível, de suas contradições, as quais são mascaradas na unidade aparente que os símbolos representam e que foi tão privilegiada pelas ciências sociais até então.

Por isso, estimulado por essa linha de pensamento, J.J.Carvalho (*op.cit.*) a amplia e questiona se tanto a possibilidade da guerra como a da paz não estariam contidas, ambas, no interior de um mesmo símbolo religioso. No seu entendimento, algumas religiões colocam, entre seus símbolos dominantes, símbolos explícitos de paz, justamente como um anteparo meta-simbólico ante a vida conflitiva e esgarçada dos símbolos, abertos sempre a múltiplas e incontroláveis identificações. Tais religiões seriam, em especial, aquelas que se esforçam para identificar-se exatamente com a bandeira da paz.

Incluo nessas considerações a aparição de Nossa Senhora em Piedade dos Gerais. Ali, devido às características que o fenômeno foi assumindo ao longo de sua história e a forma com que se apresenta hoje, o antagonismo inerente ao símbolo religioso vem sendo vivido de modo cada vez mais agudo e dramático. Afinal, é nesse movimento incessante de relançamento da simbólica mariana, condição essencial de sua existência nestes treze anos, que se vêm acentuando as disputas pela fixação de significados, apreensões, legitimidades e ortodoxias; além de ser onde, provavelmente, o esgarçamento do seu aspecto cognitivo e dito homogeneizador claramente se expõe. Haja vista que, no ano de 2000, a Virgem consagrou o Vale da Imaculada Conceição, destinando-o a ser o Vale da Paz, e começou a embutir este traço na imagem do fenômeno ao público externo, através das falas oraculares declaradas ali e em demais localidades. Assim, é nesta promessa explícita de paz que

1. Os momentos rituais, analisados por Steil (1996), ao mesmo tempo em que demarcam fronteiras culturais entre os grupos que disputam o sentido do sagrado no santuário de Bom Jesus (BA), também compensam as deficiências de comunicação entre eles. Ali, o poder de comunicação dos símbolos não se encontra na sua capacidade de explanação ou argumentação lógica, mas na sua "força elocutória e emocional", o que permite estabelecer um consenso para além das diferenças que existem no nível dos discursos, das experiências sociais e das visões de mundo.

agora se busca manter o elemento de identidade ou de distinção da comunidade instalada no santuário. Coincidentemente, é o momento em que a aparição se expande a outro continente e Nossa Senhora tem deixado cada vez mais de dar mensagens tanto dirigidas para o Grupo da Fraternidade como especificamente dentro dos limites físicos do santuário.

No entanto, isso não quer dizer que os membros do Vale deixem de experienciar ali uma outra rede idealizada de sociabilidade. Embora o fenômeno tenha-se modificado bastante, não se apresentando mais como a utópica sociedade campesina inicial, ainda é um lugar onde se busca deixar vir à tona as fissuras na trama do cotidiano, resistindo em alguma medida à sociedade de mercado. São fissuras que permitem aos devotos transcender à modernidade, deixando sempre uma porta aberta para aqueles que desejam viver no fluxo contrário às tendências dominantes do mundo contemporâneo, mesmo que por algumas horas. Neste sentido, a aparição ainda permanece operando uma espécie de transcendência sobre as habituais relações com o tempo, com a paisagem, com o valor, com o dinheiro, com as trocas afetivas e demais relações.

É nesse tempo-espaço sagrado e ritual, para o qual as pessoas se deslocam e se apropriam da mensagem oracular, que se experiencia a liberdade diante do espírito globalizador atual, a começar pela hermenêutica que cada um realiza em face da aparição. A partir das livres interpretações individuais, estabelecem-se relações dialógicas, construindo significações genuínas, não unívocas ou não idênticas a si mesmas. Ali, nenhuma fala representa exatamente a outra, mas as evoca e as inclui, estando todas em contigüidade, concatenadas e englobadas num único fenômeno. Deste modo, a comunidade resulta verdadeiramente de um discurso plurivocal, que jamais se restringe aos sentidos produzidos isoladamente por um ou outro hermeneuta. Ao mesmo tempo, essa multiplicidade habita e inscreve-se toda no texto oracular.

> De 1992 a 2000, o Vale cresceu muito, graças a Deus! Eu amo o Vale, não só o Vale material, mas o Vale espiritual. As pessoas que estão aqui são de muita fé mesmo. Elas deram um sim pela fé. Então, eu quero fazer do Vale aquilo que Nossa Senhora quer, o que todo mundo hoje aqui quer, que é um lugar

> de paz. Este ano, não sei se as pessoas te falaram, mas Nossa Senhora consagrou o Vale a ser o Vale da Paz. Eu quero que as pessoas aqui tenham o pé no chão, que é isto que agrada demais a Nossa Senhora... Não deixar entrar o fanatismo. O que é bonito, que todo mundo vê, é isto, não tem o fanatismo. Todo mundo tem o seu trabalho, tem liberdade, ninguém é obrigado a nada. Agora, a entrega, a doação, é claro que tem que existir, porque a partir do momento que você vive aqui no Vale a sua doação vai ser muito maior. [...] O trabalho na comunidade é muito importante, principalmente o participativo, fraternal. Já pensou se a pessoa que mora aqui não ajuda na cozinha, na casa-mãe... Que valor ela vai achar que tem aqui dentro? O trabalho faz a gente se sentir mais capacitado, mais importante, até pra Deus. (trecho de entrevista com Marilda em dezembro de 2000, registrada em fita cassete).

Por essa perspectiva se confirmam e se complexificam também as idéias de Victor e Edith Turner, relacionadas diretamente com as aparições de Maria e desenvolvidas em *Image and Pilgrimage in Christian Culture* (1978), quanto à capacidade do discurso mariano de dirigir-se à localidade e, simultaneamente, ao planeta. Segundo os autores, se as aparições da Virgem forem apreendidas enquanto símbolos totais, pode-se perceber que possuem dois pólos de significação entrelaçados no seu interior. Num – o pólo ideológico – expressam-se os valores centrais que dão universalidade ao catolicismo, possibilitando às pessoas reconhecerem que a visão e as mensagens do Vale da Imaculada da Conceição são realmente de Maria, além de favorecer a criação da *communitas* nos lugares em que ocorre a sua enunciação. No outro – o pólo orético –, conectam-se os aspectos de caráter mais concreto e afetivo da aparição de Nossa Senhora, articulados dentro de suas complexidades histórica, social e cultural.

Então, é no pólo ideológico que os espaços de todas as figuras dessa simbólica e dos ensinamentos cristãos básicos (amor ao próximo, fraternidade, união, entre outros) encontram-se reservados. Nele, as falas oraculares reforçam a autoridade da instituição católica e os já conhecidos dogmas marianos: a maternidade divina de Maria, seu ser imaculado e a sua assunção aos céus. Além disto, reafirma a mariologia tradicional através da inclusão da linha teológica da Renovação Carismática, a qual, de modo geral, considera a Virgem em termos femininos, mas idealizada de acordo com as qualidades do ser mulher sob a ótica do mundo androcêntrico e patriarcal. Ou seja, no pensamento conservador da Igreja, expresso nos moldes da carismática, ela é a "mãe do silêncio", aquela que sacrifica o seu feminino para trazer a Terra a mensagem de Deus, que não provoca conflitos e fortalece as bases culturais deste universo.

Por outro lado, na medida em que o fenômeno sobrenatural é um acontecimento erigido numa determinada região, embora com fortes motivações e repercussões extra-locais, ele e o santuário resultante têm idiossincrasias que falam diretamente à população nativa e se apresentam justamente no pólo orético. Este presta-se, portanto, à acentuação das linhas de segmentação político-religiosa e estrutural de Piedade dos Gerais em 1987 e externa-se na tópica central deste fenômeno, nas figuras mais destacadas e exploradas, nas suas motivações e na disposição em que elas se expõem. Neste pólo, revelam-se aos fiéis os traços desconhecidos de Nossa Senhora, emoldurados por uma mistura particular do catolicismo tradicional rural com a Teologia da Libertação: a mãe a favor dos fracos e oprimidos, além de extremamente bondosa, lutadora, alegre e acolhedora. Aqui, Maria vem à Terra não para ameaçar seus filhos com a punição divina do fim do mundo, como nas antigas aparições européias, mas para estar à frente da caminhada que constrói o próprio Reino de Deus na Terra e aberto à humanidade. Tal fato a faz despontar como uma mulher revolucionária, possuidora da palavra incessante, poderosa e manipuladora deste seu poder, opondo-se à tradicional figura passiva e emissária submissa do pai punitivo e severo.

Por este ângulo, conjuntural à Piedade da época de sua irrupção, vê-se Maria manobrar seu poder, numa verdadeira experimentação constante, de maneira a tornar possível a instauração de um paraíso local, santificando aquele espaço físico. Ela impõe e ao mesmo tempo cede, contemporiza. Num primeiro momento, chega e dá provas de sua presença e exige as provas de lealdade de seus fiéis; num segundo momento, funda seu Reino com aqueles que mais a aceitam e, por último, vem tentando expandi-lo de modo indistinto a quantos seres humanos seja possível nestes treze anos. Assim, formula e reformula as suas próprias imagens para aproximar-se, progressivamente, dos seus desígnios. Simultaneamente, agrega, sem nunca excluir, diversas místicas populares, em especial, as pertencentes ao catolicismo.

Segundo os Turner, nesta contradição entre os dois pólos – ideológico e orético – desenvolve-se uma tensão dinâmica, que é religiosa e politicamente importante, além de ser fundamental para a existência e perpetuação do fenômeno, bem como da sociedade em que está inserido: os diversos católicos que cultuam a Senhora atribuem-lhe novos significados em cada aparição, contudo sem dar lugar à perda completa dos anteriores, dos que já carregam consigo antes de ali chegarem. A ausência de um destes pólos, portanto, comprometeria o surgimento, a aceitação e o desenrolar deste tipo de manifestação Mariana, o que nos revela a sua multivocalidade e rica superposição de campos semânticos, que ela realiza para se apresentar, como modalidade de uma mesma experiência religiosa.

Neste sentido, vê-se que é na articulação entre esses dois pólos que o mito vivido em Piedade dos Gerais consegue inovar dentro da tradição católica já implantada. Por um lado, ele se mantém consoante a ela, dando prosseguimento às antigas aparições mundiais e reeditando os dogmas marianos e os princípios cristãos, tanto nas genéricas falas oraculares quanto nos discursos individualizados dos devotos. Mas, por outro lado, é neste mesmo movimento de afirmação da tradição que, de uma maneira inocente, ele se torna capaz de subverter o pensamento conservador e dominante da Igreja, propondo uma visão de mundo não apocalíptica, uma sociedade campesina idealizada, uma conversão com base no renascimento pelo amor e um novo modelo de ser humano, inspirado na criança que livremente sonha e deseja.

Todavia, mesmo que o pólo ideológico e o orético articulem-se numa relação íntima para que o fenômeno exista, se há a predominância do segundo pólo, afirma-se a fragmentação política própria à estrutura social do lugar em que ele surgiu em detrimento da mais abrangente *communitas* católica. Dentro desta perspectiva, enquadra-se o que denominei de segundo momento da aparição, quando o Grupo da Fraternidade foi formado em Piedade dos Gerais. Em tal período, a Virgem reforçou a divisão social da região ao trazer, como referência de suas mensagens, a situação social local e convocar para morar no santuário somente famílias dos trabalhadores rurais e dos que se encontravam à margem naquele universo. Para estes, ela erigiu o Reino de Deus, fruto de uma utopia radical, que inverteu totalmente a hierarquia social da região e excluiu a Igreja por completo.

Contudo, nessa fase, o pólo ideológico não deixou de estar presente na aparição, havendo favorecido a chegada e a instalação no santuário de inúmeros devotos oriundos de diferentes ambientes sociais, conduzindo-a a seu terceiro momento. Aqui, observa-se exatamente o contrário: o enfraquecimento do pólo orético. Isto porque, mantendo-se no nível mais genérico do seu discurso, a Senhora conseguiu transformar Piedade dos Gerais num importante centro de romaria e o santuário numa utopia moderada, onde ricos oriundos dos meios urbano e rural encontram-se, mais uma vez, no poder e o Reino de Deus na terra santa abre-se indistintamente a toda humanidade.

Além disto, ao enfatizar o pólo ideológico, ela se tornou capaz de sair do seu nicho original, de apoiar-se numa comunidade localizada num contexto histórico-social específico e passou a evangelizar em outras cidades, até mesmo dentro de igrejas, agregando religiosos e incorporando no seu interior, a seu modo, a instituição eclesiástica. Assim, longe de qualquer projeto elaborado por elites eclesiais ou teológicas, a aparição vem ocorrendo de modo a agregar em seu seio diversos tipos de catolicismo popular e, de modo mais disperso, vibrante e flutuante, uma multidão de romeiros.

Carlos Alberto Steil (1999) percebe a existência dessa bricolagem entre as formas de catolicismo popular ao discutir a forte demanda pela "mística" (termo de Troeltsch) nos anos 90: a significativa emergência de formações religiosas variáveis, rápidas e de aspectos entusiastas, sendo que seus seguidores sentem-se ligados não a uma instituição, mas a uma figura carismática ou um santo. Na observação empírica do autor, tal demanda tem levado a igreja dos pobres ao deslocamento de uma lógica moderna racionalizadora, secular, a uma espiritualidade transversal, permeável às formas sincréticas e difusas de religiosidade, sem fronteiras denominacionais definidas e destradicionalizadas.

No caso das aparições marianas, percebo que é esta dimensão ideológica que cada uma carrega consigo, caracterizada atualmente nesses moldes que menciona Steil, que as faz semelhante e as interliga uma a outra. É esta face, portanto, que favorece a criação de uma rede mundial de comunicação e vínculo entre seus fiéis, como a que existe da devoção à Virgem de Piedade em relação à de Medjugorje. Iniciada também na década de 80, esta última tornou-se bastante conhecida e mencionada naquele interior mineiro, principalmente por intermédio dos adeptos da Renovação Carismática. De modo curioso, estes, que multiplicaram as interpretações no Vale, tornando-o Vale da Paz, identificam-se intensamente com aquela Maria que traz a paz como sua marca emblemática, incluindo-a no próprio nome – Nossa Senhora Rainha da Paz.

A comparação com tal aparição européia nos oferece a oportunidade de finalizar esta tese, levando a compreensão da aparição mineira para um plano mais profundo de análise. Afinal, essas semelhanças são aparentes. Ao examiná-las mais detidamente, nota-se uma série de diferenças fundamentais entre elas, como Rita Segato, em colaboração com Mônica Pechincha e comigo, apontou em *Las dos Virgenes Brasileñas* (2003). A marca distintiva encontra-se no "tempo". Na comunidade do Vale, as pessoas são retiradas do tempo comum e transferidas para o tempo da salvação, para o Reino de Deus, onde as demandas terrenas ficam em segundo plano. A outra, a de Medjugorje, mobiliza as pessoas, confortando-as para viverem no nosso tempo, no tempo do cotidiano, no tempo da modernidade. A autora desdobra essa oposição para discutir uma série de categorias sociológicas que reafirmam a diferença entre as Virgens. Duas configurações de sentido tornam-se cada vez mais claras. Por ser um símbolo pleno e cheio de sentidos inesgotáveis, Piedade pode ser chamada de "alteridade histórica". Já a Rainha da Paz, tratada como um emblema de alcance global, um símbolo fixo e empobrecido, acaba apenas por demarcar a "identidade política" dos católicos (aqui, carismáticos por excelência) em confronto com o Outro (evangélico, em especial).

Entende-se por "alteridade histórica" as identidades que emergem em contextos históricos locais precisos, regionais e nacionais, dentro da diversidade que compõe o campo interlocucional da nação na sua história particular (Segato, 1997 e 1998). A virgem popular da aparição brasileira é assim considerada por representar a tradição local perante seus Outros (as elites locais) e possuir um caráter sincrético, que abarca o Outro sem aniquilá-lo. Em contraposição, como conseqüência da globalização, as "identidades políticas" são matrizes de identidade que possuem modelos fixos como referências, os quais saíram de uma história particular e localizada, porém, se globalizaram pelo apoio e pela ação de poderes mundialmente validados.

Habitualmente, estes são movimentos que irromperam nos Estados Unidos, como o próprio movimento carismático que, segundo Csordas (1997), expressa valores fundamentais da sociedade norte-americana e, como aponta Claverie (1990), perfaz o maior número de devotos da Nossa Senhora Rainha da Paz. Somando-se a isto, o estudo de Mart Bax (1991), indica ter sido a aparição da Rainha da Paz um produto das divisões e conflitos dentro da hierarquia eclesiástica. Logo, não se estaria diante de um acontecimento genuinamente laico, de uma ordem de espiritualidade distinta da institucional, em que o popular, enquanto Outro, é uma alternativa real às elites e ao clero, como se vê em Piedade.

Esse referente universal de identidades impõe o cumprimento de determinados requisitos e a exibição de um repertório definido de traços, longe de uma comunidade religiosa específica. Para se universalizar é necessário, portanto, caracteres modernos: rejeitar o Outro, estabelecer o purismo e a unidade chapada como marcas das identidades globalizadas; características também dos fundamentalismos norte-americanos, estudados por Crapanzano (2000) e expressos dramaticamente na peça teatral *The Crucible*, de Arthur Miller (1953).

Na verdade, discuto o que J.J.Carvalho (2001) indica como a espetacularização da vida religiosa, isto é, o mundo atual, globalizado, desterritorializado e repleto de comunidades dessubstancializadas está interpelado pelo modelo de expressão religiosa desenvolvido nos Estados Unidos, o qual ofereceu, de forma aberta, o símbolo religioso como uma mercadoria, muitas vezes como meros slogans e logomarcas. O elemento do espetáculo na religião cumpre um papel central na religiosidade contemporânea, impondo-se a todas as religiões do mundo e deixando-as vulneráveis a se enfrentarem com o inautêntico em seu próprio interior.

Por isso, quando o campo ideológico de uma aparição de que fala Turner se amplia excessivamente, como ocorreu com Medjugorje e vem acontecendo, em menor escala, com Piedade, torna-se tão importante fazer a hermenêutica dessas Marias, nas leituras disseminadas pelo corpo social, sem nenhuma expectativa prévia de síntese, coerência, consistência ou sequer promessa de transcendência. Afinal, quando esse movimento de espetacularização da religião chega a um grau bastante elevado, pode-se questionar se é realmente um símbolo religioso ou se é um simulacro ou um disfarce para a expressão de conteúdos de experiências geradas nas esferas políticas, sociais ou econômicas. Assim, o símbolo religioso acaba por se transformar numa arena onde acusações por domínios de espaços de poder tornam-se freqüentes.

Entretanto, em Piedade, observa-se que o pólo orético do fenômeno, apesar de bastante enfraquecido, ainda está presente. Por debaixo do pólo mais ressaltado, é ele que fixa a tópica das mensagens oraculares aos romeiros e ao variado público das caminhadas. É, a partir dele, do grande tema da aparição piedense – a construção de um mundo melhor, anunciado com muito amor e carinho pela Mãe Celestial –, que as palavras genéricas de Nossa Senhora são apreendidas, interpretadas e concretizadas por todos os devotos. É ele que não permite que a hermenêutica se torne árida, sustentando o diálogo incessante e a interpretação frondosa. É ele que irrompe às claras, exprimindo-se nas mensagens divinas, efetivando seu projeto social no santuário e constituindo uma alternativa para o Estado e a Igreja. Enfim, é ele que mantém viva a fé na utopia, na utopia infantil que ali não se interrompeu, e que insiste em ser vislumbrada pelos olhos e anunciada pela boca das inúmeras criancinhas da Virgem de Piedade, que sob seu manto se confortam.

> [...] a tradição religiosa que não perdeu contato com a dimensão esotérica dos seus símbolos será capaz de viver espiritualmente o desgaste provocado pela intromissão do simulacro – ou melhor, saberá entregar-se ao sonho com o sonhar que se interrompeu. (J.J.Carvalho, baseado em Henry Corbin, *op.cit*: 15).

Assim, num fenômeno mariano de longa duração tal como o de Piedade dos Gerais, pode-se acompanhar melhor a articulação tensional entre o pólo orético e o ideológico, e ainda, o desenrolar da aparição de acordo com a ênfase posta em cada um deles num determinado momento, o que não era possível nas manifestações européias do período de 1830 a 1932. Estas, estudadas pelos Turner (1978), reduziram-se praticamente a apenas um tipo de relação entre os dois pólos, pois, por serem breves, não chegaram a se dispor em vários momentos diferentes nem a lidarem diretamente com os dilemas da espetacularização da religião.

Logo, novamente se vê a diacronia como um fato fundamental para se apreender a riqueza e a complexidade da aparição mineira, como também de todos os demais fenômenos pertencentes ao simbolismo judaico-cristão e, obviamente, da própria tradição, a qual tem o tempo como seu elemento constituinte (Ricoeur, 1969). Afinal, quanto mais se moderniza o símbolo mariano, mais ele vai empilhando polissemia e revelando, alegoricamente no caso concreto da comunidade do Vale, o movimento de Maria na própria história. Ou seja, por um lado, esta aparição se insere na história que decorre do evento fundador do cristianismo (a encarnação de Jesus Cristo) à atualidade, explicitando a sua singularidade ao se contrapor às antigas manifestações marianas. Por outro lado, ela se realiza nas etapas de seu tempo interno, o qual se iniciou em 19 de setembro de 1987 e se prolonga até hoje, compondo a sua história particular e evidenciando várias faces da mesma comunidade e de uma única Senhora.

Por isso, embora Maria seja concebida como um imutável absoluto tanto pela Igreja quanto por seus devotos, o processo histórico que modifica o seu caráter é plenamente aceitável por todos, pois ele é visto meramente como uma descoberta lenta, gradual do grande e eterno mistério de sua pessoa. O seu divino ser só é revelado aos homens e à Igreja de maneira progressiva através do tempo. Mesmo que, no seu início, as aparições da Virgem sejam duramente rechaçadas pela Igreja e nem todas cheguem a ser reconhecidas oficialmente, elas são hoje a única possibilidade de realmente se conhecer Maria, a mulher que ficou oculta, silenciada, na história sagrada oficial. Assim, depois de receberem o apoio popular, sendo incorporadas no dia-a-dia de vários grupos de fiéis, tais manifestações acabam influenciando diretamente a mariologia em seus aspectos vitais.

É exatamente isso que se tem a oportunidade de observar, hoje, na aparição da Virgem de Piedade dos Gerais, cuja mensagem de esperança, de felicidade e de construção de um mundo melhor vem conseguindo penetrar facilmente na sociedade mais ampla e no coração de inúmeras paróquias. É isso também que nos mostra que, cada época e lugar constróem, a partir dos poucos textos "neotestamentários" e de diferentes tradições nascidas no meio do povo, uma imagem de Nossa Senhora e de sua atuação passada e presente. Por fim, é isso que mantém viva a fé do povo em Nossa Senhora.

Eu sei, talvez, o Vale é ainda muito apegado a Nossa Senhora, mas eu sei que o Vale aqui não sou eu, é o desígnio de Deus. Então, hoje, se Nossa

Senhora parar de aparecer aqui, este lugar aqui nunca mais morre, porque é uma coisa de Deus. [...] hoje, se eu fosse pedir a Nossa Senhora um sinal, eu sei que ela ia dar, como ela tem dado várias manifestações de cura, vários sinais... Mas, eu não me preocupo com este grande sinal, eu me preocupo com a fé, com as pessoas viver bem a palavra de Nossa Senhora que ela traz, que é a palavra de Deus. Por quê? O que faz Fátima até hoje? É a fé. É a fé que faz Lourdes até hoje. Deus pode vir e deixar o registro de sua graça através de um milagre, mas é a fé que faz isto aí registrado para sempre (trecho de entrevista com Marilda em dezembro de 2000, registrada em fita cassete).

REFERÊNCIAS BIBLIOGRÁFICAS

AGOSTINHO, Pedro. *Imagem e Peregrinação na Cultura Cristã: um esboço introdutório*. Salvador: Centro Editorial e Didático da UFBA,1986.

ALMEIDA, Tânia Mara C. *A Gestação de um Mito: a aparição da Virgem Maria em Piedade dos Gerais*. Dissertação de Mestrado. Brasília: UnB, PPGAS, 1994.

AMARAL, Leila. Sincretismo em movimento: o estilo de lidar com o sagrado. In: CAROZZI, Maria Júlia (org.). *A Nova Era no Mercosul*. Petrópolis: Vozes, 1999.

AMARAL, Leila. Nova Era: um movimento de caminhos cruzados. In: *A Igreja Católica diante do Pluralismo Religioso no Brasil*. São Paulo: Paulus, 1994.

ANUNCIANDO JESUS E MARIA. Ano VI, nº 68. Piedade dos Gerais, outubro 2000.

ARQUIVO PÚBLICO. Seção Provincial, documentação não encadernada da Presidência da Província. Ouro Preto, 1849.

ASSADOURIAN, C.S. Modos de producción capitalismo y subdesarrollo en America Latina. In: *Modos de Producción en América Latina*. Cordoba: Pasado y Presente, 1974.

ASSIS, José Gabriel. *Memórias de um Mestre*. Publicação particular. 1999

AUSTIN, J.L. *How To Do Things With Words*. Cambridge: Harvard University Press, 1962.

BAKHTIN, Mikhail. *A Cultura Popular na Idade Média e no Renascimento*. São Paulo: Hucitec, 1987 [1970].

BAKHTIN, Mikhail. *Estética da Criação Verbal*. São Paulo: Martins Fonte, 1997.

BARTHES, Roland. Le Mythe, Aujourd'hui. In: *Mythologies*. Paris: Éditions du Seuil, 1957.

BARTHES, Roland. *Fragmentos de Um Discurso Amoroso*. Rio de Janeiro: F. Alves, 1977.

BAX, Mart. Marian apparitions in Medjugorjie: rivalling religious regimes and state formation in Yugoslavia. In: WOLF, Eric (ed.). *Religious Regimes and State Formation: perspectives from european ethnology*. Albany: Suny Press, 1991.

BENEDETII, Luiz Roberto. *Templos, Praça, Coração: a articulação do campo religioso católico*. Tese de doutoramento em Sociologia. São Paulo: FFLCH-USP, 1988.

BERGER, Peter e LUCKMANN, Thomas. *A Construção Social da Realidade: tratado de sociologia do conhecimento*. Petrópolis: Vozes,1974.

BÍBLIA SAGRADA. Traduzida da Vulgata e anotada pelo Pe. Matos Soares. São Paulo: Paulinas,1964.

BOFF, Clodovis. CEB's e a questão da cultura. *REB*, 51, 1991.

BOFF, Clodovis. *Maria na Cultura Brasileira: Aparecida, Iemanjá e Nossa Senhora da Libertação*. Petrópolis: Vozes, 1995.

BOFF, Leonardo. *O Rosto Materno de Deus: ensaio interdisciplinar sobre o feminino e suas formas religiosas*. Petrópolis: Vozes, 1979.

BOURDIEU, Pierre. *A Economia das Trocas Simbólicas*. São Paulo: Perspectiva (2ª edição), 1987.

BRANDÃO, Carlos R. A partilha do tempo. In: SANCHIS, Pierre (org.). *Catolicismo: cotidiano e movimentos*. Rio de Janeiro: ISER/Loyola, 1992.

BROWN, Raymond E. et alli. *Mary in The New Testament: a collaborative assessment by protestant and roman catholic scholars*. Filadélfia/ Nova York: Fortress Press/Paulist Press, 1978.

CARVALHO, José Jorge. Antropologia: saber acadêmico e experiência iniciática. *Anuário Antropológico*, 90. Rio de Janeiro: Tempo Brasileiro, 1993.

CARVALHO, José Jorge. O olhar etnográfico e a voz subalterna. *Série Antropológica*, 261. Brasília: DAN/UnB, 1999.

CARVALHO, José Jorge. The mysticism of marginal spirits. *Série Antropológica*, 276. Brasília: DAN/UnB, 2000.

CARVALHO, José Jorge. A religião como sistema simbólico: uma atualização teórica. *Fragmentos de Cultura*, v. 01, nº 01. IFITEG, 2001.

CARVALHO, José Murilo. *A Formação das Almas: o imaginário da República no Brasil*. São Paulo: Companhia das Letras, 1990.

CLAVERIE, Elisabeth. La vierge, le désordre, la critique: les apparitions de la vierge à l'âge de la science. *Terrain*, 14. Mars, 1990.

CLAVERIE, Elisabeth. Voir apparaitre – les apparitions de la vierge à Medjugorje. *Raisons Pratiques*, *2*, 1991.

CRAPANZANO, Vicent. *Serving the Word: literalism in América from the pulpit to the bench*. New York: New Press, 2000.

CSORDAS, Thomas J. *Language, Charisma and Creativity: the ritual life of a religious movement*. USA: University of California Press, 1997.

DOIMO, Ana Maria. *A Vez e a Voz do Popular: movimentos sociais e participação política no Brasil pós-70*. Rio de Janeiro: Relume Dumará e ANPOCS, 1995.

DOSSIÊ HISTÓRICO – Município de Piedade dos Gerais, "Tempo passado – Tempo presente",

2000 (documento da prefeitura municipal de Piedade dos Gerais - mimeo)

DOUGLAS, Mary. *Pureza e Perigo*. São Paulo, Perspectiva: 1976.

DURKHEIM, Émile. *As Formas Elementares da Vida Religiosa*. São Paulo: Paulinas, 1989.

ELIADE, Mircea. *O Sagrado e o Profano: a essência das religiões*. Lisboa: Edições Livros do Brasil, 1962.

ESPÍRITO SANTO, Moisés do. *Origens Orientais da Religião Popular Portuguesa*. Lisboa: Assírio e Alvim, 1988.

EVANS-PRITCHARD, Edward. *Bruxaria, Oráculos e Magia entre os Azande*. Rio de Janeiro: Zahar, 1978.

FERNANDES, Rubem César. *Os Cavaleiros do Bom Jesus: uma introdução às religiões populares*. São Paulo: Brasiliense (Primeiros Vôos), 1982.

FERNANDES, Rubem César. Pritchard contra Pritchard: com boas razões. *Religião e Sociedade*, v.. 13/1. ISER, 1986.

FERNANDES, Rubem César. O peso da cruz: manhas, mazelas e triunfos de um sacerdote particular. *Religião e Sociedade*, v. 15/2-3: 94-121. ISER, 1990.

GEBARA, Ivone e BINGEMER, Maria Clara. *Maria, Mãe de Deus e Mãe dos Pobres: um ensaio a partir da mulher e da América Latina*. Série IV: A Igreja, Sacramento e Libertação. Petrópolis: Vozes, 1988.

HALL, Stuart. Cultural identity and diaspora. In: PADMINI, Mongia (org).*Contemporary postcolonial theory. A reader*. London: Arnold, 1996.

INVENTÁRIO DE PROTEÇÃO DO ACERVO CULTURAL DE PIEDADE DOS GERAIS. Belo Horizonte, 2000. (mimeo).

LANDRY, Donna & MACLEAN, Gerald (edts). *The Spivak Reader: selected works of Gayatri Chakrabarty Spivak*. New York and London: Routledge, 1996.

LACLAU, E. *Feudalismo y Capitalismo como Categorias de Análisis Histórico*. Buenos Aires: Internal publicaton of the Instituto Torcuato di Tella,1968.

LACLAU, E. Feudalism and capitalism in América. *New Left Review*, nº 67. May-June,1971.

LEACH, Edmund. *Cultura e Comunicação*. Rio de Janeiro: Zahar, 1978.

MACEDO, Carmem Cinira. *Tempo de Gênesis*. São Paulo: Brasiliense, 1986.

MARTINI, Carlo M. et alli. *Maria e a Dimensão Afetiva da Fé*. Petrópolis: Vozes, 1995.

MARX, Karl. *Dezoito Brumário de Napoleão Bonaparte e Cartas a Kugelmann*. Rio de Janeiro: Paz e Terra, 1969.

MAUSS, M. *The Gift: forms and functions of exchange in archaic societies*. New York: The Norton Library, 1967.

MILLER, Arthur. *The Crucible*. New York: Viking Press, 1953.

MINAS GERAIS. Província. Fala dirigida à Assembléa Legislativa Provincial de Minas Geraes na sessão ordinária do anno de 1846. Ouro Preto: Typografia Imparcial, 1846.

MONOGRAFIA DO MUNICÍPIO DE PIEDADE DOS GERAIS - MG. Instituto de Geociências Aplicadas - IGA. Belo Horizonte, 1998 (mimeo).

NOVAES, Regina Reyes. *De Corpo e Alma: catolicismo, classes sociais e conflitos no campo*. Rio de Janeiro: Graphia, 1997.

OLIVEIRA, Pedro R. *Religião e Dominação de Classe: gênese, estrutura e função do catolicismo romanizado no Brasil*. Petrópolis: Vozes, 1985.

OLIVEIRA, Pedro R. Comunidade, igreja e poder: em busca de um conceito sociológico de Igreja. *Religião e Sociedade*, v. 13/3. ISER, 1986.

OLIVEIRA, Pedro R. Adeus à sociologia da religião popular. *Religião e Sociedade*, v. 18/2. ISER, 1997.

ORTIZ, Renato. *Cultura Brasileira e Identidade Nacional*. São Paulo: Editora Brasiliense, 1985.

ORTIZ, Renato. Iluminismo e religião. *Religião e Sociedade*, v. 13/1. ISER, 1986.

PAIVA, Vera. *Evas, Marias e Liliths: as voltas do feminino*. São Paulo: Brasiliense, 1990.

PALMEIRA, Moacir. Casa e trabalho: notas sobre as relações sociais na plantation tradicional in *Contraponto*. Ano II. Vol 2. Niterói, 1977.

PELIKAN, Jaroslav. *Maria Através dos Séculos: seu papel na história da cultura*. São Paulo: Companhia das Letras, 2000.

PELIKAN, Jaroslav. *Aparições e revelações particulares*. Subsídios Doutrinais da CNBB 1. Comissão Episcopal de Doutrina (CED-CNBB). São Paulo: Paulinas, 1990.

PEREIRA, Ronan Alves. *Possessão por Espírito e Inovação Cultural: a experiência religiosa das japonesas Miki Nakayama e Nao Deguchi*. São Paulo: Massao Ohno Editores, 1992.

POLANYI, K. *The Great Transformation*. Boston: Beacon Press, 1971.

PRANDI, R. Construcciones de espacios públicos de expresión en religiones populares. *Sociedad y Religiones*, 9, jul. 1992 a.

PRANDI, R. Perto da magia, longe da política: derivação do encantamento no mundo desencantado. *Novos Estudos CEBRAP*, 34, nov. 1992b.

PRANDI, R. *Um Sopro do Espírito: a renovação conservadora do catolicismo carismático*. São Paulo: EDUSP/FAPESP, 1997.

PRANDI, R., GOÉS, R. e JUSTO, J. A renovação carismática e o pentecostalismo: proximidade e diferença. In: PRANDI, R. *Um sopro do Espírito - a renovação conservadora do catolicismo carismático*. São Paulo: EDUSP/FAPESP, 1997.

REVISTA (REVISTA DO ARCHIVO PÚBLICO MINEIRO), v. 17. Belo Horizonte: Imprensa Oficial, 1913.

REVISTA MANCHETE, nº 2.086, 28.03.1992.

RICOEUR, Paul. Antropologia e hermenêutica. In: *O Conflito das Interpretações: ensaios de hermenêutica* . Rio de Janeiro: Imago. 27 - 83, 1969.

RICOEUR, Paul. *Hermeneutics and the Human Sciences*. Cambridge University Press - Edition de la Maison de Sciences de L'Homme, 1984.

SACHS, Viola et al. *Brasil & EUA: religião e identidade nacional*. Rio de Janeiro: Graal, 1988.

SAHLINS, M. *Stone Age Economics*. Londres: Tavistock, 1978.

SANCHIS, Pierre. Festa e religião popular: as romarias em Portugal. *Revista de Cultura*, nº 73. Vozes:1979.

SANCHIS, Pierre. Uma 'identidade católica'? *Comunicações do ISER*. Ano 5, nº 22: 05-16. ISER, 1986.

SANCHIS, Pierre. O campo religioso contemporâneo no Brasil. In: ORO, Ari Pedro e STEIL, Carlos Alberto (orgs.). *Globalização e religião*. Petrópolis: Vozes, 1997.

SEGATO, Rita Laura.Um paradoxo do relativismo: o discurso racional da antropologia frente ao Sagrado. *Religião e Sociedade*, v. 16/1. ISER, 1991a.

SEGATO, Rita Laura. Cambio religioso y desetnificación: la expansión evangélica en los Andes Centrales de Argentina. *Religiones LatinoAmericanas*, 1, enero-junio, México: ENAH-INAH e INI, 1991b.

SEGATO, Rita Laura. Formações de diversidade: nação e opções religiosas no contexto da globalização. In: ORO, Ari Pedro e STEIL, Carlos Alberto (orgs.). *Globalização e Religião*. Petrópolis: Vozes, 1997.

SEGATO, Rita Laura. The color-blind subject of myth; or, where to find Africa in the nation in *Annual Review of Anthropology* 27, 1998a.

SEGATO, Rita Laura. Alteridades históricas/identidades políticas: una crítica a las certezas del pluralismo global. *Série Antropológica*, 234. Brasília: DAN/UnB, 1998b

SEGATO, Rita Laura. As duas virgens brasileiras: tradição e modernidade nas identidades religiosas. *Revista Teoria & Sociedade* – Número Especial: "Pluralismo religioso e passagem do milênio na sociedade brasileira". Belo Horizonte, 2003.

SPIVAK, Gayatri. Can the subaltern speak? In: WILLIAMS, Patricia and CHRISMAN, Laura (ed.). *Colonial discourse and pos-colonial theory*. New York: Columbia University Press, 1994.

STEIL, Carlos Alberto. Aparições de Nossa Senhora, tradição e atualidade. *Revista Grande Sinal,* ano XLIX, nº 5, 1995.

STEIL, Carlos Alberto. *O Sertão das Romarias: um estudo antropológico sobre o santuário de Bom Jesus da Lapa - Bahia.* Coleção Religião e Pesquisa 1. Petrópolis: Vozes e CID, 1996.

STEIL, Carlos Alberto. A igreja dos pobres: da secularização à mística. *Religião e Sociedade*, v. 19/2. Rio de Janeiro: ISER, 1999.

STOLLER, Paul. Eye, mind and word in Anthropology. *L'Homme*. juil-déc. XXIV (3-4), 1984.

STOLLER, Paul. The taste of ethnographic things – the senses. In: *Anthropology*. Philadelphia: University of Pennsylvania Press, 1989.

TAMBIAH, Stanley. A performative aprroch to ritual. In: *Culture, Thought and Social Action*. Cambrigde: Harvard Univ. Press, 1985.

TAUSSIG, M. The wild woman of the forest becomes our Lady of Remedies. In: *Shamanism, Colonialism and Wild Man: a study in terror and healing.* Chicago and London: The University of Chicago Press, 1987.

Tempo Passado, Tempo Presente: Município de Piedade dos Gerais - Dossiê Histórico. Belo Horizonte, 1999 (mimeo).

TURNER, Victor. *The Forest of Symbols.* Ithaca: Cornell University Press, 1974.

TURNER, Victor. Dramas, field, and metaphors. Symbolic action. In: *Human Society.* New York: Cornell Un. Press. (quinta edição), 1987.

TURNER, Victor and TURNER, Edith. *Image and Pilgrimage in Christian Culture: anthropological perspectives.* New York: Columbia Un. Press, 1978.

VELHO, Otávio. O Cativeiro da Besta-Fera. *Religião e Sociedade*, v. 14/1. ISER, 1987.

VELHO, Otávio. Antropologia e a questão da representação. In: *Duas Conferências.* Rio de Janeiro, 1992.

WARNER, Marina. *Alone of All Her Sex: the myth and the cult of the Virgin Mary.* London. The Johns Hopkins Un. Press. (segunda edição), 1985.

WEBER, Max. *Economia e Sociedade: fundamentos da Sociologia compreensiva.* Brasília: Editora UnB, 1994 [1968].

WOORTMANN, Klaas. Com parente não se neguceia. O campesinato como ordem moral. *Anuário Antropológico*, 87. Brasília: UnB/TB, 1990.

ZIMDARS-SWARTZ, Sandra. *Encountering Mary.* New York: Avon Books, 1992.

Dados Internacionais de Catalogação na Publicação (CIP)
(Câmara Brasileira do Livro, SP, Brasil)

Almeida, Tânia Mara Campos de
Vozes da Mãe do Silêncio : a aparição da Virgem Maria em Piedade dos Gerais (MG) / Tânia Mara Campos de Almeida. -- São Paulo : Attar, 2003. — (Coleção de antropologia : movimentos religiosos no mundo contemporâneo)

Parceria: CNPq/Pronex
Bibliografia.

ISBN 85-85115-23-8
ISBN 85-85115-16-5 (Série)

1. Maria, Virgem, Santa – Aparições e milagres 2. Nossa Senhora de Piedade 3. Piedade dos Gerais (MG) – História I. Título. II. Título: A Aparição da Virgem Maria em Piedade dos Gerais (MG). III. Série

03-5346 CDD-232.9170981512

Índices para catálogo sistemático

1. Piedade dos Gerais : Minas Gerais : Virgem Maria : Aparições : Cristianismo 232.9170981512

Este livro foi composto em
Caslon 540 e impresso pela
Gráfica Palas Athena em
novembro de 2003.